BIBLIOTHÈQUE DES CONNAISSANCES UTILES

L'INDUSTRIE LAITIÈRE

SOUS-PRODUITS ET RÉSIDUS

Rolet. — Industrie laitière.

DU MÊME AUTEUR

Recherches sur la composition du lait et des produits de la laiterie. (Médaille d'or de la Société d'encouragement pour l'industrie nationale).. 3 fr.
Sur l'enseignement pédagogique et rationnel de la laiterie et de l'agriculture... 1 fr. 50
Le lait des centrifuges et le petit-lait. (Couronné au concours par la Société des agriculteurs de France. — Prix agronomique.). Épuisé

Chez l'auteur, à Antibes (A.-M.).

LIBRAIRIE J.-B. BAILLIÈRE ET FILS

LAITERIE
Par Charles MARTIN
Ingénieur agronome
Fondateur et ancien directeur de l'école nationale d'industrie laitière de Mamirolle

Introduction par le Dr P. REGNARD, directeur de l'Institut national agronomique membre de la Société nationale d'agriculture de France.

1904, un volume in-18 jésus. 380 pages avec 114 figures, broché, 5 fr., cart., 6 fr.

(ENCYCLOPÉDIE AGRICOLE PUBLIÉE SOUS LA DIRECTION DE G. WERY)

Le livre de M. Martin s'adresse à tous ceux qui ont des intérêts dans l'industrie laitière, soit à titre de producteurs, soit comme exploitants.
L'*étude du lait* vient en tête.
Les *procédés pratiques de contrôle* sont décrits en détail. La vérification de la matière première est la base de la réussite.
Le contrôle doit s'étendre à toutes les manipulations. Il ne suffit pas de fabriquer de bons produits, il faut les obtenir au meilleur marché possible, arriver par conséquent à diminuer le prix de revient. Dans la laiterie, où le coulage sous toutes ses formes est si facile, le contrôle permanent du travail s'impose.
Les notions préliminaires établies, M. Martin décrit le *commerce du lait en nature*.
L'*industrie beurrière* est ensuite traitée. Elle a subi des perfectionnements notables depuis l'introduction de l'écrémeuse centrifuge. Grâce à cet appareil et à l'emploi des cultures pures de ferments lactiques, on peut faire aujourd'hui du bon beurre partout.
L'*industrie des fromages* présente des difficultés plus grandes, car des fermentations complexes interviennent.
L'auteur décrit les pratiques sanctionnées par des observations sérieuses. La fabrication du gruyère a été particulièrement développée par M. Martin.
Un chapitre a été consacré aux *industries diverses* et un autre aux *sous-produits*.
M. Martin décrit ensuite le fonctionnement des *beurreries coopératives* et des *fruitières*.

Les Vaches laitières, choix, entretien, production, élevage, maladies, produits, par EMILE THIERRY, vétérinaire. 2e édition, 1905, 1 vol. in-18 jésus avec 85 figures intercalées dans le texte, cart 4 fr.
Le Lait. Etudes chimiques et microbiologiques, par E. DUCLAUX. 2e édition, 1894, 1 vol. in-16..................................... 3 fr. 50

L'INDUSTRIE LAITIÈRE

SOUS-PRODUITS ET RÉSIDUS

PAR

Antonin ROLET

Ingénieur agronome
Ancien Professeur et Directeur du Laboratoire à l'Ecole nationale
des Industries laitières de Mamirolle
Lauréat de l'Exposition de 1900
de la Société d'encouragement pour l'Industrie nationale
de la Société des Agriculteurs de France

Avec 162 figures intercalées dans le texte

Industries annexes de la laiterie
UTILISANT LE LAIT ÉCRÉMÉ, LE PETIT-LAIT, ETC.
PRÉPARATION DU LAIT ÉCRÉMÉ FERMENTÉ,
STÉRILISÉ, CONCENTRÉ, EN POUDRE, PANIFIÉ ;
DE LA CASÉINE ALIMENTAIRE ET INDUSTRIELLE ;
DES FROMAGES MAIGRES, DU SUCRE DE LAIT
ET DE L'ACIDE LACTIQUE.
Elevage et engraissement des animaux, etc.

PARIS
LIBRAIRIE J.-B. BAILLIÈRE et FILS
Rue Hautefeuille, 19, près du boulevard Saint-Germain.

1905
Tous droits réservés.

A MON PÈRE

Monsieur ROLET

Inspecteur honoraire de l'Université, Officier de l'Instruction publique

Hommage de filiale gratitude

AVERTISSEMENT

L'industrie laitière, favorisée par le machinisme perfectionné et une technique de plus en plus scientifique, en même temps que soutenue par les idées de mutualité, l'esprit d'association des intéressés, a pris dans ces dernières années une telle importance économique, que l'on peut la placer en première ligne parmi nos industries agricoles.

Mais l'évolution qu'a subie ainsi la préparation des dérivés du lait n'a pas été spéciale à notre pays. La mévente de certains produits agricoles, qui a porté le cultivateur à se livrer à l'élevage, les progrès scientifiques de nos concurrents, la création de syndicats d'exportation, de vente, etc., la rapidité et les bonnes conditions des moyens de transport, ont amené sur le marché mondial une telle surproduction que les cours ont fléchi.

Il importe donc de chercher à récupérer, de par ailleurs, le bénéfice qui échappe ainsi du fait de l'universelle concurrence. Une meilleure utilisation des *sous-produits* est un des facteurs qui paraît d'abord tout désigné. C'est à la faire mieux connaître que nous nous sommes employé ici.

L'engraissement des animaux a été jusqu'à ces derniers temps à peu près le seul exutoire du *lait écrémé*. Mais devant les quantités quelquefois énormes de ce liquide dont disposent journellement les laiteries industrielles ou les beurreries coopératives, il a fallu songer à trouver d'autres débouchés à ce résidu d'autant plus encombrant que la durée de sa conservabilité est très restreinte.

Dans la PREMIÈRE PARTIE de cet ouvrage nous faisons connaître les multiples usages auxquels il est possible de le destiner, y compris l'*alimentation du bétail*.

Trois industries nouvelles, pour ainsi dire, pour notre pays, peuvent en écouler une très forte proportion : c'est l'*extraction de la caséine* — caséine alimentaire et caséine industrielle, avec leurs dérivés, — la *préparation de la poudre de lait*, et celle du *lait concentré*. Le lecteur trouvera sur chacune d'elles ce qu'il est utile de connaître.

Dans certaines situations plus favorisées, le voisinage des grandes villes, par exemple, la *consommation en nature*, la *préparation des laits fermentés* — képhir, leben, champagne de lait, — des *fromages* plus ou moins *maigres*, la *panification*, peuvent être utilement mises à profit.

Nous n'ignorons pas que quelques modes d'emploi du *lait écrémé* ne peuvent en user que de bien faibles quantités, par exemple la consommation en nature, les laits fermentés, etc. ; mais dans notre pensée nous voulons être utile aussi bien au petit fermier qui ne possède qu'une ou deux vaches, de même qu'au simple consommateur qui peut disposer à l'occasion de quelques bols de lait maigre, qu'au grand industriel qui manipule par jour des milliers de litres.

Le *petit-lait des fromages*, quoique d'importance moindre que le lait simplement dépouillé de sa crème, est cependant encore assez riche en principes nutritifs ou autres pour qu'on le traite rationnellement. Son étude fait l'objet de la DEUXIÈME PARTIE. Nous y indiquons le meilleur avantage que l'on en peut tirer dans l'engraissement des animaux, la préparation de certains produits alimentaires, du *sucre de lait*, de l'*acide lactique*, de l'*alcool*, etc.

La TROISIÈME PARTIE traite des *laits invendus*, des *déchets*, des *eaux d'égout* et *résidus divers*.

Non seulement nous passons en revue les divers modes

d'emploi des sous-produits de la beurrerie et de la fromagerie, mais encore nous étudions les conditions de leur production et leur composition, connaissances qui guident plus sûrement dans les manipulations à entreprendre. On trouvera, d'ailleurs, dans l'*Annexe* placée à la fin du volume, d'utiles indications sur diverses méthodes simples de dosage, par exemple de la matière grasse, de l'acidité, etc., dont il est parlé dans le cours de l'ouvrage, ainsi que quelques extraits de lois intéressant les industriels ou les éleveurs.

Une table générale des chapitres et un index alphabétique des matières et des figures permettent au lecteur de se reporter immédiatement aux sujets ou appareils qui l'intéressent.

On peut aisément apprécier, d'après ce plan succinct de notre livre, qu'il ne saurait faire double emploi avec les traités de laiterie déjà publiés. Certes, il en est parmi ces derniers de très complets, cependant leurs auteurs ne pouvaient, raisonnablement, y aborder que d'une façon sommaire les sous-produits de l'industrie laitière, leur intention étant de faire connaître, avant tout, la mise en œuvre de la matière première, le lait naturel. Nous croyons donc que notre travail, loin de concurrencer les ouvrages de nos confrères, ne peut que les compléter utilement. En comblant ainsi une lacune, nous espérons rendre quelque service à tous ceux, nombreux aujourd'hui, qui, à des titres divers, s'intéressent aux multiples branches de la laiterie, à ses progrès, à son importance économique, à son avenir, et à la prospérité de l'agriculture elle-même.

Un jour viendra, sans doute, où les écrémeuses centrifuges pénétreront dans toutes les fermes. Le petit producteur se verra alors obligé d'utiliser pour son propre compte, et à son avantage, le lait maigre qui lui restera.

Il importe donc qu'il connaisse l'emploi le plus judicieux qu'il en peut faire dans l'engraissement des animaux, la fabrication des fromages maigres, etc. Le simple consommateur, lui aussi, a tout intérêt de savoir les diverses façons de mettre à profit le lait écrémé qu'il peut avoir l'occasion de se procurer. Enfin, les personnes d'initiative qui administrent les coopératives et, *a fortiori*, les industriels eux-mêmes, ne doivent pas perdre de vue qu'ils ont dans les résidus de la beurrerie et de la fromagerie des matières premières de nature à accroître leurs revenus. Comme tout s'enchaîne dans l'économie de la production et du travail, le facile écoulement de la matière manufacturée, et par suite de la matière première elle-même, ne peut que favoriser la production du lait, cet élément de premier ordre de la richesse agricole.

Nous tenons, en terminant, à remercier ici les éditeurs, MM. J.-B. Baillière, pour les soins qu'ils ont apportés dans l'impression de notre travail, et surtout la facilité qu'ils nous ont donnée de pouvoir y multiplier les figures qui viennent compléter heureusement le texte.

Il est en pédagogie un précepte capital qui commande de concréter, de matérialiser l'enseignement. L'enseignement professionnel, si en honneur de nos jours, ne saurait échapper non plus à cette prescription déjà ancienne de nos maîtres en l'art d'enseigner. Nous nous sommes efforcé, dans la mesure de nos moyens d'action, de nous y conformer le plus possible.

Novembre 1904.

Antonin Rolet.

LES SOUS-PRODUITS
DE L'INDUSTRIE LAITIÈRE

PREMIÈRE PARTIE
LES SOUS-PRODUITS DE LA BEURRERIE

LIVRE I
LE LAIT ÉCRÉMÉ

CHAPITRE PREMIER
L'ÉCRÉMAGE DU LAIT

§ 1. — Des divers modes d'obtention du beurre

On sait que la préparation du beurre réside essentiellement dans l'agglomération des globules gras du lait, agglomération que l'on provoque par une agitation convenable du liquide qui les contient.

A ce point de vue, on peut agir soit sur le lait lui-même, doux ou acidifié, soit sur la crème, dans laquelle on a fait se concentrer la plus grande partie de la matière butyreuse.

Sans entrer ici dans les détails de la théorie du barattage, nous dirons que le dernier procédé est plus rationnel, comme exigeant une moindre dépense de force pour actionner la baratte. On objectera peut-être que si l'on adopte le mode d'écrémage à la centrifuge, la marche de celle-ci en demandera sa part aussi, mais, tout compte fait, la somme de travail exigée à la fois par l'extraction de la crème et le barattage reste inférieure à la dépense que réclame le traitement d'une grande quantité de lait.

Le lait doux se baratte mal; il nécessite une agitation très énergique et demande à être maintenu à une plus basse température, sans quoi il reste en pure perte dans le liquide une trop forte proportion de globules gras; enfin, il donne un beurre trop mou. Il est vrai qu'il présente l'avantage de laisser un lait de beurre ou battue parfaitement doux, ne différant du lait complet que par le taux de matière grasse, et pour l'utilisation duquel nous renvoyons à ce que nous en disons pour le lait écrémé. Naturellement, le beurre ainsi obtenu est sain, puisqu'il provient d'un lait qui ne s'est pas encore altéré.

Enfin, ce procédé économise le temps qu'aurait demandé l'extraction mécanique de la crème ou son ascension spontanée.

Quant au lait aigri pendant vingt-quatre à trente-six heures, il cède plus facilement sa matière grasse. Un kilo de beurre n'exige guère, en effet, par ce procédé, que vingt-six kilos de lait, tandis que le crémage naturel en demande vingt-huit en moyenne; mais, par contre, il laisse un résidu aigre que nous assimilons au babeurre de crème au point de vue de l'utilisation.

Aujourd'hui, devant le perfectionnement apporté à l'outillage des beurreries, il y a lieu d'abandonner ces deux procédés d'obtention du beurre, qui peuvent tout au plus être mis à contribution l'été, lorsqu'il s'agit de traiter les laits invendus (1), qui retournent au dépôt plus ou moins

(1) Voy. troisième partie.

acidifiés. Dans cet état, en effet, ils ne pourraient rester assez longtemps fluides pour rendre possible le crémage spontané, tandis que, d'autre part, la présence de caillots de caséine gênerait le fonctionnement de l'écrémeuse mécanique.

En résumé, c'est donc par la concentration de la matière grasse dans un petit volume de liquide, la crème, que judicieusement doit commencer la fabrication du beurre.

On peut y parvenir de deux façons, soit par la centrifugation du lait, qui est la méthode la plus rationnelle à tous les points de vue, soit par le crémage spontané, l'ascension naturelle de la crème dans le lait maintenu au repos.

La crème prélevée, il reste comme résidu le lait maigre, qui représente environ 85 % du lait traité, et dont nous avons à faire connaître les différents modes d'emploi. Comme il importe, au point de vue auquel nous nous plaçons ici, de laisser le moins possible de globules gras dans le liquide, et, en outre, de l'obtenir dans les meilleures conditions de conservabilité, nous ne croyons pas inutile de donner auparavant quelques conseils sur la conduite des manipulations pendant l'écrémage, en commençant par la méthode la plus connue, la plus ancienne, le crémage naturel.

§ II. — LES MEILLEURES CONDITIONS DU CRÉMAGE NATUREL

Bien que l'emploi des écrémeuses mécaniques se soit fort généralisé, depuis surtout que l'on a créé des appareils à bras très commodes pour les petits producteurs — il y a des types qui ne traitent que 40 l. à l'heure (fig. 1 et 2), — le procédé si simple de crémage naturel, de l'ascension spontanée de la crème, est loin d'être abandonné. Aussi

Fig. 1. — Vue de l'écrémeuse « La Couronne » à bras (Simon frères).

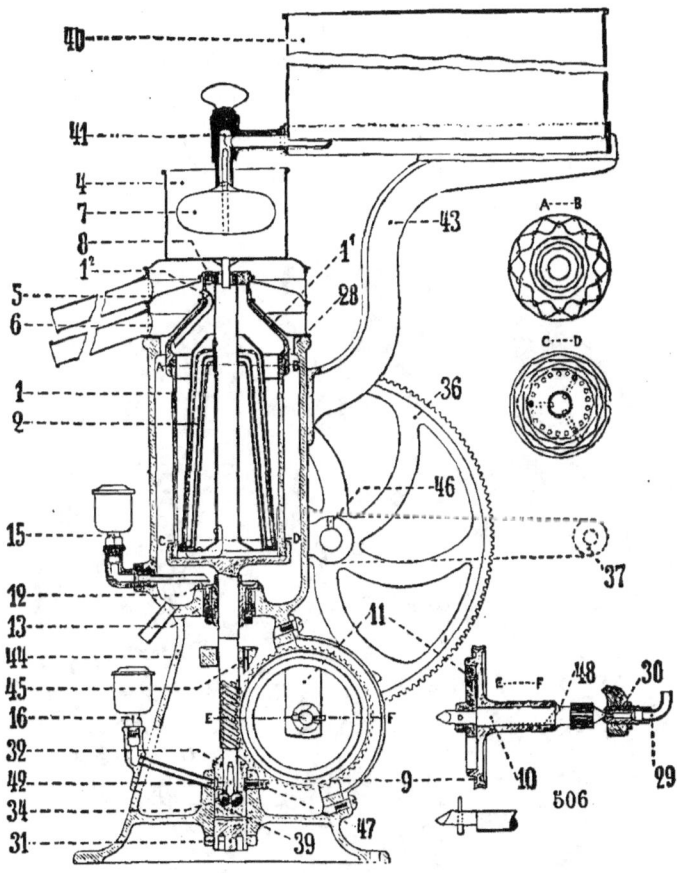

Fig. 2. — Coupe de l'écrémeuse « La Couronne » à bras
(Simon frères, à Cherbourg).

1. Bol. — 1¹. Couvercle du bol. — 1². Conduit du lait écrémé. — 2. Parties intérieures. — 4. Boîte régulatrice. — 5. Couvercle à crème. — 6. Couvercle du lait écrémé. — 7. Flotteur. — 8. Vis à crème. — 9. Roue de vis. — 10. Axe de la roue de vis. — 11. Cran d'arrêt. — 12. Couche de gorge. — 13. Ressort pour couche de gorge. — 15. Boîte à huile pour les couches de la gorge. — 16. Boîte à huile pour le goujon du bol. — 28. Rondelle de caoutchouc pour le couvercle du bol. — 29. Trou à graisse pour l'axe de la roue de vis. — 30. Coussinet et boulon de fermeture pour l'axe de la roue de vis. — 31. Vis d'étalonnage pour le goujon du bol. — 32. Coussinet pour le goujon du bol. — 34. Billes d'acier pour le goujon du bol. — 36. Grande roue avec clavette. — 37. Manivelle avec manche et vis régulatrice. — 39. Coussinet de dessous pour couche du goujon. — 40. Récipient à lait. — 41. Robinet à lait. — 42. Pivot. — 43. Support pour le récipient à lait. — 44. Support. — 45. Conduit graisseur de la roue de vis. — 46. Trous à graisse pour le goujon du bol. — 47. Vis de fermeture pour coussinet du goujon. — 48. Trous à graisse pour roue de vis et cran d'arrêt.

est-il utile de connaître les facteurs ou les dispositifs qui le favorisent, car ils permettent d'épuiser le liquide au maximum, c'est-à-dire d'obtenir le rendement en beurre le plus élevé, but que l'on doit viser avant tout.

Disons d'abord que les petits sphéroïdes de matière grasse (fig. 3) montent d'autant plus vite à la surface

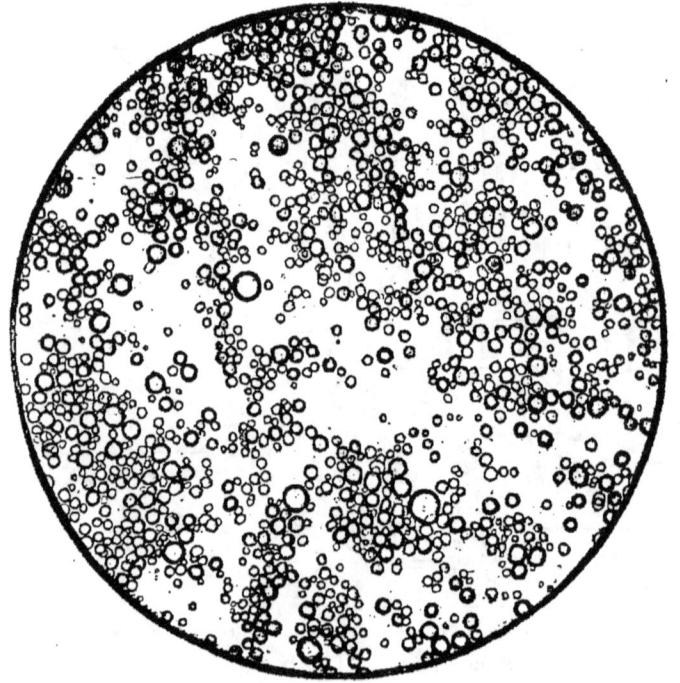

Fig. 3. — Globules gras du lait.

qu'ils sont plus gros. A ce point de vue, il y aurait intérêt à sélectionner les vaches en vérifiant, à l'aide du microscope, celles dont le lait est le plus riche en gros globules. Il faut considérer aussi que ces derniers s'agglomèrent plus facilement pendant le barattage et donnent un beurre se délaitant mieux et de meilleure garde.

Les plus petits sphéroïdes butyreux mettent naturellement très longtemps pour atteindre la surface ; aussi, dans les limites assignées par la bonne conservation du lait, ne faut-il pas compter recueillir toute la matière grasse dans la crème formée après 24, 36 ou même 48 heures, mais on peut faire en sorte d'en rassembler la plus grande partie.

Il est tout naturel de penser que les globules arrivent d'autant plus vite à la surface qu'ils ont à franchir un chemin plus court, d'où la nécessité de placer le lait sur une faible épaisseur.

La durée pendant laquelle le liquide est laissé au repos influe nécessairement aussi. On dit souvent à ce sujet qu'après 6 heures la crème renferme 50 0/0 de la matière grasse du lait ; après 12 h. 70 0/0, après 18 h. 80 0/0, et enfin après 24 h. 85 0/0, ce qui paraît fort exagéré.

Dans les expériences classiques de Kreuzler, Kern et Dallen, à Poppelsdorf, en Allemagne, qui, il est vrai, n'ont peut-être pas été conduites dans les meilleures conditions pratiques, la richesse de la crème ne dépassa pas 80 0/0 après 112 à 136 heures de repos. Nous-même, nous avons trouvé après 12 h., ayant recueilli 7,5 0/0 de crème, que la richesse du lait était passée de 4,65 0/0 à 2,75, ce qui correspond à un degré d'écrémage de 40 0/0 seulement. Avec un autre lait et après 36 heures nous avons trouvé les chiffres comparatifs suivants :

	Composition du lait	Composition après l'écrémage
Acidité.	17°	18°
Densité	1034,2	1037,5
Extrait sec . . .	13gr74 0/0 cc.	10,51
Matière grasse . .	4,41	1,04
Sucre de lait. . .	4,96	5,25
Sels minéraux . .	0,75	0,76
Caséine	3,62	3,46

soit un degré d'écrémage de 76 0/0. On peut donc dire qu'après un temps normal, il ne faut pas compter extraire plus de 80 0/0 de la totalité de la matière grasse du lait, et que le liquide en conserve encore de 0,8 à 1,5 0/0.

Le facteur qu'il y a surtout lieu de considérer, c'est la température. A ce point de vue, et en envisageant seulement le rendement en beurre, il est difficile de se faire une opinion bien nette d'après les résultats obtenus jusqu'ici. D'abord, une constatation qui d'ailleurs est conforme à

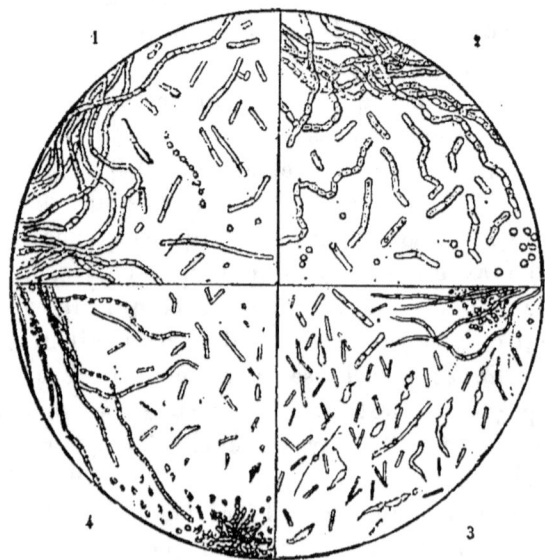

Fig. 4. — Ferments aérobies du lait (Duclaux, *Le lait*).
1, Tyrothrix geniculatis ; 2, Tyrothrix scaber ; 3, Tyrothrix virgu'a ; 4, tyrothryx tenuis.

la théorie scientifique, c'est celle qui montre que toujours la richesse de la crème en matière grasse croît avec la température, car la différence de densité est plus grande à cause de l'inégale dilatation du sérum et des globules. D'autre part, le lait devient moins visqueux ; il se laisse mieux traverser par la matière grasse, qui s'achemine vers la surface entraînant moins de caséine en suspension, ce qui concourt à donner une crème plus fluide, plus jaune, plus pauvre en eau, dont l'évaporation est favorisée, en somme une crème plus compacte et plus riche.

Si la température est trop élevée, la vitalité des ferments

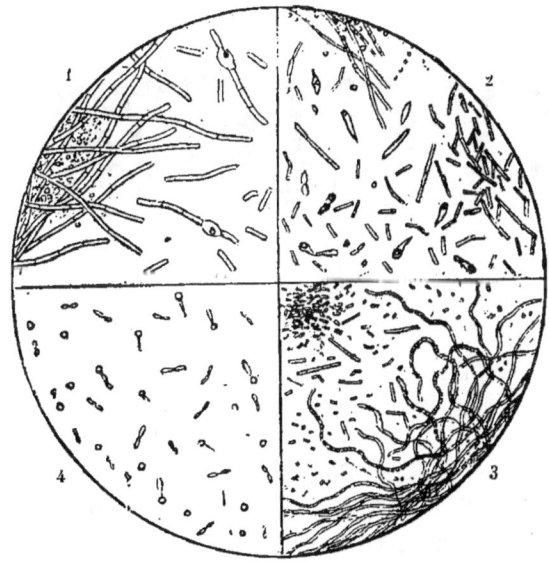

Fig. 5. — Ferments anaérobies du lait (Duclaux, *Le lait*).
1, Tyrothrix catenula; 2, Tyrothrix urocephalum; 3, Tyrothrix filiformis; 4, Tyrothrix claviformis.

lactiques est activée d'autant, et l'acidité, qui en est la conséquence, peut amener la coagulation ou tout au moins un changement physique dans la constitution de la caséine, qui, bien qu'invisible, n'existe pas moins. Le réseau de matière azotée ainsi solidifiée en partie met alors obstacle à l'ascension des globules. Il est vrai qu'il se peut que ce soient les ferments de la caséine (fig. 4 et 5) elle-même qui interviennent seuls pour la fluidifier avec leur caséase, et favoriser alors la marche de la matière grasse dans le sens vertical, mais ce cas est très rare.

Au contraire, si l'on maintient le lait à une très basse température, par exemple à 3-4°, en plongeant les récipients dans de l'eau contenant de la glace, comme dans le procédé Swartz (fig. 6), on obtient une crème plus volu-

Fig. 6. — Crémeuse Swartz.

mineuse, plus riche en eau et caséine, plus dense, plus blanche et proportionnellement plus pauvre en graisse, mais en réalité en contenant plus au total. En effet, des expériences pratiques effectuées par Dahl en Norvège, Schatzmann en Suisse, Fjord en Danemark et aussi en France dans le Calvados, ont montré qu'il fallait toujours une moindre quantité de lait pour faire 1 kilo de beurre quand ce lait est maintenu à 3-6° qu'à une température plus élevée.

Cette supériorité du crémage à très basse température a été cependant mise en doute, car on n'a trouvé parfois qu'un degré d'épuisement de 73 0/0 après un repos de 76 heures. Aussi plusieurs ne voient-ils dans la méthode en question que l'avantage — très appréciable sans doute, surtout au point de vue de l'utilisation du lait écrémé — de donner de la crème et du lait maigre parfaitement doux, à cause du degré thermométrique peu favorable à la multiplication des êtres microbiens.

Quoi qu'il en soit, devant ces opinions contradictoires, il vaut mieux rester dans une juste moyenne, c'est-à-dire maintenir le lait autour de 12°, température qui écarte l'ingérence nuisible des ferments et n'exige pas de trop grands frais pour l'achat de la glace. Voyons donc quels sont les dispositifs qui permettent d'assurer au lait cette température, qui paraît être la plus convenable.

Il va de soi que pour éviter le plus possible l'action des bactéries (fig. 7), il importe d'obtenir le lait dans les meil-

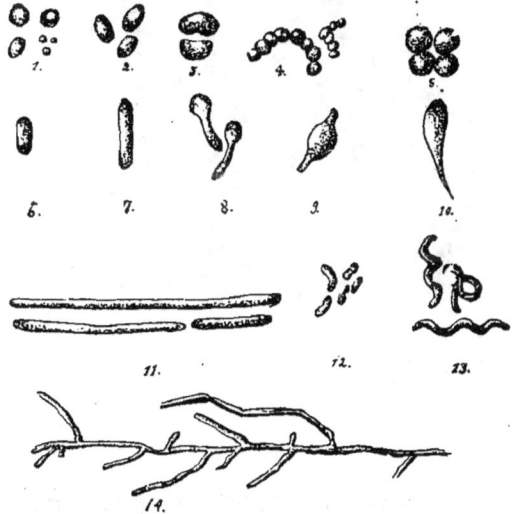

Fig. 7. — Formes principales des bactéries.

1, 2, 3, 4, 5, coccus de différentes formes et grosseurs ; 6, court bâtonnet ; 7, long bâtonnet ; 8, 9, formes renflées ; 10, forme en massue ; 11, filament ; 12, formes en virgules ; 13, formes spiralées ; 14, filament ramifié (Macé, *Bactériologie*).

leures conditions de propreté ; on le refroidira ensuite le plus possible après la traite. A cet effet on peut employer un réfrigérant (fig. 8), ou bien faire circuler le liquide dans un tuyau métallique plongeant dans l'eau froide, ou plus simplement laisser les bidons dans cette eau (fig. 9).

Fig. 8. — Réfrigérant Lawrence.

Fig. 9. — Refroidisseur du lait en pot (Brehier).

On le répartira alors dans les récipients ou crémeuses rangés dans la chambre à lait. Cette salle sera exposée au nord et abritée par un rideau d'arbres contre les vents chauds régnants. Elle sera pourvue de nombreuses ouvertures à volets qui, l'été, la mettront à l'abri des rayons solaires, tout en permettant une active aération. On se trouvera bien de la disposer un peu en sous-sol et, si possible, d'y faire circuler de l'eau pendant les chaleurs. Grâce à ces précautions, on pourra maintenir la température voulue, attestée par un thermomètre, et laisser les crémeuses dans l'air ambiant seulement.

Dans ces conditions, on peut utiliser, à la rigueur, les récipients en terre vernissée, en bois ou mieux en grès (fig. 10). Cependant les premiers présentent l'inconvénient

Fig. 10. — Crémeuse du pays flamand.

d'être d'un nettoyage difficile lorsque le vernis s'écaille ; le bois, lui, s'imprègne aussi trop facilement de lait. Dans tous les cas, ces crémières seront peu profondes, à large ouverture permettant une facile évaporation qui active le refroidissement.

Comme les variations de température amènent dans le liquide des mouvements nuisibles à l'ascension de la crème et que, de plus, dans certains cas, elles peuvent ne pas convenir aux ferments qui communiquent au beurre une partie de ses qualités, il est conseillé, l'hiver, de chauffer la salle par le passage d'un tuyau de cheminée ou

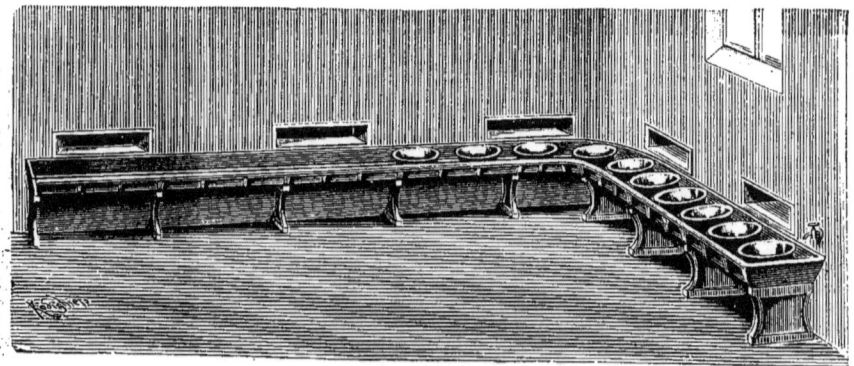

Fig. 11. — Bassin réfrigérant en ciment moulé.

autre. Par contre, en été il est difficile de faire en sorte que la température convenable ne soit pas dépassée ; aussi obtient-on un meilleur résultat en maintenant les crémeuses dans l'eau. A cet effet, on peut disposer une auge tout autour de la pièce, auge en briques, par exemple, revêtues de ciment, avec, au fond, deux arêtes parallèles en saillie (fig. 11). Quelquefois on enterre ce bassin complètement dans le sol, disposition qui ne favorise guère le maniement des récipients ou encore l'écoulement de l'eau au dehors. Mieux vaut au contraire l'élever jusqu'au niveau du bord inférieur des fenêtres, dont le voisinage favorise encore l'entraînement de la vapeur d'eau, soit à 78 à 80 cm. La profondeur de ce bassin sera telle que le bord supérieur des crémeuses affleure celui du bassin lui-même, dans le cas, bien entendu, où l'on utilise les vases plats (fig. 12). Il importe que la matière de ces derniers soit bonne

Fig. 12. — Rondot ou baguolet en fer étamé.

conductrice de la chaleur, comme le fer étamé. Les dimensions les plus convenables paraissent être : 55 cm. de diamètre et 13 cm. de hauteur, ce qui correspond à une contenance de 20 l.

Si on ne dispose pas d'une quantité d'eau suffisante pour entretenir un courant continu dans le bassin, on la renouvellera de temps en temps, mais plus fréquemment au début si le lait n'a pas été préalablement refroidi. En hiver, par les grands froids, on peut ajouter de l'eau tiède.

A défaut de bassin en maçonnerie, un bac en bois dans lequel on place le bac métallique à lait comme dans le dispositif Reimers, suffit (fig. 13).

On a reproché aux récipients ainsi largement ouverts

Fig. 13. — Crémeuse Reimers.

de laisser une trop grande prise aux microbes, et l'on a imaginé divers appareils qui conservent le lait sous l'eau (fig. 14). Ce sont, tantôt des sortes de carafes de 6 à 12 litres que l'on plonge dans une citerne, comme dans le procédé Diéterle, ou des récipients plus compliqués, tel l'appareil Cooley (fig. 16 et 17). Ce dernier est une sorte de bidon cylindrique pourvu à sa partie inférieure d'un robinet en col de cygne et d'un regard en verre. Un couvercle de forme spéciale empêche l'eau de pénétrer à l'intérieur.

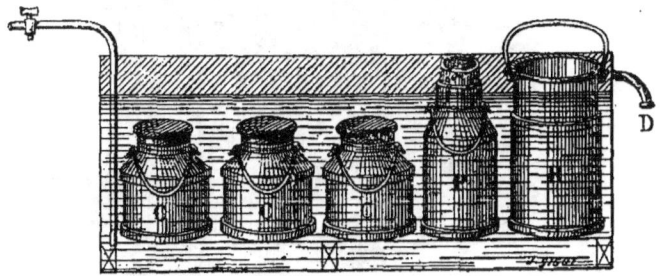

Fig. 14. — Crémage à froid en vase clos.

Fig. 15. — Crémeuse Fouchier.

Si l'on a à craindre le contact d'une atmosphère impure, ce que l'on peut facilement éviter avec des soins convenables de propreté, il est possible d'adopter, pour les récipients largement ouverts dont nous avons parlé, tel système de couvercle (fig. 15) qui paraît le plus convenable,

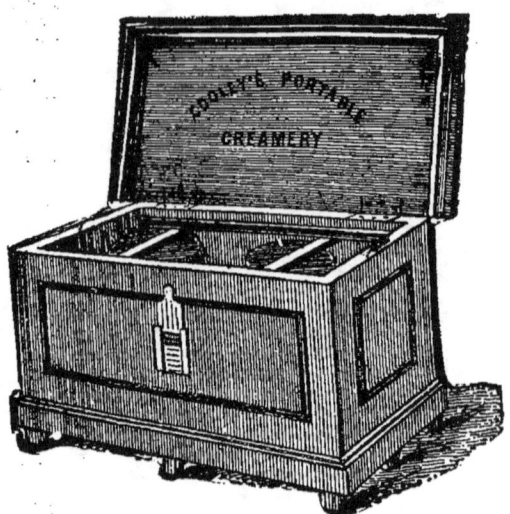

Fig. 16. — Bac pour crémeuse Cooley.

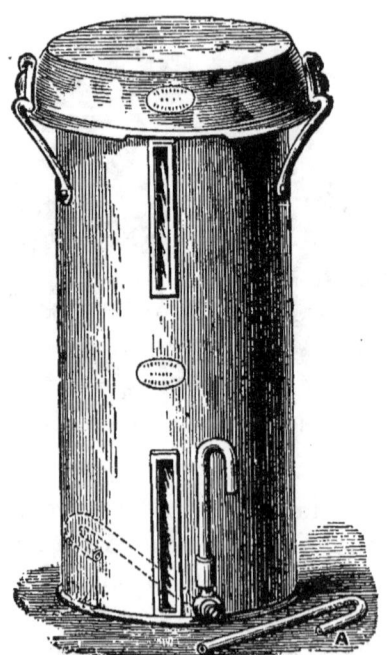

Fig. 17. — Crémeuse Cooley.

sans chercher à réaliser une occlusion parfaite, utile seulement lorsque les crémeuses doivent être immergées sous l'eau.

Mais, si l'on obtient couramment du beurre d'excellente qualité, un couvercle est superflu, et il peut même y avoir avantage à n'en point employer pour laisser la crème s'ensemencer de germes utiles.

Le crémage dure de 12 à 48 heures, suivant les saisons et suivant aussi que l'on associe ou non la fabrication des fromages à celle du beurre.

Certains récipients sont pourvus à leur partie inférieure d'un robinet qui permet de soutirer le lait maigre en arrêtant l'écoulement assez à temps pour que la crème reste dans le fond (fig. 18 et 19); mais alors il y a à crain-

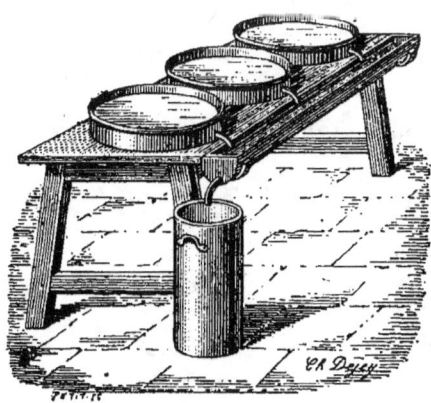

Fig. 18. — Crémeuse Girard.

dre que cette dernière ne se mélange au dépôt d'impuretés, sans compter que l'on peut laisser s'échapper de la crème, et que d'autre part les tubes et robinets sont difficiles à bien nettoyer. Dans un autre cas, on penche le vase pour faire écouler le lait écrémé par le bec du bord supérieur, en retenant la crème soit avec les doigts placés sur les côtés, soit avec une cuiller, coquille, etc. Le mouvement que l'on imprime ainsi au liquide remet en suspension une

Fig. 19. — Crémeuse « La Bretonne » (Bréhier).

partie de la couche inférieure de crème qui peut être alors entraînée.

Mieux vaut procéder à l'écrémage avec un disque mé-

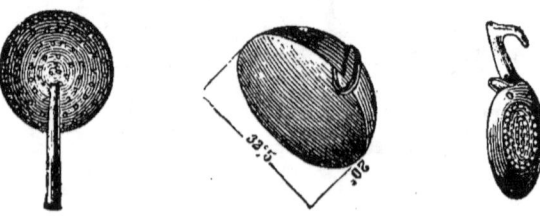

Fig. 20. — Ustensiles pour le prélèvement de la crème.

tallique (cuiller plate, poche, écope, etc.), percé ou non, suivant la consistance que l'on veut conserver à la crème (fig. 20).

§ III. — De l'écrémage mécanique.

Avantages de l'écrémage centrifuge. — L'application de la force centrifuge à l'écrémage du lait a été une idée des plus heureuses et des plus fécondes en résultats pratiques, à tel point que l'on peut dire que l'introduction des écrémeuses mécaniques dans l'art de la laiterie a révolutionné une de ses branches les plus importantes, la fabrication du beurre.

Les avantages de l'écrémage mécanique ne sont plus contestables, et cependant il est encore des régions où, soit indifférence, ignorance, ou défiance même, on s'obstine à ne point vouloir de ce procédé si rapide de traitement du lait. Une pratique de près de vingt années a montré qu'il relève le rendement en beurre à un taux qui peut dépasser de 20 0/0 ce que donne le crémage au repos.

En effet, par cette dernière méthode, il faut de 26 à 30 litres de lait pour faire un kilo de beurre, soit 28 litres en moyenne. Or, par l'écrémage centrifuge, 22 suffisent en général. Il s'ensuivrait qu'on obtiendrait ainsi autant de beurre avec le lait de cinq vaches qu'avec celui de six, traité par la première méthode.

Nous basant sur ces données, qui, nous le répétons, ne sont point une conception théorique, mais bien les résultats que la pratique de chaque jour démontre péremptoirement, nous pourrions aligner ici des chiffres mettant en relief le gain quotidien ou annuel réalisé pour une quantité déterminée de lait traité, lorsqu'on substitue l'écrémage centrifuge au procédé ordinaire. Nous laissons à chacun le soin de supputer le bénéfice probable d'après la population de ses étables ou le volume de liquide travaillé. Il verra que, pour peu que ce dernier soit d'une certaine importance, il aura vite fait de récupérer la valeur de l'appareil lui-même. On n'oubliera pas de tenir compte de la plus-value acquise sur les marchés par le beurre de centrifuge, laquelle peut atteindre de 15 à 20 centimes par kilo. Cette supériorité tient à ce que par la centrifugation on débarrasse la crème de toutes les impuretés solides en suspension, telles que débris d'excréments, fétus de paille, poussières, poils, etc. Cet avantage fait que l'on se sert quelquefois de l'écrémeuse comme agent d'épuration pour le lait consommé en nature. On supprime, dans ce cas, le tube à lait écrémé, ou l'on bouche l'ouverture de sortie de ce liquide. On peut alors, dans ces conditions, augmenter considérablement le débit. On obtient ainsi un lait de meilleure garde, car les matières solides entraînent sûrement avec elles des produits nocifs. Nous citerons pour mémoire la composition que Fleischmann a trouvée au cordon d'impuretés collé contre les parois du bol : eau, 67,31 0/0; graisse, 1,11 ; substances protéiniques, 25,89; sucre de lait et autres matières organiques, 2,08; cendres, 3,58.

Il ne faut pas oublier que les produits toxiques sécrétés par les microbes ne sont pas influencés, d'où il s'ensuit qu'il faut écrémer aussitôt après la traite.

En ce qui concerne les microbes eux-mêmes, à peu près tous les expérimentateurs s'accordent à reconnaître que la centrifugation n'exerce sur eux, pour ainsi dire, aucune action, qu'ils soient pathogènes ou non. Il est arrivé même que dans certains cas on en a trouvé davantage dans le lait turbiné, par suite de la dissémination plus parfaite des agglomérations formées dans le lait au repos. Nous avons nous-même trouvé que la crème et le lait écrémé restent encore fortement ensemencés après leur passage dans la turbine : témoin les chiffres suivants, qui représentent le nombre de bactéries par centimètre cube :

	Lait écrémé	Crème
1	31 500	67 100
2	120 900	94 200
3	50 700	51 500
4	68 900	71 200
5	53 700	77 800

Il n'en est pas moins vrai que les boues des centrifuges hébergent une grande quantité de microbes; car il suffit d'ajouter une petite portion de ces impuretés à du lait maintenu à l'étuve à 30°, pour le voir se coaguler beaucoup plus rapidement que l'échantillon type. D'ailleurs, le Dr Cathelineau y a rencontré très souvent le bacille de la tuberculose.

Outre les particules solides, la force centrifuge influence aussi une sorte de ferment non figuré, la galactase, qui est un des principaux facteurs de maturation chez certains fromages, et qui se précipite en partie sur les matières en suspension, qui sont entraînées. Il en est de même d'une portion de la caséine en suspension. En ce qui concerne le phosphate de chaux, M. Briot, dans sa thèse de doctorat (1), a montré que la partie de ce sel que l'on dit être en suspension y est plutôt à l'état colloïdal et n'est nullement influencée par un turbinage de cinq heures. Il a trouvé à l'analyse un peu plus de cette matière dans le lait centrifugé que dans le lait normal. Nous avons nous-même toujours constaté dans nos analyses une augmentation du taux des cendres due à la différence de volume des deux liquides résultant de l'ablation de la crème, comme on peut le voir avec les chiffres du ch. II, § 1, n° 1.

Du fait de pouvoir écrémer le lait immédiatement après

---

(1) Briot, *Etudes sur la présure et l'antiprésure*, thèse, 1900, imp. Charaire, à Sceaux.

la traite, il résulte qu'on le soustrait par cela même à différentes causes de contamination ou d'altération, comme l'ensemencement par les êtres microbiens, l'action de la chaleur et de l'électricité atmosphérique, en été, etc. Cette rapidité dans la manipulation présente un intérêt capital, surtout quand il s'agit de traiter le lait qui provient d'un lieu un peu éloigné, et qui souvent n'est apporté à la laiterie qu'une fois par jour. Dans ces conditions, il lui serait parfois impossible d'attendre sans se cailler vingt-quatre à trente-six heures pour laisser monter la crème.

La centrifuge permet encore de régler à volonté non seulement le degré d'écrémage, qui peut aller jusqu'à 98 0/0, mais encore la consistance de la crème, qui, comme l'on sait, doit être plus épaisse en été qu'en hiver, et cela en obstruant plus ou moins l'ouverture de sortie de la crème.

La crème ainsi obtenue étant parfaitement douce, convient mieux pour la consommation en nature, de même qu'elle se présente dans de meilleures conditions pour la conduite de sa maturation.

S'il s'agit de la fabrication des fromages, on peut également écrémer au degré voulu.

Grâce à tous ces avantages, joints aux soins apportés dans le barattage et au travail ultérieur du beurre, on obtient plus d'uniformité et de régularité dans le goût et la qualité de ce dernier, en même temps qu'une meilleure conservation, ce qui est un appoint important pour la conquête des marchés.

Ainsi donc, rendement plus élevé et beurre de meilleure qualité, tels sont les avantages les plus tangibles de l'emploi des centrifuges. Cette supériorité s'affirme encore si, d'autre part, on considère le lait écrémé lui-même. Il ne contient plus que 0,2 0/0 environ de matière grasse, au lieu de 0,8 à 1, que renferme le lait écrémé au repos. Si on le destiné à la fabrication des fromages, il est toujours possible de lui ajouter telle quantité que l'on veut de lait entier. Comme il est parfaitement doux, on n'a pas à craindre les accidents de fabrication résultant d'une acidité trop élevée. Il convient mieux aussi, sous cet état, pour l'alimentation de l'homme ou pour l'élevage des veaux.

Nous ne nous attarderons pas sur la rapidité du travail, l'économie d'ustensiles, de locaux, d'eau, et par suite de temps et de main-d'œuvre que l'adoption des écrémeuses mécaniques permet de réaliser. Grâce à elles encore, le fermier peut utiliser le lait maigre chez lui d'une façon plus judicieuse et par suite plus profitable, et cela sans crainte de contaminer son étable, ou inversement. Il est vrai que ce danger peut être écarté si, avant de rendre le lait écrémé ou le babeurre au fournisseur, on le chauffe à 85°. Le transport à la beurrerie de la crème seulement lui occasionnera aussi moins de frais.

Ajoutons que la plupart des avantages que nous venons d'énumérer se retrouvent lorsqu'on traite le petit-lait des fromages.

On a toutefois adressé quelques reproches au mode d'écrémage en question. Ainsi, en Normandie, surtout dans les centres réputés pour la finesse de goût de leur beurre, comme Isigny, on prétend que les brusques changements de température auxquels on soumet la crème par ce procédé, nuisent à la vitalité des agents microbiens acclimatés de longue date au mode opératoire courant, au point de donner un produit de moins bonne qualité. Il est certain que si pour ces quelques cas particuliers qui, au fait, sont des exceptions, on se trouve mieux de la méthode en usage, il est tout indiqué que l'on n'a qu'à continuer comme par le passé. Il ne faut pas oublier que dans certaines circonstances le « mieux est l'ennemi du bien », et que la réalité des faits force à reconnaître qu'alors « expérience passe science ».

On a encore accusé les centrifuges de mélanger l'air à la crème, en la chassant violemment hors du bol, et par suite d'augmenter les chances d'infection par les germes nuisibles. Il ne paraît pas que ce reproche soit bien fondé, la pratique n'ayant pas démontré que cette particularité puisse avoir une répercussion bien sensible sur la bonne marche de la fabrication. D'ailleurs, il importe de maintenir toujours l'atmosphère des laiteries dans le meilleur état de pureté, par une aération et des soins de propreté convenables.

Nous verrons plus loin (1), à propos de l'alimentation des animaux, ce que ce reproche peut valoir au point de vue du lait écrémé.

En résumé, on ne peut que souhaiter de voir se généraliser de plus en plus l'emploi des centrifuges pour le plus grand bien des intéressés et de l'industrie beurrière en général. Il existe actuellement des types à bras très pratiques, à la portée de toutes les bourses. En vérité, on n'a plus d'excuse aujourd'hui pour hésiter encore à faire emploi d'une de ces merveilleuses petites machines.

Mode d'action des écrémeuses centrifuges. — Dans le procédé de crémage au repos, seule la différence de densité entre les globules gras et le sérum détermine la montée de la crème ; autrement dit, l'agent de la séparation est la pesanteur. Or, la force ascensionnelle des petits sphéroïdes de matière grasse croît proportionnellement au cube de leur rayon, de sorte que si les gros globules arrivent assez vite à la surface, les plus ténus mettent un temps bien plus long.

(1) Voir § II.

Avec les centrifuges, on opère beaucoup plus rapidement, en mettant à profit une loi physique d'après laquelle les corps qui sont soumis à un mouvement rapide de rotation, tendent à s'éloigner du centre autour duquel ils se meuvent, et cela avec une force qui est proportionnelle au carré de leur vitesse V et en raison inverse du rayon R du cercle décrit. En d'autres termes, si le corps, tout en parcourant le même cercle, prend une vitesse 2, 3, 4 fois plus grande, la force centrifuge deviendra 4, 9, 16 fois plus grande également. Par contre, si le corps en question décrit avec une même vitesse un cercle de rayon double, triple, etc., la force centrifuge développée se réduit à la moitié, au tiers, etc. On comprend que le poids du corps intervienne aussi, et qu'un objet léger développe dans les mêmes conditions une force centrifuge inférieure à celle d'un corps plus lourd. La force en question F est en effet proportionnelle à la masse M, c'est-à-dire au poids P divisé par le nombre 9,81, qui représente l'accélération due à la pesanteur. On exprime tout cela par la formule :

$$F = M \times \frac{V^2}{R} \text{ ou } F = \frac{P}{9,81} \times \frac{V^2}{R}$$

Il s'ensuit que si l'on a, dans un liquide placé dans un récipient tournant avec une vitesse considérable, plusieurs éléments de poids spécifiques différents, ces derniers se rangeront par ordre de densité croissante en allant du centre vers la périphérie. C'est précisément ce qui se passe avec le lait, qui, dans ces conditions, se divise en trois couches verticales concentriques dont l'ensemble forme manchon. La portion la plus interne, de faible épaisseur, est constituée par la crème ; puis vient le sérum, formant la couche la plus importante, et enfin, tout à fait collé contre les parois, le cordon des impuretés solides que le lait tenait en suspension (fig. 21).

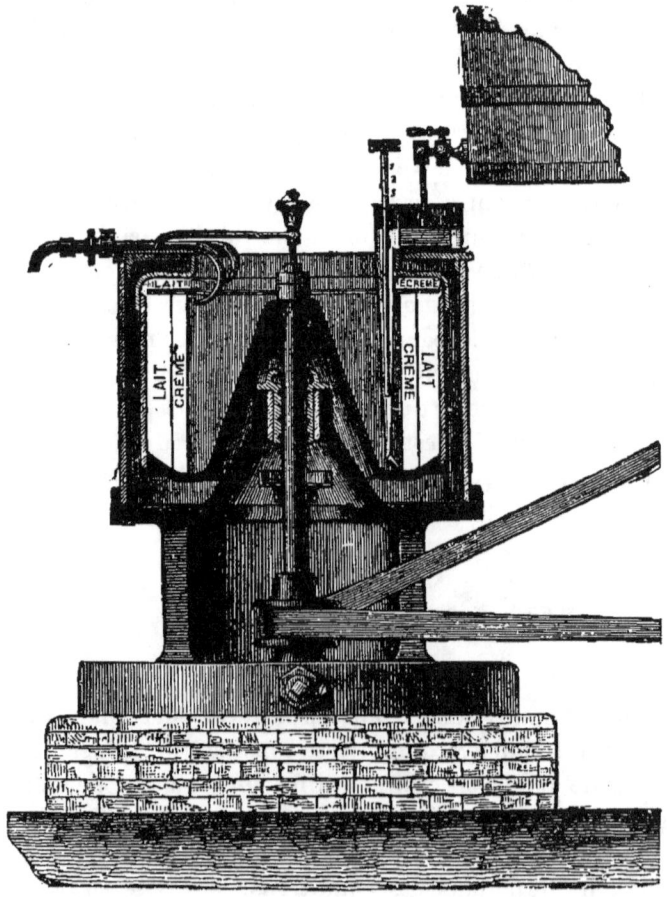

Fig. 21. — Coupe d'un appareil centrifuge montrant la séparation de la crème et du lait (Burmeister).

Des ouvertures appropriées pratiquées dans la paroi du bol, ou un dispositif spécial de tubes (fig. 22), permettent

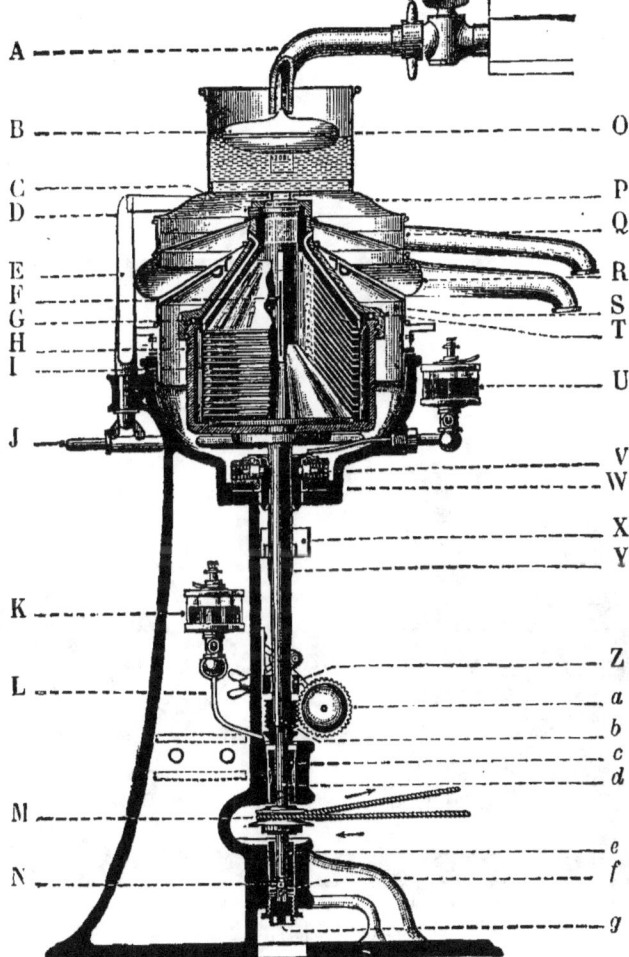

Fig. 23. — Écrémeuse Laval. Coupe montrant les cônes superposés du bol (Pilter).

A. Robinet d'alimentation. — B. Flotteur. — C. Vis de réglage de l'épaisseur de la crème. — D. Ferblanteries de la crème et du lait écrémé. — E. Fourchette maintenant les ferblanteries. — F. Tube central du bol. — G. Joint caoutchouc du couvercle du bol. — H. Bol. — I. Disques ou cloisons alfa. — J. Verrou d'arrêt pour le démontage du bol. — K. Graisseur compte-gouttes des douilles du contre-arbre. — L. Bâti fonte. — M. Poulie à gorge recevant la corde de transmission en coton. — N. Pivot acier du contre-arbre. — O. Alimentateur. — P. Couvercle des ferblanteries. — Q. Bec d'écoulement de la crème. — R. Bec d'écoulement du lait écrémé. — S. Couvercle de sûreté. — T. Chapeau du bol. — U. Graisseur compte-gouttes du coussinet bronze à ressorts de l'arbre du bol. — V. Ressorts à boudin du coussinet bronze. — W. Coussinet bronze à ressorts de l'arbre du bol. — X. Godet en bronze recevant l'excès d'huile de graissage. — Y. Arbre du bol. — Z. Collier de sûreté. — a. Compteur de tours. — b. Crapaudine à goupille filetée. — c. Douille en bronze supérieure du contre-arbre. — d. Contre-arbre. — e. Douille en bronze inférieure du contre-arbre. — f. Galets acier avec axe. — g. Crapaudine métallique à galets avec écrou.

Rolet. — Industrie laitière. 2.

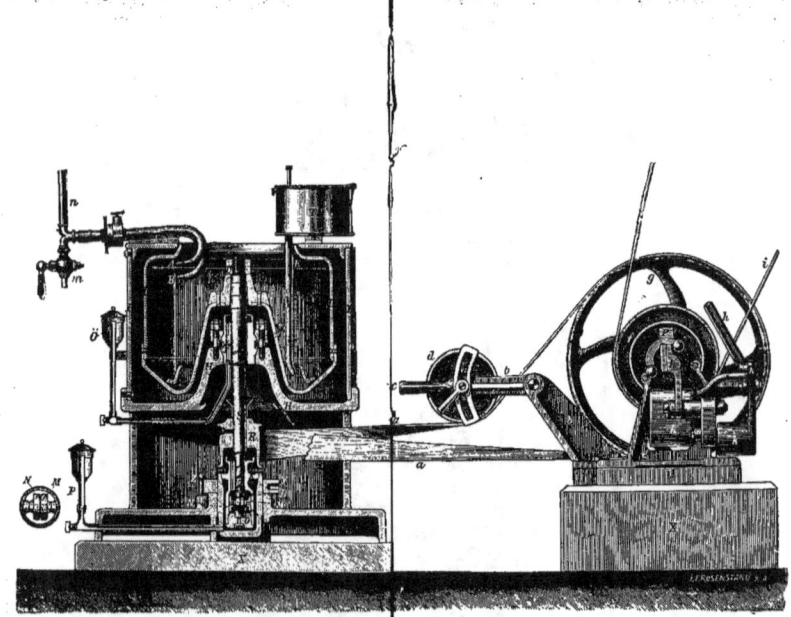

Fig. 22. — Centrifuge Burmeister et Vn Coupe montrant le dispositif intérieur.

E, diaphragme (couronne horizontale laissant en certains points un vide avec la paroi du tambour); D, ailette d'entraînement du liquide; B, tube à crème; A, tube à lait crémé T, réservoir lait; V, arrivée du lait sous le fer cornière.

la sortie continue de la crème d'une part, et du lait maigre de l'autre, tandis que de nouvelles quantités de lait entier arrivent dans le fond du récipient, pour grimper verticalement et subir à leur tour l'action de la force agissante.

On comprend que l'arrivée incessante du lait dans le bol, venant se mêler aux portions déjà en train de se séparer, gêne la marche des globules se dirigeant vers l'axe. C'est pour remédier à cet inconvénient, autrement dit pour augmenter le rendement de l'appareil, que l'on a imaginé de polariser les chemins parcourus par les deux éléments, c'est-à-dire de diviser la masse du lait en couches très minces, sur chacune desquelles la force centrifuge agit comme elle l'aurait fait sur la totalité du liquide. De ce fait, l'appareil se trouve transformé, quant à son mode d'action, comme en un grand nombre de petites centrifuges qui opèrent, dans ces conditions, avec plus d'efficacité. L'épaisseur de lait dans laquelle se fait l'écrémage étant bien moindre, les globules se séparent d'autant plus rapidement.

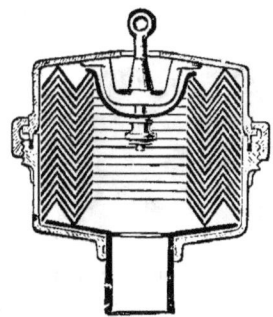

Fig. 24. — Disques polarisateurs de l'écrémeuse Mélotte (coupe verticale) (Garin).

Ce résultat est obtenu en plaçant au centre du bol un ensemble de cloisons, manchons, plateaux métalliques. Ce dispositif, dont l'idée revient à M. Mélotte, appliqué pour la première fois, sous forme d'assiettes, à l'écrémeuse Alfa-Laval (fig. 23), a été adopté par un grand nombre de constructeurs sous des agencements très divers. Tantôt ces cloisons séparatrices ressemblent à des abat-jour pour lampe (fig. 23), emboîtés les uns dans les autres et maintenus écartés de deux à trois millimètres par des cannelures ou des olives en saillie (fig. 25), ou bien ce sont des feuilles rectangulaires assemblées verticalement par un de leurs bords et se déroulant comme les pages d'un livre

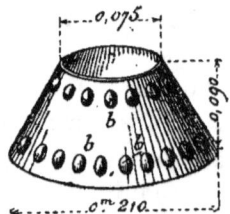

Fig. 25. — Cône à olives.

(fig. 26). D'autres fois ces cloisons présentent l'aspect d'une surface générale cylindrique verticale à ondulations

Fig. 26. — Dispositif à ailettes de l'écrémeuse Globe (Gaulin).

horizontales. Bref, chaque constructeur a, pour ainsi dire, son système (fig. 27 à 31) (1).

Si nous supposons que les assiettes aient la forme de

(1) La figure 27 est page 48.

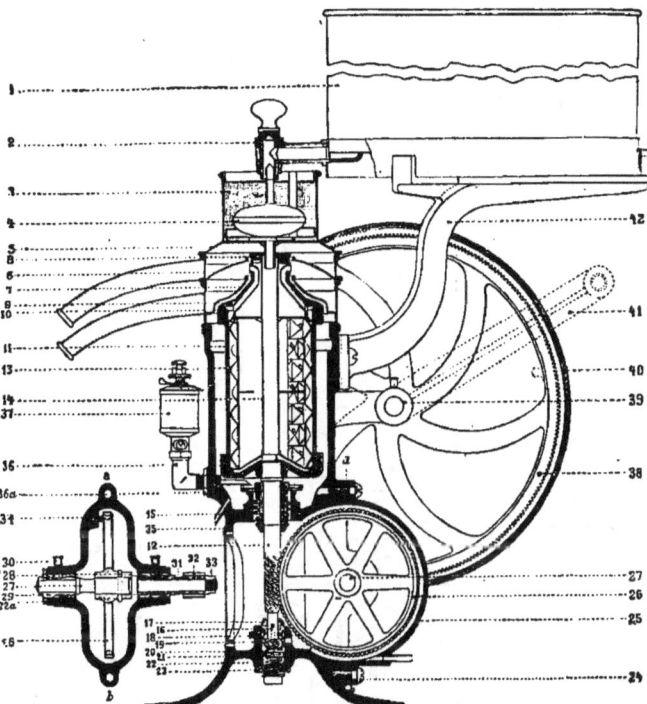

Fig. 28. — Coupe de l'écrémeuse « La Parfaite » à bras Burmeister et Wain (Hignette).

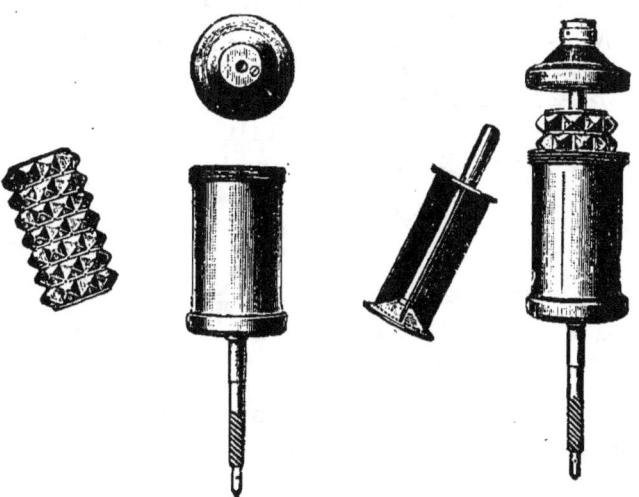

Fig. 29. — Bol de « La Parfaite ».

troncs de cône (fig. 32), on peut s'expliquer comme suit

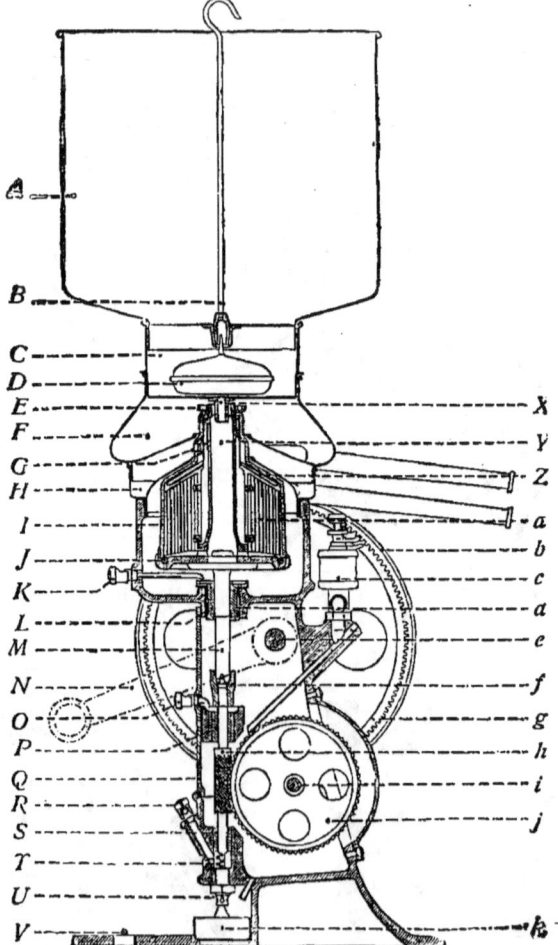

Fig. 30. — Coupe de l'écrémeuse « Globe » (A. Gaulin).

ce qui se passe dans l'intervalle compris entre deux séparateurs consécutifs, lorsque l'appareil est en marche.

Le lait arrivant au centre du bol est projeté vers la périphérie, où il pénètre dans les intervalles laissés entre les

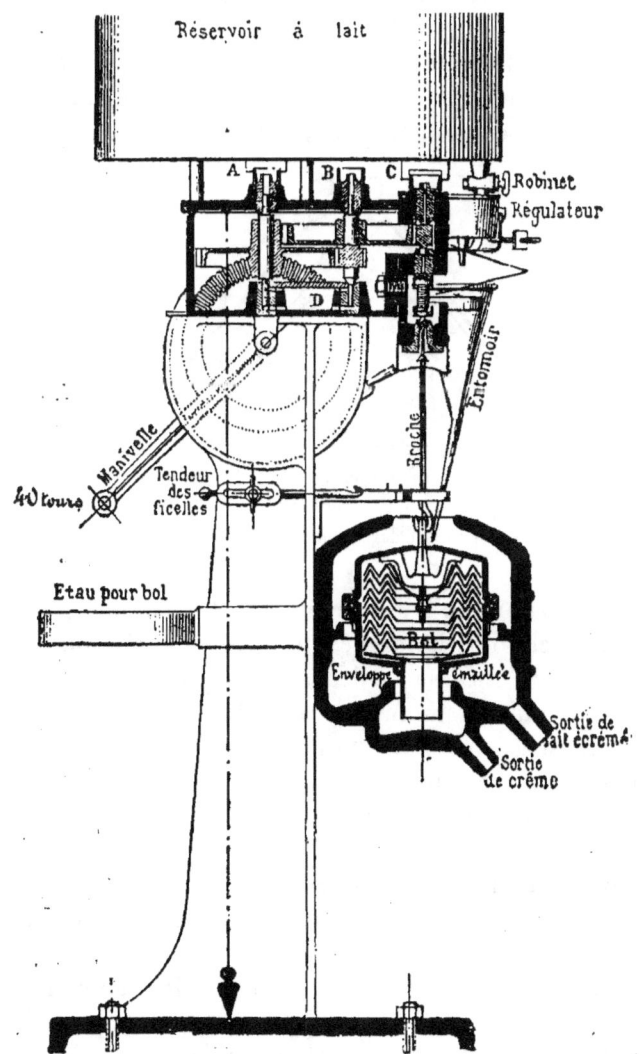

Fig. 31. — Coupe de l'écrémeuse Mélotte à bras (Garin à Cambrai).

cloisons. Les globules qui se séparent entre deux de ces dernières viennent se coller contre la face externe de l'inférieure la plus rapprochée de l'axe, et s'acheminent en grimpant vers le centre, tandis que le lait écrémé est projeté contre la face interne de l'autre assiette, et suit une direction opposée qui l'amène vers les parois du récipient.

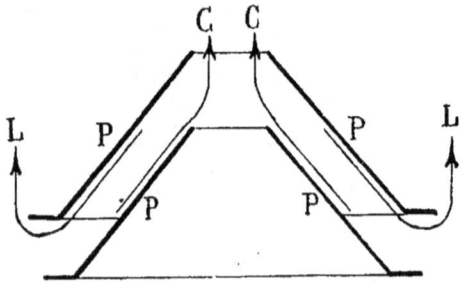

Fig. 32. — Représentation théorique de la marche du lait maigre et de la crème entre deux séparateurs en tronc de cône.
C, crème ; P, polarisateurs ; L, lait écrémé.

Comme le chemin qu'il a à parcourir est ainsi plus grand, la durée d'action de la force centrifuge augmente aussi.

En ce qui concerne le degré d'écrémage, c'est-à-dire l'extraction plus ou moins parfaite de la matière grasse du lait, il est certain que c'est la vitesse de rotation de la turbine qui en est le principal facteur, puisque c'est d'elle que dépend la force centrifuge, cause du déplacement des globules.

La proportion de matière grasse restant dans le lait maigre est en effet à peu près en raison inverse du carré du nombre de tours par minute.

Mais il y a, à ce point de vue, une limite commandée soit par la crainte d'accidents, l'usure plus rapide des pièces travaillantes, la difficulté de surveiller facilement la marche de la centrifuge, soit de maintenir une vitesse toujours uniforme permettant à chaque instant de procéder à l'écrémage dans les mêmes conditions, et d'une façon régulière, sans à-coup, sous peine d'écrémer imparfaitement, malgré un débit normal.

Comme la force centrifuge dépend de la vitesse angulaire et du rayon du cercle décrit, il est certain que l'on a deux moyens d'agir sur cette force, soit en augmentant la vitesse, soit en donnant à la turbine un plus grand diamètre.

La durée pendant laquelle la force centrifuge agit sur le lait influe nécessairement sur le degré d'écrémage, et elle est égale naturellement à l'intervalle qui s'écoule entre l'arrivée du liquide dans la turbine et sa sortie ; autrement dit, elle dépend du débit de l'appareil.

D'après Fleischmann, le pour cent de matière grasse restant dans le lait maigre est proportionnel à la quantité de lait écrémé à l'heure. Si, par exemple, il passe dans ce laps de temps 400 lit. au lieu de 360, c'est-à-dire 11 0/0 en plus, le quantum de graisse du lait augmentera également de 11 0/0.

La température du liquide influe aussi. A mesure qu'elle s'élève, la viscosité diminue, tandis que le principe butyreux et le sérum se dilatent inégalement, conditions qui favorisent la séparation de la crème. Cependant il y a encore ici des limites à observer ; et, bien que la richesse du lait maigre diminue sans cesse, par exemple jusqu'à 40°, l'expérience a montré que la bonne tenue ultérieure de la crème et l'économie du travail exigent de ne point dépasser 25 à 28°. A ce sujet, il est prudent de surveiller l'acidité du lait. De même quand on n'apporte le lait à la laiterie qu'une fois par jour, le matin, il est prudent de se faire livrer à part les deux traites et de commencer par écrémer celle du soir.

On peut donc, dans une certaine mesure, contrebalancer

les effets réciproques du débit et de la température, au point de vue du bon rendement, c'est-à-dire élever cette dernière quand le débit croît, et inversement, sans oublier que les ferments lactiques, à une température optimum du substratum comprise aux environs de 35°, se trouvent placés dans les circonstances les plus favorables pour commencer leur œuvre de destruction vis-à-vis du lactose. Il importe donc de se rapprocher plutôt de 25 que de 30°.

Considérations qui doivent guider dans le choix des écrémeuses. — Pour qui connaît les nombreuses conditions dans lesquelles doivent travailler les écrémeuses mécaniques, il est facile de prévoir que l'on ne puisse rencontrer l'appareil idéal qui réunirait à la fois tous les avantages au point de vue de l'installation, des réparations, de la conduite, du travail fourni, de la dépense de force, de la sécurité, de l'usure, etc. Mais si la perfection est irréalisable, on peut, du moins, chercher à s'en rapprocher le plus possible. D'ailleurs, dans certains cas, tels avantages qui peuvent paraître secondaires dans toute autre circonstance doivent être placés au premier rang.

Ainsi, dans une petite exploitation, où l'on ne dispose que d'un personnel limité, souvent peu au courant de l'écrémage centrifuge, il faut que la conduite de l'appareil ne soit pas trop compliquée, soit comme fonctionnement, soit comme nettoyage, car, à ce dernier point de vue, on doit compter sur la négligence du conducteur. De même, dans une laiterie éloignée de tout centre un peu important, l'intervention d'un serrurier, d'un forgeron, doit suffire pour remettre en état un appareil qui se serait momentanément dérangé. Dans ces conditions, ce qu'il faut rechercher avant tout, c'est une machine dont l'installation soit commode, de construction solide, à mécanisme simple, avec pièces interchangeables pouvant aisément se démonter, et enfin d'un réglage et d'un entretien peu compliqués.

Lorsque l'axe du bol est vertical, on lui communique le mouvement par des vis sans fin ou des engrenages coniques qui, en s'usant plus vite que les engrenages cylindriques, augmentent par la suite la résistance. On pourrait

Fig. 33. — Intermédiaire automatique (Hignette).

objecter qu'en plaçant la manivelle verticalement, cet inconvénient disparaît; mais alors elle est plus difficile à actionner. D'autre part, si le tambour est horizontal, son mode de suspension est moins parfait.

Il est préférable que la transmission du mouvement se fasse par l'intermédiaire de roues dentées, au lieu de poulies, de courroies et de cordes. Celles-ci glissent parfois, occasionnant des pertes de vitesse, surtout si l'on n'a pas la précaution de les frotter de temps en temps avec de la colophane, pour assurer leur adhérence avec les poulies. Dans tous les cas, il faut préférer les courroies plates aux courroies rondes ou aux cordes.

Quand le bol est libre, non invariablement lié à l'axe, le mouvement peut être transmis à celui-ci par des engrenages. Dans le cas contraire, les courroies conviennent mieux, et la souplesse doit se trouver dans le système de transmission. Comme la vitesse à communiquer est considérable, on se sert souvent d'un intermédiaire séparé (fig. 33 et 34), auquel, il est vrai, on reproche parfois de

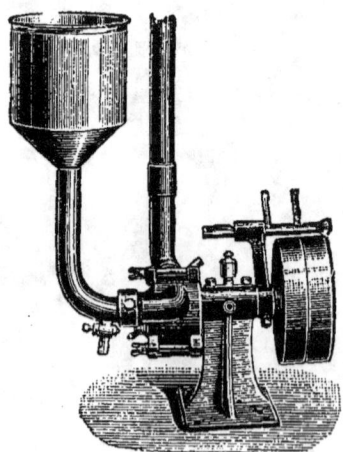

Fig. 34. — Mouvement intermédiaire et pompe centrifuge refoulant le lait écrémé (écrémeuse Alfa-Laval).

tenir trop de place, aussi quelques types d'écrémeuses n'en portent-ils pas (fig. 35) ou portent-ils eux-mêmes le moteur, une turbine à vapeur en général (fig. 36 et 37). L'intermédiaire doit en outre pouvoir permettre l'emploi des divers moteurs, animaux, etc. (fig. 38, 39 et 40).

42 LE LAIT ÉCRÉMÉ

Il y a lieu de remarquer toutefois que les moteurs mécaniques fournissent un travail plus régulier et plus parfait

Fig. 35. — Ecrémeuse « La Parfaite » au moteur, sans mouvement intermédiaire, vue de face (Burmeister et Wain).

qu'un cheval, qu'un chien, etc., avec lesquels le débit doit être un peu diminué. D'ailleurs, l'emploi du manège revient à un prix un peu plus élevé. Rien n'est commode comme le moteur à vapeur, qui, en outre, sert au chauf-

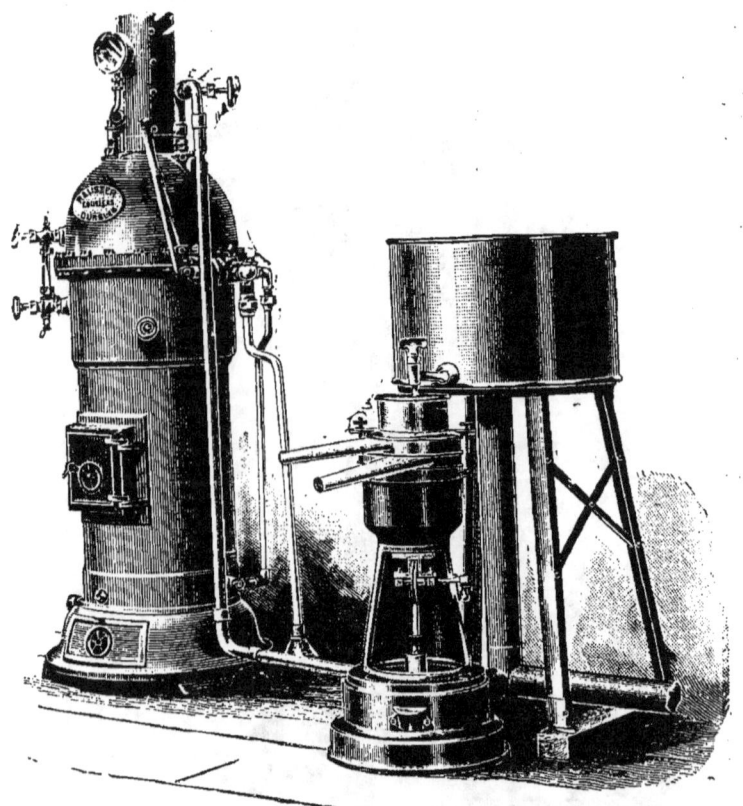

Fig. 36. — Ecrémeuse « Alexandra », montée sur une turbine à vapeur directe (Wallut).

fage des cuves, au nettoyage, etc. On peut cependant mettre à profit les machines à pétrole, à gaz, les moteurs électriques, les turbines.

La force centrifuge tendant à éloigner la courroie de la

44   LE LAIT ÉCRÉMÉ

petite poulie qu'elle actionne, il faut pouvoir, avec un dispositif quelconque, une poulie tendeuse, par exemple (fig. 41 et 22), lui maintenir sans cesse une rigidité suffisante.

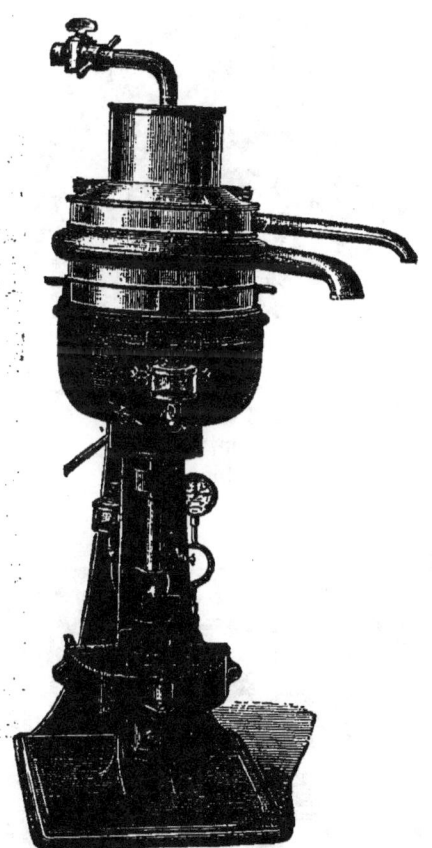

Fig. 37. — Ecrémeuse Alfa Laval, à turbine à vapeur.

La force vive emmaganisée par le bol est très grande, et des accidents seraient à craindre lors d'un arrêt brusque, si l'on ne pouvait isoler instantanément le moteur de l'appareil à l'aide d'un débrayage simple.

DE L'ÉCRÉMAGE DU LAIT 45

Fig. 38. — Manège à plan incliné pour écrémeuse à moteur.
(Fortin, à Montereau).

Fig. 39. — Installation de la centrifuge Burmeister et Wain,
avec manège à cheval.

ROLET. — Industrie laitière. 3.

46   LE LAIT ÉCRÉMÉ

D'ailleurs, il est prudent que ce dernier puisse se produire automatiquement par un système centrifuge, lorsque la vitesse dépasse la limite normale (fig. 33, p. 40). Dans

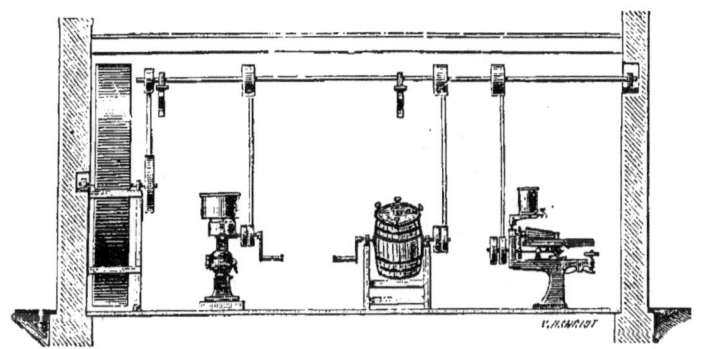

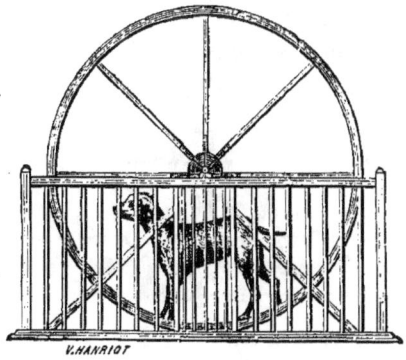

Fig. 40. — Appareils actionnés par un manège à chien
(Garin, à Cambrai).

cet intermédiaire la courroie passe sur la poulie folle, tandis qu'une sonnerie avertit le conducteur.

Cette vitesse devant être constante pour assurer un écrémage régulier, on doit toujours pouvoir la vérifier à l'aide d'un compteur de tours (fig. 42), par exemple, ou d'un appareil à glycérine, ou autre gyromètre (fig. 43).

DE L'ÉCRÉMAGE DU LAIT 47

Dans les centrifuges à bras, il faut que l'on puisse maintenir la marche normale sans fatigue, ce qui exige une

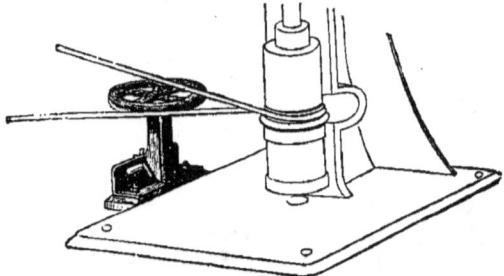

Fig. 41. — Poulie tendeuse.

grande douceur de traction et un petit nombre de tours de la manivelle. Enfin celle-ci doit pouvoir s'arrêter sans que cet arrêt influence le mouvement du bol.

Pour l'installation des centrifuges à moteur, on doit

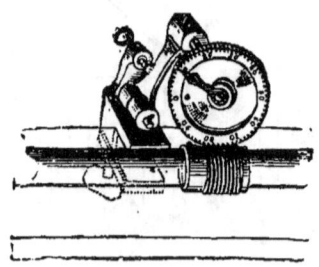

Fig. 42. — Compteur de tours.

toujours s'en remettre à un ouvrier de la maison qui les a livrées ou, à défaut, suivre exactement les instructions du constructeur.

Le dispositif qui suspend le bol au-dessous de l'axe (fig. 44) paraît mieux assurer son équilibre et atténuer l'effort transversal, surtout lorsque le frottement se fait sur billes.

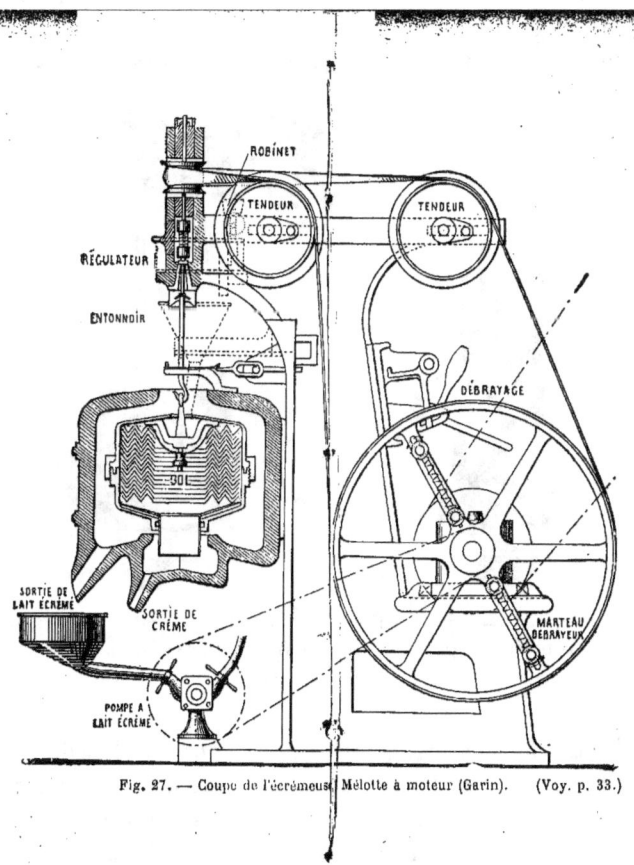

Fig. 27. — Coupe de l'écrémeuse Mélotte à moteur (Garin). (Voy. p. 33.)

Quand le bol est, au contraire, placé sur l'extrémité supérieure, le moindre déplacement en dehors de la verticale augmente le frottement dans les parties inférieures et en entraîne l'usure plus rapide, sans compter qu'alors l'appareil exige plus de traction.

Quelques systèmes de suspension emploient des ron-

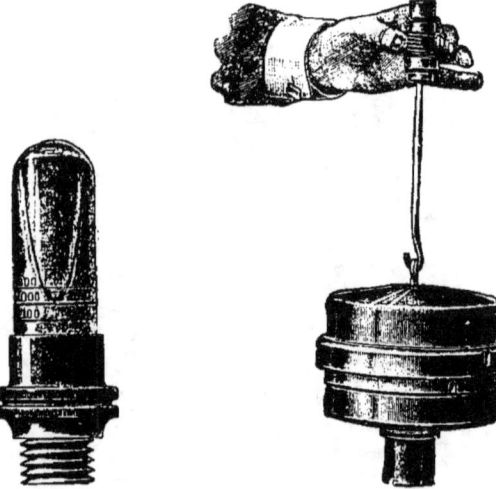

Fig 43. — Gyromètre Klepp

Fig. 44. — Bol suspendu à l'extrémité inférieure de l'axe dans l'écrémeuse Mélotte (Garin, à Cambrai).

delles de caoutchouc, qu'il faut éviter, car si elles donnent, il est vrai, une certaine élasticité à la fusée, l'huile les ramollit et elles s'usent vite. Il vaut mieux remplacer les pivots fixes par des billes ou des galets qui laissent plus de liberté à l'axe, absorbent moins de force et réduisent l'usure due au déplacement transversal. Il importe de diminuer dans le même but les surfaces frottantes, qui exigent comme entretien une plus grande quantité d'huile et abrègent la durée de service de l'appareil.

On sait que l'adoption des cloisons séparatrices dans le bol facilite le déplacement des globules gras, et cela d'autant mieux qu'elles sont plus nombreuses, c'est-à-dire plus rapprochées. Il ne faut pas oublier toutefois que plus leur écartement est faible, plus il y a de chance de les voir obstruées par les impuretés solides d'un lait plus ou moins bien filtré, les débris de caillé du petit lait des fromages, ou encore des laits acidifiés, si nombreux l'été dans les coopératives. De même, un intervalle trop réduit entre les assiettes augmente sur chacune d'elles le dépôt d'impuretés, ce qui accroît d'autant le travail du nettoyage, à moins que l'on ne puisse disposer l'ensemble sous forme de nettoyeur centrifuge (fig. 45).

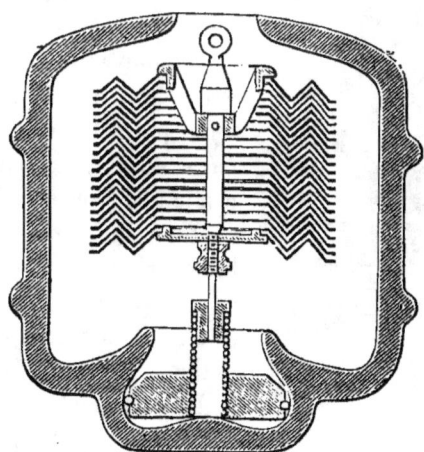

Fig. 45. — Nettoyeur centrifuge (Garin, à Cambrai).

Enfin, il est certain qu'un bol uni, de forme cylindrique, présente plus de surface pour le dépôt des matières solides qu'un bol sphéroïdal.

Les ouvertures de sortie de la crème et du liquide maigre

doivent être suffisantes également pour éviter leur obstruction pendant la marche par un corps quelconque.

La *Burmeister* (fig. 46) seule permet, pendant le fonctionnement, le réglage de la sortie de la crème, car dans les autres types ce réglage se fait au début. Il est vrai que l'on peut toujours agir sur les proportions des deux liquides par le débit, mais c'est un peu au détriment du degré d'écrémage. Le dispositif de la Burmeister (fig. 46) permet encore d'élever le lait maigre à une certaine hauteur, pour le distribuer, par exemple, aux pasteurisateurs, aux réfrigérants, à la fromagerie, à la porcherie, etc. Dans certains types on fixe quelquefois aussi sur le bâti une pompe refoulant le lait écrémé dans un réservoir (fig. 34, p. 41).

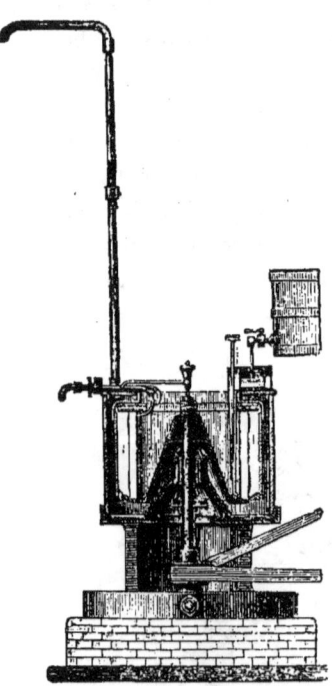

Fig. 46. — Écrémeuse Burmeister et Wain avec tube élévateur de lait écrémé (Hignette).

En un mot, l'idéal serait que l'on pût disposer d'un appareil d'un prix raisonnable, tenant peu de place, exigeant le moins de travail pour un même débit, d'une grande douceur de traction, écrémant parfaitement, d'une conduite facile, se dérangeant rarement, dont le mécanisme, d'ailleurs simple, serait à la portée du premier ouvrier venu. Mais c'est là, croyons-nous, le *rara avis* difficile à dénicher.

Dans tous les cas, un essai préalable permettra d'apprécier l'appareil dans une certaine mesure. On vérifiera le débit :

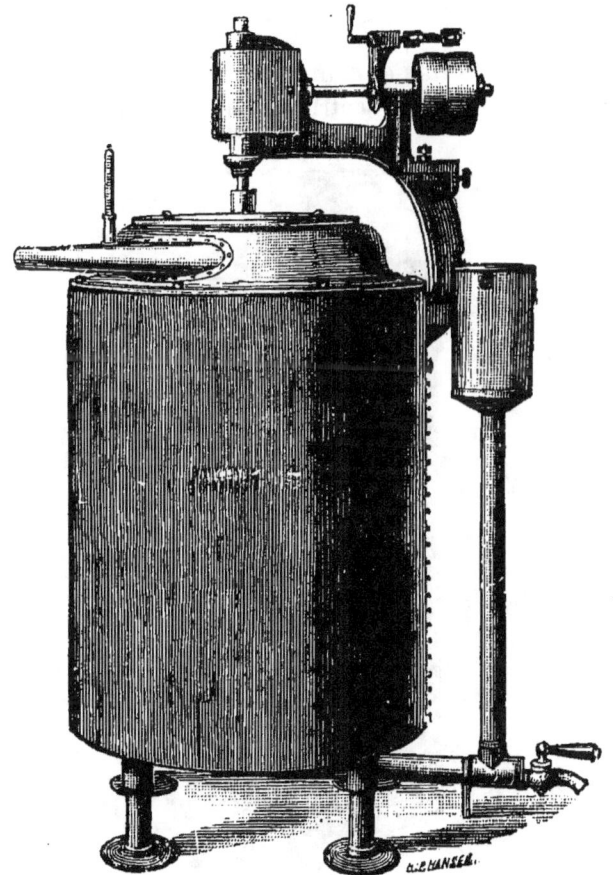

Fig. 47. — Pasteurisateur Hignette.

la comparaison des richesses du lait entier et du lait maigre fera connaître le degré d'écrémage, et le dynamomètre le travail exigé. Il est bon de tenir compte aussi des frais de graissage, des arrêts, de la consommation de charbon ou de vapeur, s'il y a lieu, etc. Ce sont, en général, les petites écrémeuses qui donnent les meilleurs rendements.

De la conduite des écrémeuses. — Avant de mettre en marche un appareil centrifuge, il convient de bien

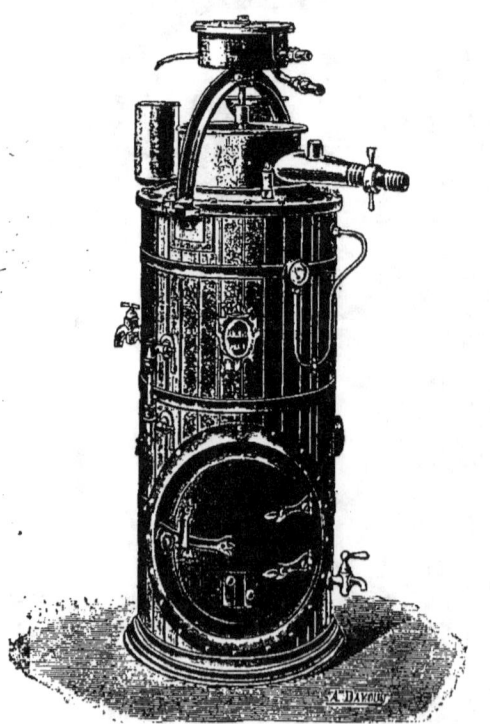

Fig. 48. — Réchauffeur Gaulin.

graisser toutes les parties frottantes, et d'autant plus qu'elles sont plus usées. A ce sujet, les graisseurs automatiques permettent de parer à toute négligence et tout oubli, sans compter que le graissage se fait alors modérément et non avec excès, comme cela a lieu quand on opère avec la main.

On sait que le lait doit avoir à son entrée dans le bol une température qui, autant que possible, ne dépassera pas 28°. Il convient donc, en hiver, de rincer préalablement le récipient avec de l'eau tiède et de réchauffer le lait, s'il y a lieu (fig. 47 et 48).

On ne permettra l'arrivée du liquide que lorsque la turbine aura pris sa marche normale, qu'on ne lui commu-

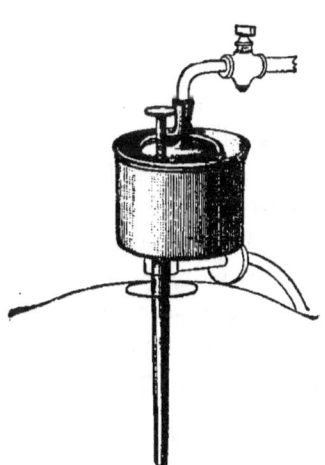 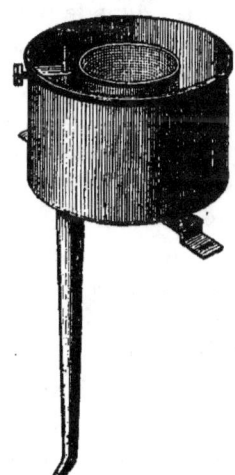

Fig. 49. — Réglage d'alimentation dans le séparateur Laval.

Fig. 50. — Régulateur d'alimentation dans la Burmeister.

niquera, d'ailleurs, qu'avec précaution et progressivement, en mettant un laps de temps d'autant plus grand — 5 à 15 minutes — que sa masse est plus considérable. Cela concerne surtout les appareils à grand travail, à moteur. Mais, même avec les centrifuges à bras, il ne faudra arriver à la vitesse voulue qu'au bout de quelques minutes. Cette dernière étant obtenue, on ouvre largement le robinet d'amenée du liquide, et lorsque la crème commence à couler, on règle le débit convenable (fig. 49 et 50, p. 55), et tel qu'il ne puisse varier pendant la durée de l'écrémage, une augmentation entraînant la sortie d'une crème plus diluée, et inversement. Dans la Burmeister (fig. 46, p. 52), il faut, au début, éloigner complètement le tube à lait écrémé, de façon que tout le lait sorte par l'autre, ce qui empêche son engorgement par la crème, très compacte.

Il va sans dire que le lait doit être parfaitement filtré à son entrée dans le bol, surtout dans la Burmeister, où le moindre poil venant se coller contre l'ouverture des tubes, fait jaillir le liquide de tous côtés.

Il faut autant que possible conserver à l'appareil une vitesse constante. Avec les centrifuges à bras, les débutants feront bien de se servir d'une montre pour régler le nombre de tours à faire faire à la manivelle; mais avec un peu d'habitude on arrive à imprimer aisément la cadence nécessaire. Nous avons dit que les moteurs mécaniques sont préférables pour la régularité de la marche. Si l'on constatait une marche irrégulière, anormale du bol, on vérifierait si celui-ci est bien d'aplomb, et, s'il y a lieu, si les pivots ne sont pas usés. Une marche dure peut provenir d'un défaut de graissage, de l'épaississement de l'huile, qu'on fait disparaître en injectant du pétrole, tout en donnant quelques tours.

Pour une vitesse déterminée de la turbine, on sait que le degré d'écrémage, c'est-à-dire la séparation plus ou moins parfaite de la matière grasse, dépend du débit, autrement dit de la quantité de liquide qui passe dans le bol dans l'unité de temps, de la température et de la richesse du lait. Les constructeurs indiquent quel est le volume de lait le plus convenable à traiter à l'heure et la **température**; mais tous les laits n'ont pas la même composition : ils sont plus ou moins riches en globules gras, de même que les dimensions de ces derniers peuvent varier suivant les races. Par exemple, ils sont plus gros chez la race normande et plus ténus, au contraire, chez les vaches hollandaises.

En général, plus un lait est riche en matière grasse ou plus est forte la proportion des petits globules, plus il doit séjourner dans le bol; c'est à-dire que dans ce cas il faut diminuer le débit pour prolonger l'action de la force centrifuge qui agit sur les globules à séparer. Il en est de même quand la vitesse de l'appareil diminue.

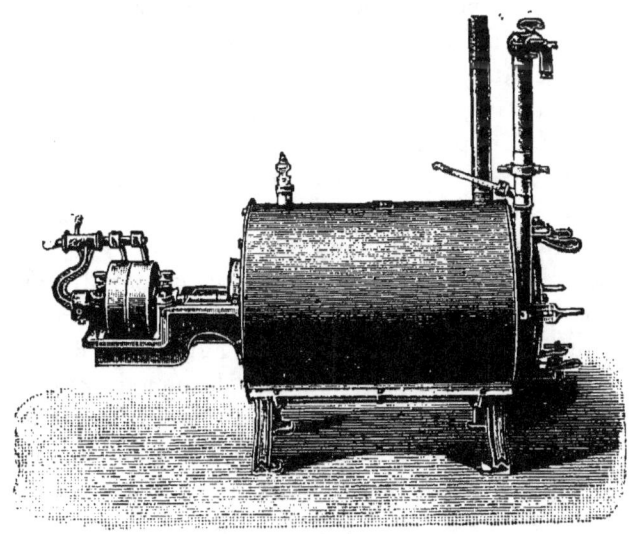

Fig. 51. — Pasteurisateur horizontal avec élévation automatique (Pilter).

On peut ranger dans la même catégorie, au point de vue du traitement, les laits additionnés d'antiseptiques et parfois ceux des vaches fraîches ou encore arrivées à la fin de la période de lactation.

Le lait qui a subi une agitation mécanique soit par le transport, soit par la pasteurisation avec élévateurs (fig. 31), la translation par jets de vapeur, éjecteurs, le barattage, etc., s'écrème plus difficilement. Cette action mécanique a, en effet, l'inconvénient d'augmenter le nombre des petits globules, moins influencés, comme l'on sait, par la force centrifuge. Des expériences faites en Suède et en Allemagne ont montré qu'un lait qui a été ainsi fortement agité peut conserver encore, après son passage dans l'écrémeuse, 0,2 à 0,7 0/0 de matière grasse, au lieu de 0,1, taux normal.

Si on ne veut pas diminuer le débit, on peut élever la température. C'est ainsi que Wysmann a trouvé, avec l'écrémeuse Mélotte, un degré d'écrémage de 98,72 0/0 à 31° et seulement 95,4 0/0 à 15°. Mais la finesse du beurre à obtenir exige, à ce point de vue, que l'on ne dépasse pas la limite que nous avons indiquée. D'ailleurs, il est bon de se guider aussi un peu sur le degré d'acidité qu'atteint la crème au moment du barattage.

Un écrémage imparfait peut provenir d'une alimentation trop considérable, d'un lait trop froid ou d'une vitesse insuffisante. On peut rarement agir sur ce dernier facteur, mais il n'en est pas de même des deux premiers. Il importe donc de savoir contrôler le travail effectué par la machine. Il est inutile de longuement insister sur l'importance de ce contrôle, surtout dans une laiterie où l'on traite une grande quantité de liquide. Admettons, par exemple, qu'il reste dans le lait écrémé seulement 0,1 0/0 de plus de matière grasse qu'il ne faudrait, soit 1 gr. par litre; cela fait 10 kilos pour 10,000 litres, c'est-à-dire une perte en argent que l'on peut évaluer à 25 fr. par jour, si l'on compte le beurre à raison de 2 fr. 50 le kilo. On procédera donc comme il suit.

On commence par chercher avec l'appareil Gerber (1), par exemple, la teneur du lait complet en matière grasse avant son entrée dans le bol. On procède de même avec le lait écrémé après un quart d'heure de repos, pour laisser dégager les bulles d'air emmagasinées qui fausseraient le résultat. Il est bon d'opérer dans les deux cas à une température voisine de 15°. A cause de la faible teneur du lait maigre, il est préférable, pour plus d'exactitude, d'employer la méthode du papier filtre, de la cartouche de Schleicher (fig. 52), que l'on imbibe de lait et que l'on place après dessiccation dans un appareil à épuisement Soxhlet (fig. 53). C'est là, bien entendu, un procédé de laboratoire ; mais, dans la pratique courante, le Gerber fournit des résultats suffisamment comparables.

Fig. 52. — Cartouche en papier Schleicher et Schüll (Adnet).

Supposons que l'on trouve ainsi par ces deux déterminations 4 0/0 et 0,2 0/0. La quantité de matière grasse extraite par la centrifugation est donc de $4 - 0,2 = 3,8$ 0/0 de lait. Comme le degré d'écrémage représente le taux de graisse extrait sur 100 de cette même matière que contenait le lait, nous aurons pour le présent cas :

$$\frac{3,8}{4} \times 100 = 95 \; 0/0.$$

En marche normale, la proportion de matière butyreuse restant dans le lait ne doit pas excéder 0,15 0/0 pour les appareils à moteur et 0,25 pour les écrémeuses à bras.

Il ne faudrait pas confondre le degré d'écrémage avec les taux de séparation des produits crème et liquide écré-

(1) Voir l'annexe.

mé, c'est-à-dire les volumes ou les poids de ces derniers obtenus dans le même temps, et que l'on règle généralement à l'avance en obstruant plus ou moins l'ouverture de sortie de la crème. Mais pendant la marche il est possible d'obtenir aussi une crème plus épaisse ou plus fluide, en diminuant ou en augmentant le débit, c'est-à-dire l'arrivée du lait — ce qui est simple avec les dispositifs que portent tous les appareils (fig. 49 et 50). — Seulement, dans le dernier cas, la vitesse de rotation et la température restant constantes, alors qu'il faudrait forcer l'un des deux facteurs, il peut se faire que la séparation des globules soit moins parfaite. En un mot, on doit s'attacher à faire circuler régulièrement le débit normal.

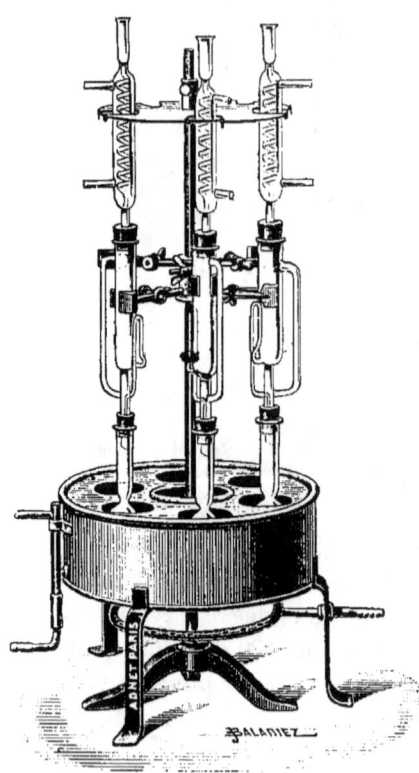

Fig. 53. — Appareil d'extraction de Soxhlet (Adnet).

Le réglage préalable, auquel le conducteur ne peut plus toucher une fois la machine en marche, donne plus de garantie au chef beurrier, qui peut ainsi mieux compter sur le degré de consistance qu'il désire.

Il va sans dire que la quantité de beurre à obtenir ne dépend pas forcément du poids de la crème même, qui peut être plus ou mois diluée par une proportion variable de sérum, mais bien de sa richesse en principe butyreux pur.

Une crème courte, épaisse, convient mieux l'été, où l'on a à craindre un beurre trop mou. Une forte richesse en ferments et sucre de lait entraîne une acidité exagérée au barattage, qui donne alors un beurre aigrelet se conservant moins bien. Le taux de séparation sera donc à cette saison de 8 à 10 0/0. En hiver ce sera le contraire : une crème épaisse, pauvre en ferments, arriverait irrégulière et insuffisamment acide au barattage, d'où perte de globules et arome faible. La proportion de crème à prélever pourra atteindre 12 à 14 0/0. On peut arriver à régler convenablement les taux de séparation en recevant les deux liquides, crème et lait maigre, dans deux récipients dont les volumes sont dans le même rapport que ceux de ces derniers, et qui doivent s'emplir dans le même laps de temps. Si l'on veut 10 0/0 de crème, par exemple, ce qui correspond à 90 de lait maigre, le récipient où sera reçu ce dernier devra égaler neuf fois l'autre.

L'écrémage étant terminé, on fait passer dans le bol une dizaine de litres de lait écrémé pour chasser les dernières portions de crème, puis de l'eau tiède, après avoir retiré le récipient à crème. Si l'appareil est à moteur, on débraye alors et laisse arrêter la turbine d'elle-même. Il faut en effet toujours éviter, quel que soit l'appareil, un arrêt brusque qui compromettrait la solidité ou l'équilibre du bol en faussant les pièces travaillantes.

En attendant l'arrêt complet, on nettoiera le bac à lait, la ferblanterie, d'abord à l'eau tiède, pour ne pas s'exposer, dans certains cas à coaguler les traces de lait qui restent encore dans les rainures ou jointures, puis avec de

Rolet. — Industrie laitière.

l'eau de soude bouillante, puis enfin on rafraîchira. On procédera de même pour la turbine. Il est bon toutefois de ne pas abuser de la soude pour la ferblanterie.

Le nettoyage des cloisons séparatrices sera fait avec le plus grand soin. On vérifiera chacune d'elles au moyen de la brosse spéciale. Dans certains cas où le lait traité est plus ou moins acide ou malpropre, nous n'avons qu'une confiance limitée dans les nettoyeurs centrifuges ou ensemble des séparateurs — assiettes, disques, plateaux, etc., — que l'on fixe en bloc à la place du bol, et dans le centre duquel on verse de l'eau tiède en faisant fonctionner l'appareil, à moins d'apporter dans cette opération des soins particuliers.

Toutes les parties du bol devront être séchées, de même que les séparateurs, qui seront conservés, en attendant leur nouvelle mise en place, dans un endroit bien aéré et sec.

CHAPITRE DEUXIÈME

UTILISATION DU LAIT ÉCRÉMÉ

Nous rangerons les divers modes d'utilisation du lait écrémé dans trois groupes principaux :

Ceux qui ont pour objet de faire servir ce liquide ou ses dérivés à l'alimentation de l'homme ;

Ceux qui le destinent à l'engraissement des animaux ;

Ceux qui en extraient des produits qui trouvent des applications dans les arts ou manufactures.

D'après les détails que nous avons déjà donnés sur l'écrémage du lait, on a pu se faire une idée assez nette de la composition générale et des propriétés soit du lait écrémé au repos, soit du lait de centrifuge, et voir qu'il existe une légère différence entre les deux. Malgré cela, on comprendra aisément qu'au point de vue de l'utilisation nous ne puissions les traiter ici séparément. Nous nous contenterons d'étudier plus particulièrement le parti que l'on peut tirer du lait des centrifuges, et tout ce que nous en dirons peut s'appliquer à plus forte raison au lait écrémé au repos. Il nous suffira de faire remarquer les cas où une acidification trop prononcée du liquide est à éviter.

§ I. — Emploi du lait écrémé dans l'alimentation de l'homme

1. — Composition du lait centrifugé.

La composition du lait centrifugé varie forcément avec celle du lait même dont il provient, composition qui, comme l'on sait, est loin d'être fixe.

Il est certain que sa teneur en principe gras est facteur du degré d'écrémage. L'ablation de la crème, c'est-à-dire la suppression de l'élément le plus léger du liquide, a pour résultante d'augmenter la densité du lait maigre ; et comme c'est aux globules butyreux maintenus en émulsion dans le sérum que la liqueur lactée doit en partie sa couleur particulière, on s'explique la dénomination de lait bleu par laquelle on désigne quelquefois le lait écrémé. Les autres éléments, caséine, lactose, sels minéraux, varient fort peu, une faible partie de la caséine en suspension étant influencée. Leurs taux se sont même sensiblement accrus, puisque le volume du liquide a diminué.

Pour donner une idée de la composition chimique, voici, comparativement, les chiffres que nous avons obtenus dans notre laboratoire avec le lait des vaches de la race montbéliarde :

Eléments.	Lait complet.	Lait centrifugé.
Densité.	1, 032	1,0368
Extrait sec	13gr39 0/0 cc.	9,85
Matière grasse	4, 24	0,12
Lactose	4, 89	5,03
Sels minéraux	0, 74	0,76
Caséine (différence)	3, 52	3,94

2. — Valeur nutritive et consommation en nature du lait centrifugé.

La comparaison des chiffres ci-dessus montre que le lait centrifugé ne diffère du lait entier dans ses principes essentiels que par l'absence presque complète de matière grasse. On conçoit dès lors facilement qu'au point de vue nutritif l'aliment en question ait conservé une réelle valeur, puisqu'il renferme encore le principe utile primordial pour l'organisme, la matière azotée, la caséine.

C'est ainsi que le Dr Gerber regarde cette valeur particulière comme correspondant aux deux tiers de celle du lait complet. W.-A. Henry dit de son côté que cinq litres de lait écrémé équivalent à un kilo de viande. D'autre part, Soxhlet estime qu'un litre de lait maigre est aussi nourrissant que 200 gr. de viande de bœuf et 200 gr. de pommes de terre sans graisse ni beurre. En somme, si l'on estime à 6 centimes le prix d'achat du litre de lait écrémé, on a dans ce liquide une proportion de matières nutritives qui, dans la viande, reviendrait à un prix presque dix fois plus élevé. De même, le Dr Kirchner, de Hall, comparant la valeur de l'albumine dans la viande de bœuf sans os et dans le liquide qui nous occupe, arrive à cette conclusion que, dans le cas où le litre de ce dernier est payé à un chiffre qui équivaut à un peu moins de 10 centimes, le kilo d'albumine revient 2,7 fois moins cher que dans la viande et dix fois moins dans le cas où la valeur du lait est à peu près de 7 c. 5.

Outre la matière azotée, le lait de centrifuge contient du sucre, le lactose, qui, de même que la graisse, joue aussi un rôle important comme aliment respiratoire.

Devant ces constatations, on ne peut que conclure que le lait qui a subi la centrifugation, malgré sa très faible teneur en matière grasse, constitue pour l'économie animale un aliment important qui procure l'azote à très bon marché. Malgré ces avantages, jouit-il auprès du public d'une bien grande faveur? Il n'y paraîtrait guère, car le consommateur semble se montrer défiant à l'égard d'un produit qui, à ses yeux, a perdu toute sa valeur par suite de l'ablation de la crème.

C'est d'ailleurs là, il faut bien le reconnaître, un préjugé qu'ont fait naître les appréhensions de certaines personnes qui, soit par leurs professions, soit par leurs connaissances spéciales, étaient, au contraire, toutes désignées, en dissipant une équivoque possible à ce sujet, pour contribuer à faire adopter par le public un produit que l'invention des centrifuges allait jeter en grandes quantités sur le marché.

On n'a pas oublié, en effet, qu'au Congrès médical de Roskilde, en août 1883, fut votée la motion suivante, sur la proposition du Dr Struckman : « Le lait écrémé au centrifuge est un aliment en général insuffisant, et pour les enfants tout à fait nuisible, à moins qu'il n'y soit mêlé du lait fraîchement trait dans une proportion convenable. »

L'auteur s'appuyait, pour porter ce jugement, sur le fait suivant : « Si l'on donne à des veaux pendant huit jours du lait écrémé au centrifuge, ils maigrissent rapidement, au point que l'on peut toucher, voir et compter chacune de leurs côtes. »

ROLET. — Industrie laitière. 4.

Schoonjans, dans une étude sur la coopération laitière en Danemark, raconte qu'à Asten le public n'accordait aucune confiance au lait des centrifuges : « On se disait que le travail violent auquel le lait est soumis dans l'appareil nuit à sa qualité au point de le rendre impropre à l'alimentation domestique. »

On comprend que de pareilles allégations, formulées par des personnes aussi autorisées que paraissent l'être des disciples d'Esculape ou des hygiénistes, jetassent un certain discrédit sur la valeur réelle du lait écrémé mécaniquement.

Ce dernier trouva cependant des défenseurs qui, ne se basant pas seulement sur des idées préconçues, mais bien sur des résultats d'analyses, ne craignirent point d'affirmer, comme les professeurs Fjord et Panum, que si, comparativement au lait écrémé au repos, le lait de centrifuge renferme moins de matière grasse, cette infériorité est en partie contrebalancée par une pureté plus grande du liquide, car la centrifugation l'a débarrassé des corps étrangers en suspension qui, comme les poussières, les débris d'excréments, sont de vrais nids à microbes.

Il est certain que pour les nourrissons ou les jeunes animaux voués pendant la première période de leur existence à un régime exclusivement lacté, ou encore les vieillards, ceux-ci ne sauraient trouver dans le lait maigre des centrifuges l'équilibre naturel des principes nutritifs qu'exigent le fonctionnement et l'accroissement normal de leur organisme. On comprend d'ailleurs aisément que si la nature a placé de la matière grasse dans le lait de la mère, c'est qu'elle jugeait cet élément indispensable au nouveau-né. Il ne faut pas oublier non plus que la suppression des globules gras entraîne du même coup la disparition d'une forte proportion de lécithine, principe des plus utiles dans les échanges nutritifs, et qui est formé par la combinaison de l'acide phosphorique avec les éléments constitutifs de la matière grasse, glycérine et acides gras. Enfin l'absence de matière grasse fait que le caillé formé dans l'estomac est particulièrement compact et difficilement attaquable par le suc gastrique. L'harmonie qui préexistait donc entre les matériaux azotés, phosphatés et hydrocarbonés du « nectar argenté » à son entrée dans la turbine, se trouve détruite, amenant de ce chef une moins-value du produit. On sait en effet qu'au regard de la nutrition, un aliment est d'autant plus appréciable qu'il offre aux sucs digestifs non seulement tous les principes utiles, mais encore un ensemble alibile parfaitement pondéré. Pour les nourrissons en particulier, la présence d'environ 4,5 0/0 de lactose sans principe gras favorise par trop la diurèse.

Nous citerons à l'appui de ces assertions les recherches de MM. Bordas et de Raczkowski. Ces expérimentateurs ont constaté que dans un lait auquel on avait supprimé 98 0/0 de sa matière grasse, il avait disparu 69 0/0 de lécithine. Voici d'ailleurs les chiffres comparatifs obtenus.

ÉLÉMENTS	LAIT TYPE	LAIT ÉCRÉMÉ	CRÈME
	gr.		
Extrait	15,41 0/0	10,23	54,20
Cendres.	0,68	0,72	0,28
Matière grasse	5,86	0,09	50,88
Lactose.	4,96	5,28	2,30
Caséine.	2,88	3,24	1,15
Acide phosphorique total . . .	0,176	0,184	0,096
Acide phosphorique organique . .	0,0044	0,0013	0,0252
A. p. en acide phosphoglycérique .	0,0124	0,0037	0,0691
A. p. en lécithine	0,058	0,018	0,334

Mais pour les adultes, dans la nutrition desquels le lait n'entre que pour une faible part, on ne saurait attacher la même importance à ce défaut de composition. Aussi, dans certaines contrées, l'aliment qui nous occupe a-t-il fini par se réhabiliter peu à peu aux yeux des consommateurs. En Russie, en Suède, en Danemark, par exemple, le lait écrémé se rencontre communément sur la table du paysan et de l'ouvrier, et cette boisson n'est pas sans contribuer un peu au succès dans la lutte entreprise contre le « hideux alcoolisme ». En Angleterre, on peut lire sur la devanture d'un grand nombre de boutiques : « Ici on vend du lait écrémé pour 1 d (10 centimes) le pint (1/2 litre). Le pint d'un tel lait contient la même quantité de nourriture qu'une mutton chop (côtelette de mouton). »

Cette dernière remarque montre une fois de plus l'esprit pratique des Anglais. Souvent en Angleterre le lait est préalablement condensé.

En Allemagne, à Kiel, à Hambourg notamment, on vend facilement au public le lait écrémé doux à raison de 10 c. le litre.

Nous devons avouer que chez nous le lait centrifugé trouve un écoulement difficile comme boisson ; et si on admet que sa valeur nutritive égale les deux tiers de celle du lait, ce qui lui donnerait une valeur pécuniaire correspondante de 8 centimes le litre, on est bien loin, dans la plupart des cas, d'obtenir ce prix. On s'estime heureux même quand on peut le livrer à 4 centimes, rarement à 5 ou 6 cent. D'ailleurs aujourd'hui, pour quelques centimes de plus, le consommateur ne peut-il pas se procurer un litre de vin ? Dans ces conditions, il est certain que cette dernière boisson fera encore longtemps en France une réelle concurrence au breuvage un peu fade, il est vrai, de lait maigre. Il y aurait peut-être avantage, pour attirer la clientèle, à présenter le produit sous un aspect plus engageant et de renforcer un peu sa saveur, comme nous l'indiquerons plus loin ; mais il ne faut pas oublier que, vu le prix de vente peu élevé, cette boisson ne saurait supporter des manipulations trop onéreuses.

Enfin, disons que les administrateurs des hospices, les membres des sociétés de bienfaisance, des établissements de charité, trouveraient dans le lait écrémé, s'ils en connaissaient toute la valeur, un aliment à bon marché et une ressource importante pour le soulagement des nécessiteux et des miséreux. Il est sans conteste que malgré ses diverses modifications constitutionnelles, qui ont fortement compromis ses qualités de « sang blanchi », comme l'appelait Ambroise Paré, le lait écrémé reste encore pour l'économie animale un succédané alimentaire important, dont l'avantage, incontestable celui-là, est de fournir l'azote à très bon marché.

Nous ne pouvons donc que souhaiter que les médecins ou autres personnes autorisées qui habitent des milieux producteurs de lait écrémé, fassent mieux connaître ce succédané alimentaire délaissé à tort. Ce serait ainsi un réel service qu'ils rendraient à la fois à l'industrie laitière et aux classes pauvres de leurs régions.

Pasteurisation du lait écrémé. — On ne doit pas oublier que le lait écrémé destiné à l'alimentation de l'homme doit être servi parfaitement doux. Dans ce but, pour prévenir toute altération rapide, il est prudent de prendre certaines précautions. On n'ignore pas que le lait est ensemencé d'êtres microscopiques dont l'influence nuisible est favorisée par une certaine température du milieu.

Pour réduire à néant la majorité de ces agents perturbateurs d'un nouveau genre, pendant un certain temps du moins, on doit chauffer le liquide aux environs de 70 à 75°, puis le refroidir aussi rapidement que possible.

Une température plus élevée pourrait lui communiquer le goût de cuit, désagréable au palais, d'autant plus que l'on s'accorde à reconnaître que la plupart des microbes pathogènes que peut héberger le lait écrémé à la centrifuge, comme les microbes de la tuberculose reconnus par Bang dans le lait maigre, ainsi que dans la crème d'ailleurs ou ceux du choléra trouvés par Sheurlen sont atteints par la température en question.

Pour diminuer les frais de pasteurisation, on peut adopter les appareils à double circulation, appelés encore pasteurisateurs-régénérateurs (fig. 54), dans lesquels le lait déjà pasteurisé réchauffe la portion qui ne l'est pas encore, et inversement. On économise ainsi des frais de combustible et d'eau. D'après M. J. Huwart, avec un pasteurisateur chauffant à 102°, la dépense en charbon reviendrait à 3 fr. 056 pour traiter 8,000 kilos de lait, et à 2 fr. 64 avec un pasteurisateur à agitateur chauffant à 93°. On voit que ces chiffres seront réduits dans de notables proportions si l'on ne dépasse pas la température de 75° que nous indiquons plus haut. Dans ce cas, certains appareils n'exigent que 1 kg. 5 de charbon avec la vapeur vierge, la vapeur directe, par 100 kilos de lait, et moitié moins avec la vapeur d'échappement.

Lorsqu'on a affaire à un pasteurisateur simple, il est prudent de refroidir immédiatement le lait (fig. 55). Nous avons remarqué, en effet, ainsi que plusieurs expérimentateurs, qu'un abaissement rapide de température suivant immédiatement la pasteurisation, augmente de beaucoup — du double au triple — la durée de conservabilité du liquide. On peut constater facilement que, même après avoir été porté à 70°, mais non refroidi, le lait arrive à se cailler après 15 à 18 heures pendant l'été à une température de 25°.

Le docteur Gerber a construit un pasteurisateur spécial

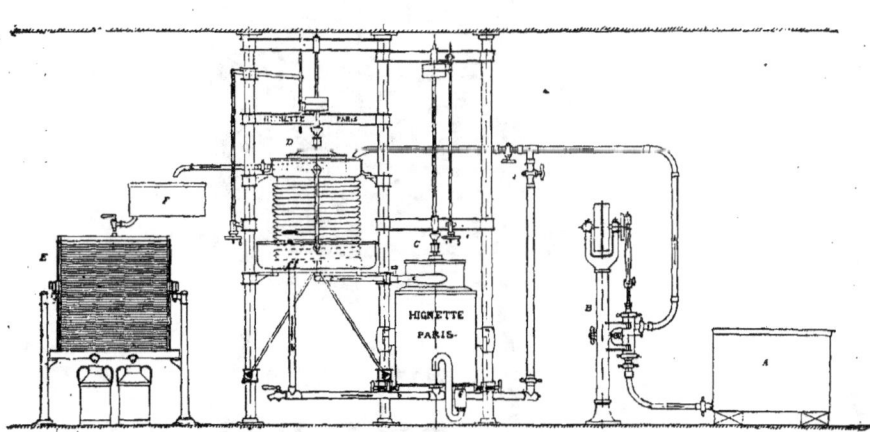

Fig. 54. — Pasteurisateur régénérateur à lait (Hignette).

A, réservoir à lait; B, pompe; C, pasteurisateur; D, régénérateur; E, réfrigérant; F, bac intermédiaire; a, lait froid; b, lait réchauffé sortant du régénérateur; c, lait pasteurisé allant du pasteurisateur au régénérateur; d, lait pasteurisé sortant du régénérateur.

qui maintient les flacons en mouvement oscillatoire pendant le chauffage, de même que durant leur refroidissement. Cet expérimentateur a en effet montré que lorsque

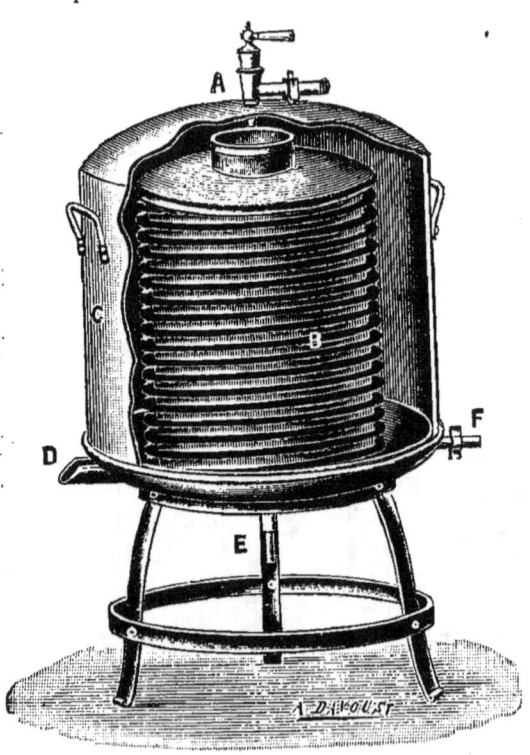

Fig. 55. — Réfrigérant cylindrique pour lait pasteurisé (Gaulin).

le flacon de lait reste immobile, le centre du liquide n'est pas à une température suffisante, ce qui favorise les êtres microbiens. Ce chauffage inégal de la masse du lait se produit aussi aux dépens du goût et de la couleur uniforme du produit. Enfin, il peut être également une cause de rupture du verre.

Avec cet appareil on chauffe lentement jusqu'à 50°, puis on conduit plus rapidement jusqu'à 65°, chiffre que l'on maintient pendant une heure, ce qui suffit pour tuer les microbes pathogènes.

Le lait ainsi traité peut se conserver trois jours.

3. — Les laits fermentés.

Fabrication du Képhir. — Au lieu de consommer le lait écrémé en nature, on peut lui faire subir par fermentation certaines modifications dans sa constitution et sa composition chimique, dans le but de le rendre soit plus assimilable, soit plus agréable au goût.

On peut, par exemple, fabriquer du képhir.

Boisson mousseuse rafraîchissante, d'une très grande digestibilité, le képhir — encore appelé « Champagne lacté du Caucase », lait diastasé — convient parfaitement aux convalescents. Son action thérapeutique le fait employer avec succès dans le cas de certaines maladies de l'estomac, l'anémie, la phtisie, etc.

Le docteur Dmittrieff (1), qui s'est occupé tout spécialement de la cure de képhir à la station d'Yalta, en Crimée, dit que ses effets sont surtout caractérisés par l'augmentation du poids du corps, l'accroissement des forces du malade et l'amélioration de son aspect général ; qu'en un mot, c'est « une excellente substance nutritive que supporte bien le plus faible estomac. »

Ce breuvage doit ses propriétés aux transformations que fait subir au lait un ferment spécial appelé semence ou grains de képhir, le « millet du prophète » des Tartares (2). Comme aspect et grosseur, on ne pourrait mieux

---

(1) Docteur Dmittrieff, *Le Képhir*, imp. Bridel, à Lausanne.
(2) D'après les études de M. J. Roussel, il ressortirait que le véritable képhir, celui qui est préparé par les Tartares, est fait avec du lait de chèvre.

comparer ces grains, lorsqu'ils sont secs, qu'aux débris plus ou moins rissolés que laissent dans l'assiette les beignets ou les crêpes. La dessiccation, d'ailleurs, ne leur fait pas perdre leurs propriétés, car on a constaté que même après deux ans ils peuvent encore faire fermenter le lait. Plongés dans ce liquide, les globules augmentent rapidement de volume; les plus gros se divisent en fragments qui foisonnent à leur tour. La multiplication se produit surtout au printemps, époque à laquelle ils doublent de volume dans l'espace de deux à trois semaines.

Quant à la composition de ces grains (1), elle est assez complexe. De nombreuses études bactériologiques ont montré qu'ils hébergent, entre autres, deux groupes de microorganismes : des levures qui paraissent appartenir à la même espèce que les levures haute et basse de brasserie, d'où leur nom de *saccharomyces cerevisiæ*, qui transforment le sucre de lait principalement en alcool et acide carbonique, et des bactéries de l'espèce *dispora caucasica* ou *bacillus caucasicus*, qui font, avec une partie du lactose, de l'acide lactique et, en outre, altèrent plus ou moins profondément la caséine. Ce sont ces mêmes bactéries qui paraissent former par prolifération de leurs membranes cette sorte de gelée, de matière glaireuse, qui les englobe toutes pour constituer une zooglée, et qui emprisonne dans sa masse les cellules de levures. C'est là une étrange association, un exemple de symbiose qui intrigue encore les savants. Ces derniers ne sont pas, en effet, tout à fait fixés sur les produits de la réaction fermentaire résultant du processus vital de tous ces êtres microbiens. On sait, par exemple, que le sucre de lait exige, pour subir la fermentation alcoolique, une modification préalable qui le transforme en deux variétés de sucre directement fermentescibles : le glucose et le galac-

(1) Les premières études sont dues à Kern.

tose, et cela grâce à l'action d'un ferment soluble, diastasique, l'inversine, sucrase ou lactase. Les levures de képhir sont-elles capables de produire cette interversion en sécrétant elles-mêmes la diastase nécessaire, ou bien sont-elles aidées dans leur travail chimique par quelques-unes des nombreuses bactéries qui cohabitent avec elles ? On n'en sait trop rien.

D'autre part, la caséine passe-t-elle réellement à l'état de peptones, matières azotées éminemment solubles, comme on l'a affirmé (Selivanoff)? Rien n'est moins sûr aussi, car souvent l'analyse ne décèle que de faibles quantités de ces produits de transformation (Dr Sadowen, Dr Bill). Ou bien se sépare-t-elle simplement des sels de chaux (Dr Bill), ou encore, du fait de la présence de l'acide carbonique, reste-t-elle dans l'estomac à l'état d'extrême division, ce qui en facilite la digestion? Peu nous importe. Ce qui est certain, c'est que, sous l'influence des grains de képhir, le lait se charge d'alcool, d'acides carbonique, lactique, butyrique, succinique, acétique, produits qui en font une boisson mousseuse, aigrelette, rafraîchissante, agréable à boire, très assimilable. La caséine, qui se présente sous forme de fins grumeaux, ne se coagule plus en masse une fois dans l'estomac, à tel point que le travail physique et chimique des organes est réduit au minimum. C'est pour cette raison que le képhir trouve un débouché très avantageux dans les hôpitaux et dans les stations hivernales ou balnéaires fréquentées par les convalescents, les valétudinaires. Voici les chiffres trouvés par Tuschinsky dans l'analyse sommaire d'un képhir de deux jours :

Albuminoïdes. . . .	3.8 0/0
Graisse	2,0
Sucre de lait . . .	2,0
Acide lactique. . .	0,9
Alcool	0,8
Eau et sels	90,5

Le docteur Bill a trouvé pour les éléments utiles :

	Képhir d'un jour	Képhir de deux jours	Képhir de trois jours
Acide lactique	0,54 0/0	0,56 0/0	0,65 0/0
Sucre de lait	3,75	3,22	3,09
Caséine	3,34	2,87	2,99
Albumine, etc.	0,39	0,41	0,65
Peptones	0,03	0,04	0,08

Suivant les conditions de milieu, la concurrence vitale des êtres microbiens peut amener dans le liquide la prédominance de l'un ou l'autre des nouveaux principes élaborés, parmi les plus importants. Si, par exemple, la température est trop élevée, la multiplication des ferments lactiques est par trop favorisée, et l'acidité peut être excessive ; l'alcool, au contraire, sera produit en plus forte proportion si la fermentation s'opère à une plus basse température. En somme, la fabrication de ce breuvage est assez délicate, à tel point que l'on voit souvent mettre en vente un liquide très acide dans lequel nagent, dans un sérum verdâtre, de grosses masses de caillé rappelant du fromage blanc, et qui n'a du képhir que le nom.

Avec du bon képhir la mousse doit persister quelque temps dans le verre où on l'a versé. Son acidité ne doit pas être exagérée — 1 0/0 d'acide lactique au plus, — il doit avoir un goût aigre-doux. Enfin, il doit être de consistance homogène, présenter l'aspect du babeurre de crème acidifiée, c'est-à-dire avoir l'apparence sirupeuse, en d'autres termes ne tenir en suspension que de minces débris de caséine coagulée. On arrivera à ce résultat en suivant le mode opératoire que nous allons indiquer.

Les germes secs (1) que l'on emploie pour la première

(1) On peut se procurer les grains ou la poudre de képhir à Paris, à la Pharmacie Centrale, 7, rue de Jouy, ou à la Société d'alimentation lactée, 22, rue de Trévise.

fois — 20 grammes environ par litre de lait à consommer chaque jour — sont souvent souillés par des impuretés sous forme de poussières; ils ont aussi quelquefois une odeur butyreuse pouvant se communiquer à la boisson.

Pour les en débarrasser, on les met à tremper dans un verre d'eau tiède pendant douze heures, en changeant l'eau après six heures. On remplace ensuite celle-ci par du lait écrémé préalablement bouilli, pour détruire les mauvais ferments, puis ramené à une température voisine de 30°. On renouvelle le lait toutes les douze heures, et on maintient à la température ordinaire en ayant soin d'agiter de temps en temps. Après cinq à six jours de ce traitement, les grains, montés à la surface, sont devenus d'un blanc jaunâtre et suffisamment gonflés; leur odeur est agréable, légèrement acidule; ils sont prêts à être employés. On les place à cet effet dans un vase largement ouvert, un bocal, par exemple, avec un tiers de litre de lait — pour la quantité de grains indiquée ci-dessus; — on recouvre d'une mousseline plusieurs fois repliée sur elle-même pour arrêter les ferments et poussières de l'air, et on laisse au repos à la température ordinaire, soit 15°. Toutes les deux heures on vient agiter la masse pour rendre la fermentation homogène.

Après vingt-quatre heures on obtient ainsi une sorte de levain, que l'on complète au litre avec du lait écrémé bouilli, puis refroidi comme il a été indiqué plus haut.

On sépare alors les grains, que l'on jette sur une passoire pour les laver à l'eau avant de les mélanger à un nouveau tiers de litre de lait frais, toujours préalablement traité comme nous l'avons dit. Quant à celui qui vient d'être obtenu, on le transvase dans une bouteille à fermeture mécanique (fig. 56) — canette à bière, par exemple, ou genre siphon — en laissant un vide d'un cinquième; puis on maintient le flacon couché dans un endroit plutôt frais, soit 13-14°, en agitant toutes les heures pour prévenir la coagulation en masse de la caséine. Il ne faut pas perdre de vue, en effet, que le produit est d'autant meilleur — et l'on n'entend pas seulement par ce mot le goût de l'aliment, mais surtout son degré d'assimilabilité, qui en fait toute la valeur au point de vue diététique — que l'on a remué plus fréquemment le liquide, de façon que le caséum se présente en grumeaux le plus fins possible. A ce sujet, on prétend qu'il n'y a pas de meilleur koumiss — breuvage dont la préparation est analogue à celle du képhir, à cette seule différence que l'on emploie du lait de jument — que celui qui a été transporté « sur le dos d'un chameau rétif ».

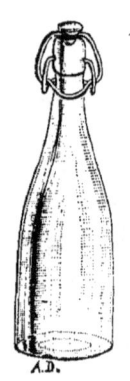

Fig. 56. — Bouteille avec bouchon à canette (Bréhier, Paris).

L'agitation en question doit cependant être modérée, sans quoi le lait subirait une sorte de barattage qui agglomérerait le beurre à la surface, quand le liquide n'est qu'en partie écrémé, ce qui donnerait à la boisson un aspect peu engageant.

Pour rendre cette prescription moins assujettissante, on pourrait, par exemple, placer les bouteilles sur une sorte de petit plancher suspendu par des cordes ou des chaînes, et auquel on transmettrait le mouvement d'un moteur quelconque, ou employer un mécanisme quelconque.

Le maintien d'une basse température relative est important, car, ainsi que nous l'avons fait remarquer plus haut, il faut éviter la production d'une trop forte dose d'acide lactique, souvent préjudiciable à l'estomac, sans compter qu'elle peut entraîner la formation de caillots volumineux, si l'agitation n'est pas suffisante. Aussi à ce point de vue est-il préférable de retarder la fermentation de un à deux jours, plutôt que de l'activer par une température élevée trop favorable au développement et à la multiplication des ferments de l'acidification. D'ailleurs, à un moment quelconque, il est toujours possible d'arrêter la fermentation, si l'on juge que celle-ci est assez avancée, et si l'on ne peut consommer immédiatement le breuvage, et cela en le maintenant à 5-10°, ou même en plongeant le flacon dans la glace. On peut ainsi attendre une dizaine de jours. Il est toujours préférable de fabriquer le képhir sur les lieux mêmes où il doit être consommé. Mais, à la rigueur, on peut l'expédier, en ayant soin toutefois, en été, d'arrêter la fermentation en plaçant les flacons dans une glacière.

En général, quarante-huit heures de bouteille suffisent pour obtenir un liquide mousseux, un peu filant, qui ne doit contenir, s'il est bien préparé, aucun flocon de caséine coagulée en suspension, comme nous l'avons fait remarquer.

Si la fermentation n'a duré que vingt-quatre heures, le liquide est naturellement moins actif : c'est le képhir faible ou n° 1 — le précédent étant le képhir n° 2, — le képhir fort ou n° 3 exigeant 72 heures de fermentation. Le képhir n° 1 n'agit ordinairement que sur les fonctions de l'intestin. Le moyen et le fort ont une action constipante.

Le professeur Hayem conseille le régime mixte, qui consiste à boire le képhir pendant les repas et, en outre, un ou deux verres entre les repas. La dose journalière est d'environ deux à trois litres ; mais il est prudent, toutefois, de consulter au préalable son médecin pour le régime à adopter. Ce dernier fournira aussi les indications nécessaires pour l'alimentation des nourrissons. D'après le professeur Monti, qui l'a employé avec succès dans ce dernier cas, on l'additionne d'un égal volume d'eau lorsqu'il s'agit d'enfants de moins de trois mois ; on fait un mélange de

2 de képhir et 1 d'eau pour les enfants de 3 à 7 mois, et 3 de képhir et 1 d'eau de 7 à 15 mois.

Les grains de képhir peuvent ainsi servir trois mois, durée ordinaire de la cure, à la condition, bien entendu, de changer le lait tous les jours et de les laver de même. En vieillissant ils peuvent présenter quelques défauts, comme celui de provoquer une trop prompte acidification. Dans ce cas, il faut les laver avec une solution à 2 0/0 de soude. Si ce défaut était trop accentué il faudrait, en outre, renouveler le lait deux fois par jour pendant 4 à 5 jours. Les germes mous, malades, doivent être rejetés.

Quelquefois aussi on remarque que le liquide a contracté un goût de moisi, en même temps que des filaments incolores mucilagineux se sont formés dans la masse, surtout lorsque la température est trop élevée. On emploiera alors un antiseptique, une solution d'acide salicylique à 1 0/0, par exemple, avec laquelle on lavera la semence.

La fabrication en grand peut se conduire de la même façon que celle que nous venons d'indiquer, mais il faudra disposer d'une pièce parfaitement close où l'on puisse bien assurer le maintien de la température la plus favorable. Nécessairement, il faudra, d'autre part, un appareil pour stériliser le lait à faire fermenter, un pasteurisateur (fig. 57), par exemple, et, en outre, un réfrigérant pour l'amener aussitôt vers 30° (fig. 58). La semence serait placée dans un grand bac fermé d'une toile humide pour arrêter les poussières de l'air. La mise en tonneaux spéciaux ou en bouteilles se fait également comme nous l'avons indiqué pour la fabrication familiale. L'air de la salle doit être parfaitement sain. Enfin tous les appareils seront tenus avec la plus grande propreté, souvent lavés à l'eau de soude bouillante, si l'on ne veut pas avoir comme képhir du simple lait acidifié.

Il est naturel que l'on puisse fabriquer de nouvelles

quantités de képhir en employant, comme levain, une partie de la boisson déjà préparée, que l'on mélange alors, par moitié environ, avec du lait doux ; on laisse à l'air

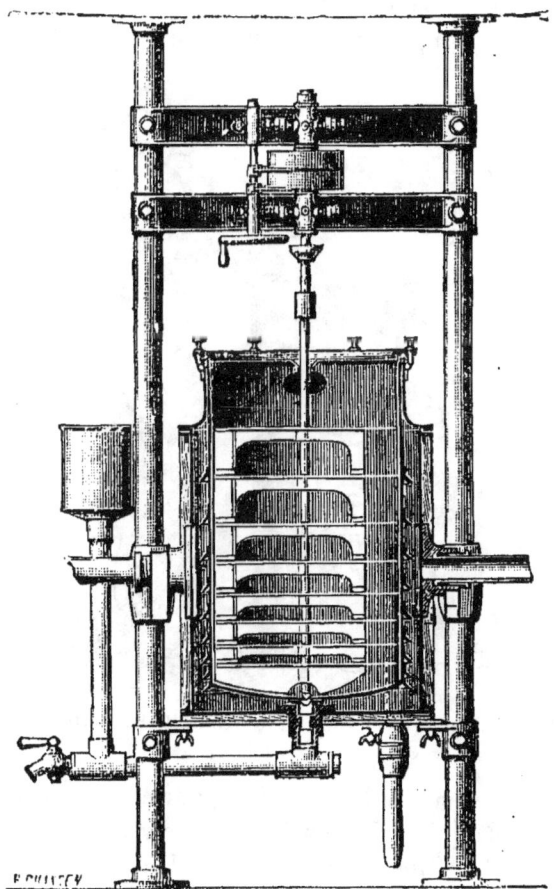

Fig. 57. — Pasteurisateur Fjord perfectionné.

quatre ou cinq heures, puis on ferme la bouteille que l'on traite comme ci-dessus. Il suffit, dans ce cas, de réserver chaque jour la quantité nécessaire de boisson fermentée. Un quart de képhir fort peut suffire.

Ce procédé est même plus commode que le précédent, en ce qu'il dispense de préparer le levain de chaque jour.

Le képhir lactique est obtenu en ajoutant environ 30

Fig. 58. — Réfrigérant cylindrique Schmidt (Hignette, Paris).

grammes de sucre de lait par litre pour édulcorer un peu le produit. On prétend même que le lactose ainsi apporté atténuerait dans une certaine mesure l'action constipante du képhir ordinaire.

Le képhir pepsique renferme de plus 6 à 7 grammes de pepsine rectifiée qui favorise la solubilisation de la caséine.

D'après Lévy, on pourrait préparer une boisson analogue

au képhir en maintenant à 12-13° un mélange formé de neuf parties de lait bouilli et d'une partie de lait caillé que l'on agiterait de temps en temps. Nous croyons qu'un pareil breuvage, qui serait surtout le siège d'une fermentation lactique, ne saurait renfermer tous les principes qui font la valeur du vrai képhir au point de vue diététique.

Enfin, terminons cette question du képhir en faisant cette remarque que MM. Gilbert et Passavant, qui ont étudié la digestibilité des képhirs gras et maigre, ont trouvé que le dernier reste moins longtemps dans l'estomac. Lorsque le séjour du lait cru est de 7 heures et demie, celui du lait bouilli 5 h., du lait écrémé 5 h. également, le képhir, lui, ne reste dans l'estomac que 2 heures 1/2 à 4 heures 1/2.

Le Leben. — Le leben est un dérivé du lait présentant une grande analogie avec le koumiss des Tartares, sorte de képhir obtenu avec le lait de jument. Pour sa préparation on utilise toutes les variétés de lait pur ou en mélange, mais la boisson semble acquérir des qualités particulièrement recherchées avec le lait de chèvre.

L'agent actif de la fermentation est encore ici un ensemble de ferments organisés qui tapissent, sous forme d'une mince couche visqueuse, l'intérieur de l'outre qui sert de récipient au liquide. L'outre en question est formée d'une peau traitée au préalable par un mélange de sel de cuisine et de poudre d'écorce de pin.

Le lait écrémé, légèrement chauffé, est introduit dans le réservoir en peau. On suspend ce dernier et on lui imprime un mouvement de va-et-vient. Ce balancement continu paraît avoir le double effet de répartir les êtres microbiens dans toute la masse, en même temps qu'il s'oppose à la prise en bloc de la matière caséeuse. Cet aliment est surtout utilisé en Algérie.

En Egypte, la préparation du leben diffère sensiblement. Le lait est d'abord bouilli, puis on le verse dans un récipient en terre. Lorsqu'il est tiède on l'additionne d'un peu de leben de la veille (roba), qui fait office de levain. Au bout de quelques heures — moins en été qu'en hiver — le tout est coagulé en un caillé aigrelet à arome particulier.

MM. E. Rist et J. Khoury, qui ont étudié spécialement (1) ce leben d'Egypte, attribuent les transformations du lait à cinq groupes de microorganismes. C'est d'abord un bacille, le *streptobacillus lebenis*, qui coagule le lait en moins d'un jour; un second bacille, le *bacillus lebenis*, qui l'acidifie sans le coaguler, mais dont la présence ne paraît pas indispensable; un diplocoque, le *diplococcus lebenis*, qui acidifie et coagule le liquide en 24 heures. Ce dernier, de même que la première bactérie, produit, outre de l'acide lactique, une présure spéciale.

Viennent ensuite deux levures, *saccharomyces lebenis* et *mycoderma lebenis*, qui font fermenter le sucre de lait après que ce dernier a été dédoublé, interverti, par l'invertine des deux bacilles.

On voit donc qu'il y a ici analogie avec le képhir, et que le leben, comme ce dernier, renferme de l'acide lactique et de l'alcool.

Les auteurs conseillent, pour obtenir le leben, ou au moins un premier levain avec les cultures pures, d'ensemencer d'abord les deux levures et le bacillus lebenis, qui ne coagulent pas le lait, puis, après quelque temps, lorsque ceux-ci ont agi, le streptobacille et le diplococcus.

Lait Beersteen. — Beersteen a fait breveter un mode de traitement du lait écrémé ou non destiné à obtenir une

(1) *Annales de l'Institut Pasteur*, t. XVI, 1902, p. 65.

boisson dans laquelle la matière albuminoïde passe à l'état d'albumose et de peptones.

La marche à suivre consiste à chauffer quelque temps le lait à 110° — ce qui exige donc un autoclave (fig. 59), —

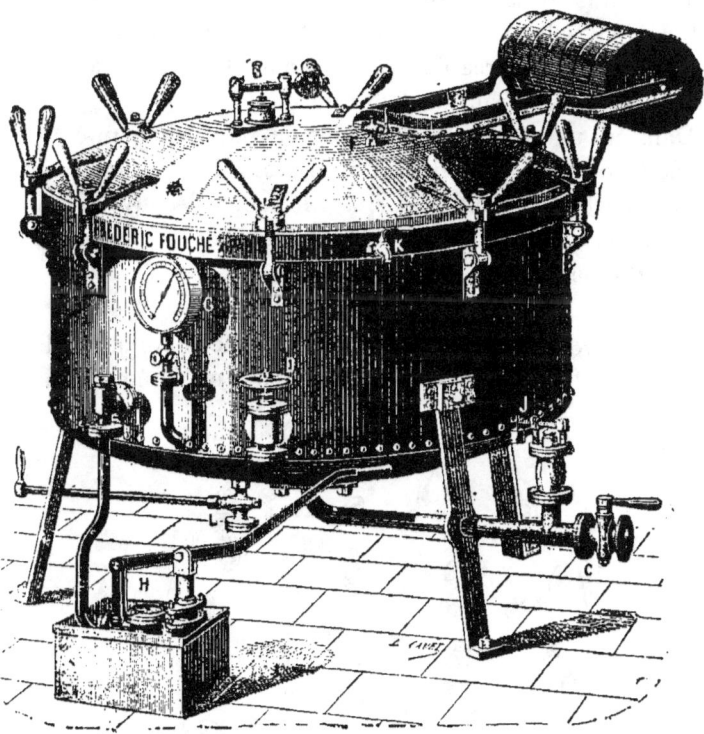

Fig. 59. — Autoclave pour stériliser le lait (Fréd. Fouché, Paris).

à l'ensemencer ensuite, une fois ramené à 30°, avec une bactérie peptogène (bacterium peptofaciens), puis à le maintenir à une douce chaleur, soit 20-30°. Dans ces conditions, la caséine se solubilise ; il se forme également une petite quantité d'acide lactique, en même temps que le lait devient fluide et transparent.

Pour tuer les agents de la préparation on porte à l'ébullition. A cette température, et en présence de l'acide, la caséine non transformée est précipitée. On filtre, puis le filtratum est concentré par évaporation en vase ouvert. La boisson ainsi obtenue est très riche en matière azotée soluble et en sels minéraux, partant très nourrissante, en même temps qu'agréable à boire. On peut toujours la conserver en la stérilisant dans des flacons.

Dans ces sortes de préparations on pourrait peut-être, d'une façon générale, utiliser avec profit des cultures pures de *Tyrothrix tenuis* (fig. 4), ferment découvert par Duclaux et qui jouit au plus haut degré de la propriété de solubiliser la caséine.

Champagne de lait. Galazyme. — Le champagne de lait est constitué par du lait plus ou moins écrémé dans

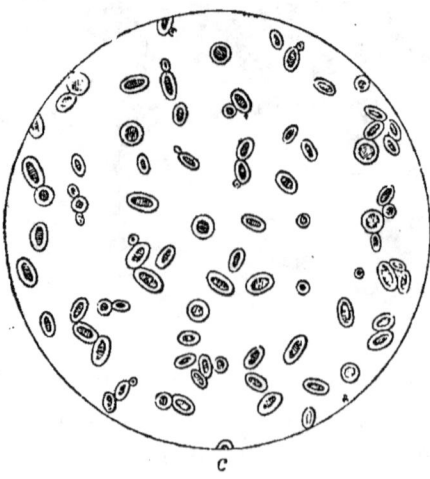

Fig. 60. — Levure de lactose Kayser.

lequel on a provoqué la formation d'acide carbonique, qui le rend mousseux et piquant, et aussi d'un peu d'alcool.

On sait que le lactose, ou sucre que contient naturellement le lait, ne subit la fermentation alcoolique que sous l'action de certaines levures spéciales — levures du lactose de Duclaux, de Kayser (fig. 60), d'Adametz, — ou après dédoublement préalable en glucose et en galactose ; en outre, on ajoute au liquide une certaine quantité de sucre ordinaire et de levure de brasserie (fig. 61). On fait dis-

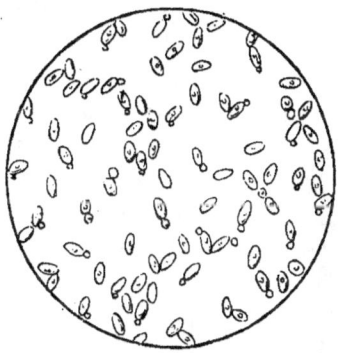

Fig. 61. — Levure de bière jeune.

soudre, par exemple, par litre de lait 20 gr. de sucre de canne. On chauffe à 25-30°, puis on délaye dans un peu du même liquide 6 gr. environ de levure des boulangers que l'on ajoute ensuite. Comme pour le képhir, il est prudent d'employer des bouteilles à parois épaisses remplies aux trois quarts, dont on ficelle fortement le bouchon et que l'on maintient couchées à une température de 12° environ. Ici encore un air ambiant un peu chaud favoriserait la vitalité des ferments lactiques, et le liquide s'aigrirait trop.

A ce dernier point de vue, il est d'ailleurs prudent de n'employer que du lait préalablement stérilisé.

Après deux à trois jours la boisson est devenue mousseuse et peut être consommée.

Deschiens conseille d'ajouter, avec la levure, du miel,

de l'alcool, de la farine de froment, qui augmentent un peu la teneur en alcool.

Enfin, une méthode plus simple encore de champagnisation du lait consiste à faire dissoudre dans le liquide réparti dans des siphons (fig. 62) ou des récipients métalliques de l'acide carbonique sous une pression de une et demie à deux atmosphères. Le lait peut d'ailleurs être sucré et aromatisé. Dans ce cas, le liquide doit être parfaitement doux, car le gaz en question favorise lui-même de son côté la coagulation.

Fig. 62. — Siphon Mondollot (Paris).

Sous cette forme, le lait écrémé serait peut-être accepté volontiers dans les cafés, où le « bock de lait » ferait avantageusement concurrence au bock de bière ou de vin.

Cette préparation, comme d'ailleurs quelques-unes de celles qui suivent, et qui mettent en œuvre du sucre, sont aujourd'hui favorisées, au point de vue économique, par la nouvelle législation qui régit la consommation de cette dernière denrée (1).

Ajoutons encore qu'en ce qui concerne le champagne de lait on trouve dans le commerce de petits appareils à bon

(1) Voir l'annexe.

marché qui peuvent fort bien servir pour la consommation familiale. Ce sont des flacons spéciaux de un à deux

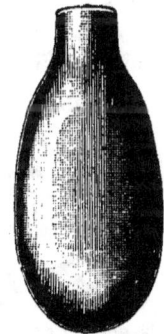

Fig. 63. — Siphon Sparklet.   Fig. 64. — Sparklet ou réservoir à acide carbonique liquéfié.

litres entourés d'un grillage métallique ou en osier qui écarte tout danger pouvant provenir d'une explosion. Dans le goulot se trouve une monture métallique dans laquelle on peut placer un petit « obus » d'acide carbonique liquide qui fournit le gaz sous pression (*sparklet*) (fig. 63 et 64) (1). On peut utiliser également l'appareil à eau de Seltz artificielle, ou encore une simple bouteille à bière à fermeture mécanique dans laquelle on introduit la dose voulue de bicarbonate de soude et d'acide tartrique.

(1) Sparklet, rue de Vaugirard, Paris.

4. — Lait stérilisé.

Le lait stérilisé livré dans les villes pour les besoins des nourrissons et des malades est certainement ou, dans tous les cas, doit être du lait complet, c'est-à-dire renfermant toute sa matière grasse. Mais si le liquide est destiné à l'exportation, la crème subit pendant le transport une sorte de barattage, lorsque les récipients sont incomplètement remplis, à moins que le liquide n'ait été pulvérisé sous haute pression pour en diviser les globules à l'**extrême**, comme on les obtient, par exemple, avec l'appareil Gaulin (fig. 65).

Fig. 65. — Appareil à homogénéiser le lait (Gaulin, Paris).

L'agitation agglomère la matière butyreuse en grumeaux qui montent ensuite à la surface, ce qui donne à la boisson un aspect des moins engageants.

Pour ces laits d'exportation destinés à la consommation

courante, on pourrait peut-être utiliser avec profit celui des centrifuges, en le livrant, bien entendu, sous son vrai nom et pour ce qu'il vaut.

En admettant que le litre de lait stérilisé vaille, par exemple, dans les villes, environ 0 fr. 60, verre non compris ; en tenant compte, d'une part, de la valeur du beurre obtenu, et, d'autre part, des frais supplémentaires de transport et d'emballage que nécessite l'expédition à de grandes distances, on voit que, même en livrant le liquide à environ moitié prix, il reste encore une marge suffisante pour un honnête bénéfice.

Personne n'ignore que la stérilisation industrielle du lait consiste à annihiler, pour une période plus ou moins longue, l'action des germes de fermentation ou de maladie, de façon à conserver au breuvage jusqu'à

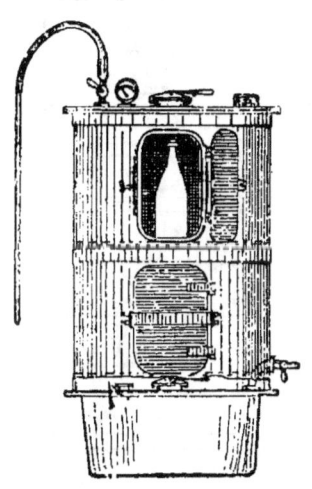

Fig. 66. — Appareil à stériliser le lait (Hignette, Paris).

son utilisation ses qualités natives, tout en assurant au consommateur une parfaite innocuité. A cette fin, on fait agir le plus souvent une température élevée (fig. 66 à 69) en ayant soin, toutefois, de veiller à ce que l'action de la chaleur ne puisse communiquer au produit le goût de cuit ou une couleur jaunâtre qui ne pourraient que le déprécier (1). En ce qui concerne le goût de cuit, nous devons

---

(1) Voir « La conduite des autoclaves », dans l'annexe, à la fin du volume.

dire qu'il s'atténue en grande partie par un refroidissement énergique immédiat. Il résulterait également d'un brevet pris en Suède par le docteur F. Eichstadt que cet expérimentateur serait arrivé, par le simple jeu d'un morceau de charbon de bois, à débarrasser le liquide de ce goût particulier. D'ailleurs, si on stérilise le lait en masse, il est préférable de faire usage d'appareils fonctionnant à l'eau chauffée par la vapeur. S'il s'agit du pasteurisateur Fjord (fig. 57), il ne faut admettre celle-ci que quand le récipient est plein de lait en mouvement.

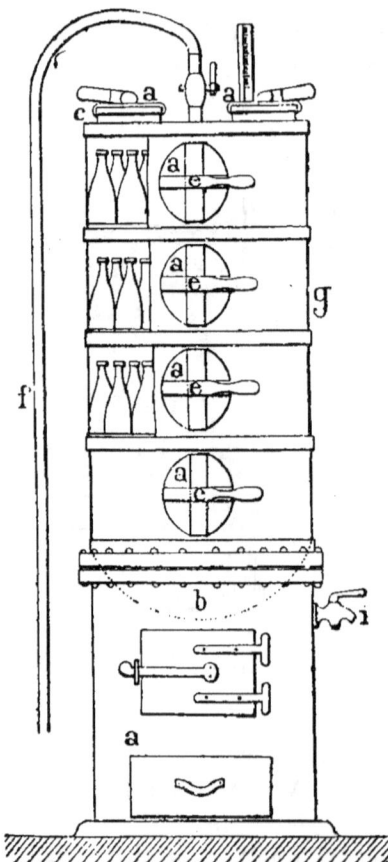

Fig. 67. — Appareil Timpé, pour la stérilisation du lait en flacons.

a', appareil de chauffage ; g, cylindre métallique entouré de feutre ; b, fond bombé servant de réservoir d'eau ; $a\ a\ a\ a$, compartiments ; a, ouverture d'entrée et de sortie ; $e\ e\ e\ e$, manettes assurant la fermeture ; f, tuyau de vapeur ; c, soupape de sûreté.

Lorsqu'on emploie des flacons en verre, on ne peut songer à les plonger brusquement dans l'eau froide au sortir du stérilisateur. On les laisse d'abord séjourner dans un bac plein d'eau à une température intermédiaire, soit 40°, avant de les mettre en contact avec l'eau froide, que l'on fait arriver par la partie inférieure. On peut encore opérer en pulvérisant immédiatement

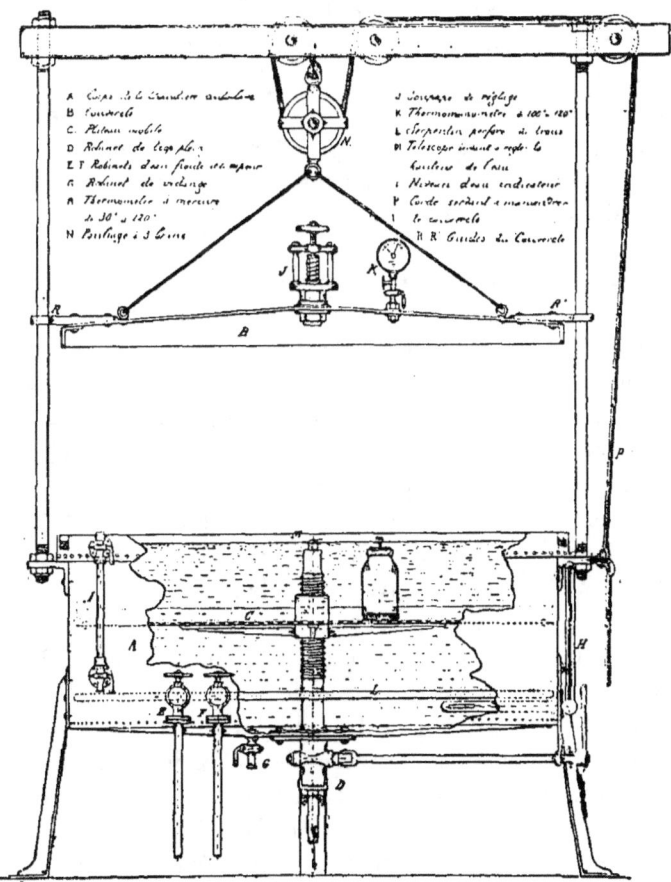

Fig. 68. — Autoclave à vapeur Borde.

celle-ci sur les bouteilles. Enfin il est des autoclaves où, après l'opération, on fait arriver de l'eau froide (fig. 68).

Il est à peine nécessaire de dire que le lait destiné à être ainsi chauffé doit être parfaitement doux, si l'on ne veut pas le voir s'altérer pendant l'opération. Lorsqu'on stérilise le lait en masse, les bouteilles doivent être, de leur côté, soigneusement nettoyées et ne pas contenir la moindre trace de caillé.

La résistance de certaines bactéries est telle qu'on est tenté d'élever trop haut le degré thermométrique. Si le résultat visé est ainsi plus sûrement atteint, ce n'est pas sans quelques inconvénients.

Tout en laissant de côté la question de digestibilité de la caséine, nous rappellerons que l'action de la chaleur de l'autoclave semble influencer l'acide citrique, de même que la lécithine, dont nous avons déjà parlé (1). D'après les auteurs cités à cette occasion, MM. Bordas et de Raczkowski, du lait maintenu pendant une demi-heure à 60° avait perdu 28 0/0 de ce dernier principe. Avec le bain-marie cette perte n'était plus que de 12 0/0, mais elle s'éleva à 30 0/0 à 105-110° à l'autoclave. Il y a donc lieu de réduire la température de stérilisation, étant donné surtout que le fait de stériliser le lait en vase clos rend les microbes plus sensibles à l'action de la chaleur. D'après MM. Russel et Hastings, pendant le chauffage à l'abri de l'air il ne se formerait pas à la surface du lait cette pellicule qui prend naissance au contact de l'atmosphère et où se réfugient les bactéries, car elles y trouvent un milieu moins riche en eau, plus favorable par conséquent à leur conservation. De plus, la caséine coagulée en fins flocons agglomérés entre eux forme autour des microbes une enveloppe protectrice (Gerber et P. Wieske).

Au lieu donc de porter le lait à 110° pendant 15 à 20 mi-

(1) Voir page 67.

nutes, mieux vaut ne le maintenir qu'à 102-105° pendant 3/4 d'heure, ou encore le soumettre à une série de chauffages et de refroidissements combinés (1). On le maintiendra, par exemple, pendant une demi-heure à 70°, puis on le refroidira à 40°, en le laissant à cette température une heure environ. On répétera ainsi la même opération deux ou trois fois, puis on refroidira en dernier lieu à 10-12°. Dans l'intervalle de deux opérations successives les spores, les graines des bactéries germent, et les individus adultes qui en naissent, moins résistants que les semences dont ils proviennent, sont tués par le chauffage qui suit. Ce procédé de stérilisation disconstitue, préconisé par Gay-Lussac et repris par Tyndall, est malheureusement long et dispendieux.

On peut employer dans ces diverses manipulations un dispositif assez simple, qui consiste à placer les bouteilles de lait dans un bac en bois doublé de zinc plein d'eau chauffée par un serpentin à vapeur ou autrement (fig. 69). On laisse ainsi le lait pendant une demi-heure à 75°. Dans tous les cas, si l'eau venait à bouillir, le lait ne dépasserait guère 97°. Ce qu'il faut chercher avant tout, c'est de réduire au minimum les frais de manipulations (pasteurisation ou autres), étant donné le bénéfice réalisable avec du lait écrémé. Ce qui doit guider avant tout, c'est de l'obtenir dans le plus parfait état de propreté.

Au Canada, pays où l'on s'occupe beaucoup de laiterie, voici comment on procède pour stériliser le lait. On chauffe le liquide dans un pasteurisateur à la température de 66°

---

(1) L'eau salée à saturation (à chaud) bout à 107-108°. En y laissant les flacons de lait 30 à 45 minutes, ils seront stérilisés. M. Bordes (Société de Médecine de Bordeaux) a pu ainsi conserver du lait pendant 10 à 12 mois. Les bouteilles doivent être remplies aux 3/4, et l'on doit ficeler les bouchons.

pendant une heure ; puis, le courant d'eau chaude étant remplacé par un courant d'eau froide, on amène peu à peu la température aux environs de 7° en moins de 10 minutes. D'autre part, les bouteilles à remplir sont lavées à l'eau très chaude, puis rincées à l'eau froide et disposées ensuite sur les tablettes d'un stérilisateur, où elles sont ex-

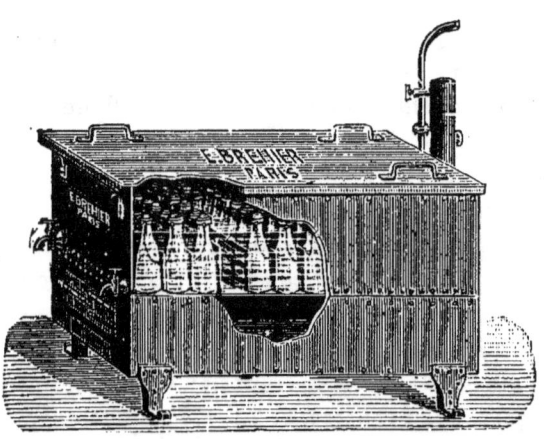

Fig. 69. — Bain-marie pour flacons (Brehier, Paris).

posées pendant une demi-heure à la chaleur de 100°. Tous les autres ustensiles qui doivent se trouver en contact avec le lait sont, de leur côté, aussi parfaitement débarrassés de tous mauvais germes par stérilisation.

L'ingénieur Bochet (1) établit comme suit le prix de revient pour 1000 litres de lait stérilisé en flacons de verre.

---

(1) Bochet. *Manuel pratique de l'industrie laitière*, Paris, Fritsch.

	Flacons d'un litre		Flacons d'un demi-litre	
Bouchons	1000	20 fr.	2000	34 fr.
Etiquettes	1000	4	2000	8
Paraffine	2 kg.	6	3 kg.	9
Chauffage		3		4
Main-d'œuvre		3		5
Casse, 2 0/0 sur 1000 flacons à 22 fr.		4 fr. 40	Sur 2000 fl. à 16 fr.	6 fr. 40

A ces prix il faut ajouter les frais de transport, que l'on calculera en se basant sur ce que 1000 litres en flacons d'un litre pèsent 1600 kilos, emballage compris, tandis que la même quantité en flacons d'un demi-litre — soit 2000 flacons — pèse 2000 kilos. Les emballages consistent en caisses ou en paniers. Les flacons doivent être protégés par des paillons. Pour le lait en boîtes de fer blanc, on calculera les prix en se basant sur les données suivantes : prix des boîtes, y compris le remplissage, la soudure et toutes les opérations de la stérilisation :

Boîtes d'un litre, 0 fr. 19 par boîte;
Boîtes d'un demi-litre, 0 fr. 14 par boîte;
Poids total à transporter pour 1000 litres de lait :
En boîtes d'un litre, 1200 kilos;
En boîtes d'un demi-litre, 1300 kilos.

D'après le docteur Henri de Rothschild (1), le prix de revient du lait stérilisé serait de 40 0/0 plus élevé que celui du lait frais. Enfin nous citerons encore l'exemple suivant : A Lyon, la ville achète à la société dite des Laits hygiéniques 250 à 300 litres par jour, au prix de 32 centimes, pour les distribuer aux nourrissons — il s'agit, bien entendu, de lait naturel. — La stérilisation est opérée par les agents de la ville, et l'installation pour cette

---

(1) Henri de Rothschild, *Pasteurisation et stérilisation du lait*, Paris.

préparation a coûté environ 10.000 francs. Deux hommes font le travail. Tous frais compris, le lait revient à 0 fr. 363. Ces frais, comptés sur une moyenne de 300 l., s'élèvent donc par litre à 4 c. 3. On voit que c'est là un chiffre qui diffère beaucoup du précédent, car tout dépend de l'installation.

Nous ferons encore remarquer que pour l'expédition les boîtes en fer blanc paraissent préférables aux flacons de verre, car on peut mieux en assurer le remplissage et la fermeture, ce qui prévient tout barattage, sans compter qu'elles sont moins fragiles. Comme elles ne servent qu'une seule fois, on économise le nettoyage. Enfin, comme on vient de le voir, les boîtes pèsent moins que les flacons, ce qui diminue d'autant les frais de transport; enfin elles n'exigent pas un emballage aussi soigné (1).

5. — Le lait condensé.

Le lait condensé trouve aujourd'hui un débouché facile dans les colonies, l'Extrême-Orient, sur les côtes d'Afrique, etc. Les compagnies de navigation en utilisent également de grandes quantités.

Dans ce dérivé du lait, comme dans le produit que nous venons d'examiner, la crème peut nuire au bon aspect de l'aliment : à la longue, elle monte à la surface, et, si la

---

(1) D'après l'*Annuaire de la laiterie*, 32, rue de Mons, à Valenciennes (Nord), on prépare du lait stérilisé à Saint-Martin-de-Lieue, par Lisieux (Calvados); à Saint-Laurent-de-la-Prée, par Fouras (Ch.-Inférieure); à Beauquesne (Somme); à Rennes (Société bretonne de stérilisation du lait) (I.-et-V.); à Ancenis (M. Le Masne de Brons) (L.-I.); à Le Guano, par St-Nazaire (L.-I.); à St-Etienne-de-Montluc (L.-I.); à La Touchelais, par Savenay (L.-I.); à Périers (Manche); à Damvillers (Meuse); à Clermont-Ferrand (Gerzat) (P.-de-D.); à Ascain, laiterie la Nivelle (B.-P.); à Cerneux, près Gray (Hte-S.); à Neufchatel-en-Bray (S.-I.); à Pau (B.-P.); à Marseille (la Viste) (B.-du-R.), etc.

boîte n'est qu'imparfaitement soudée, la matière grasse peut s'oxyder au contact de l'air. Le tout prend alors un goût d'acide butyrique qui n'a rien d'agréable. Aussi le lait concentré maigre serait-il en général mieux à la convenance du consommateur. On peut, dans ces conditions, mettre à contribution le lait des centrifuges, et c'est peut-être là, avec la fabrication de la poudre de lait, le moyen d'utilisation le plus rationnel pour ce sous-produit des beurreries. On corrige d'ailleurs le plus souvent son goût fade caractéristique par l'addition de sucre, qui concourt sans doute aussi, dans une certaine mesure, à assurer sa conservation, mais qui, à coup sûr, compense en aliment hydrocarboné la perte de la matière grasse. Ce sucre est bien accepté par les habitants des pays chauds, qui ordinairement mélangent le lait condensé au thé, au café, au chocolat, etc.

Comme la concentration du liquide, qui se fait dans un vide partiel, demande des appareils spéciaux coûteux, chaudières à double fond, pompe à air, colonnes à condensation, etc., cette industrie ne peut être entreprise avec avantage que si l'on opère sur de certaines quantités de matière première. Cependant aujourd'hui, grâce au perfectionnement des appareils, on peut avoir une installation d'un petit modèle permettant de traiter de 1500 à 2000 litres par jour. Mais il n'en reste pas moins certain qu'à cause des soins et de l'attention qu'elle exige, la condensation du lait est plutôt du ressort de la grande industrie. A ce point de vue, il convient de l'annexer à une fromagerie ou mieux à une beurrerie coopérative, ce qui permettra d'employer toujours le lait reçu à l'usine même dans le cas d'interruption dans le travail, soit pour cause de rupture d'un appareil, soit pour tout autre motif. De plus on ne sera pas lié entièrement par les fluctuations du marché, c'est-à-dire que selon les cours on sera toujours libre de fabriquer du lait concentré, du fromage ou du beurre.

Jusqu'à aujourd'hui, cette industrie annexe de la laiterie avait en France très peu d'importance, à cause surtout des charges fiscales qui pesaient sur les sucres. Si nos exportations en cette denrée accusent même encore aujourd'hui des chiffres assez élevés, c'est qu'elles sont formées en grande partie par les envois de la Suisse, pour l'Angleterre surtout, qui ne font que transiter en France.

C'est un Français, Martin de Lignac (1), qui, il y a environ 65 ans, fabriqua pour la première fois du lait condensé. Malgré tous ses efforts pour implanter chez nous cette nouvelle industrie, prévoyant l'intérêt qu'elle présentait pour notre agriculture, il fit peu d'adeptes, et c'est l'étranger qui profita de sa découverte. C'est en Suisse, en effet, qu'est née véritablement l'industrie en question, mais depuis, les Etats-Unis, l'Angleterre, la Norvège, le Danemark, l'Australie, etc., ont pris peu à peu possession du marché mondial. Si nous considérons, par exemple, le Japon, nous voyons que ce pays a importé, en 1903, 6.750.000 lit. de lait concentré, soit un tiers de plus qu'en 1902. Eh bien, la part de l'Angleterre entre dans ce chiffre pour 43 0/0, des Etats-Unis pour 34 0/0, de la Suisse pour 16 0/0, de la Norvège pour 4,4 0/0.

Si en France les droits qui pesaient sur les sucres jusqu'à ces temps derniers effrayaient les industriels, il n'en est plus de même aujourd'hui. Avec notre riche production laitière, nous pouvons nous suffire en lait condensé, faire face aux besoins de notre marine, de nos colonies, et même figurer honorablement au milieu de l'universelle

---

(1) Il additionnait le lait de 75 gr. de sucre par litre, puis le réduisait au cinquième de son volume au bain-marie. Le produit, introduit dans des boîtes que l'on soudait à l'étain, était ensuite stérilisé à l'autoclave à 104 degrés.

concurrence ; mais n'attendons pas qu'il n'y ait plus de place pour les retardataires.

On sait que pour les produits destinés à l'exportation le sucre est libéré de tous droits, à condition que les manipulations s'opèrent dans des usines dont l'installation et la surveillance sont réglementées par le décret du 26 juin 1903 (1). D'autre part, l'art. 4 de la loi du 28 janvier 1903 (2), relative au régime des sucres, dit que les frais de cette surveillance exercée par les agents des contributions indirectes seront à la charge des fabricants.

Fabrication. — En principe, la préparation du lait condensé consiste à priver le liquide de la plus grande partie de son eau, qui constitue, comme l'on sait, les 87 centièmes environ de son poids, et cela dans le but surtout de diminuer les frais de transport, quitte à le diluer de nouveau au moment de son utilisation. Le sucre employé doit être irréprochable comme qualité, de même que le liquide, de son côté, ne doit rien laisser à désirer au point de vue de la propreté. Il doit être parfaitement doux. Dans certains pays étrangers, on est très sévère à ce sujet. Il est par exemple stipulé dans les marchés passés avec les fournisseurs de lait les conditions de propreté concernant la tenue des étables, des ustensiles, la traite, l'alimentation des vaches, d'où doivent être exclus les aliments fermentés acides, drèches, fourrages ensilés. Des inspecteurs sont d'ailleurs chargés de veiller à l'observation de ces prescriptions.

A l'usine le lait est d'abord dégusté et analysé sommairement, au besoin, puis filtré et pasteurisé pour détruire tous les mauvais germes. On peut se servir à cet effet d'une

---

(1) *Journal officiel* du 2 juillet 1903.
(2) *Journal officiel* du 29 janvier 1903. Voir l'annexe à la fin du volume.

Rolet. — Industrie laitière.

chaudière quelconque, mais agencée de telle façon que l'on ne puisse courir le risque de faire naître dans l'aliment ce goût de cuit si désagréable. Les appareils à bain-marie chauffés par un serpentin de vapeur (fig. 70), et dans lesquels, autant que possible, se meut un agitateur, conviennent très bien. On maintient à 80° environ dix minutes. D'autre part, on fait dissoudre dans des récipients spéciaux une quantité de sucre de canne raffiné représentant 11 à

Fig. 70. — Chaudière à bain-marie chauffée à la vapeur (Brehier, Paris).

13 0/0 du lait à traiter, et on mélange le tout. Parfois on ajoute aussi un antiseptique, borax, acide borique, acide salicylique. On doit rejeter les carbonates alcalins, qui communiqueraient au lait un goût de lessive.

Un tube partant du fond de la chaudière emmène ensuite le lait, par l'effet de la pression atmosphérique, dans l'appareil à concentrer analogue à la chaudière à cuire des sucreries (fig. 71) que l'on emplit à moitié. C'est un récipient en cuivre sphérique ou cylindrique, souvent revêtu de bois pour empêcher la déperdition de chaleur, dont le double fond est chauffé par un serpentin de vapeur, et dans lequel on a fait au préalable un vide partiel à l'aide d'une pompe à air. On sait, en effet, que les liquides se mettent à bouillir à une température d'autant plus basse que la pression qui s'exerce à leur surface est plus faible. Ainsi, on peut faire bouillir de l'eau à 50-54° en abaissant la pression à environ 10 cm. de mercure. Il importe beaucoup, pour conserver au lait toutes ses qualités organoleptiques, de ne pas le porter à une trop haute température qui précipiterait la caséine. Le lait une fois introduit, on admet la vapeur dans le double fond. Le liquide ne tarde pas à bouillir vivement; une mousse abondante se forme à sa surface qui risquerait d'entraîner une partie du produit sous forme de fines gouttelettes, si de temps en temps on ne permettait l'arrivée de l'air pour abattre la mousse en question. Des regards en verre facilitent d'ailleurs la surveillance à l'intérieur. Certains appareils sont pourvus de brise-mousse, tel l'appareil Gaulin.

La vapeur formée se rend dans une colonne à condensation placée à 7 ou 8 mètres au-dessus de la pompe, et dans laquelle on injecte de l'eau froide par un tube central percé de trous. La vapeur se précipite dans ce milieu frais, et l'air humide est aspiré au fur et à mesure.

On maintient ainsi dans la chaudière à cuire une dépression telle que la température reste comprise au voisinage de 50 à 52°.

On voit que la conduite de la fabrication est chose délicate, car il faut toujours lui assurer une marche régulière corrélative de l'uniformité de pression et de température. Mais elle réclame encore plus d'attention lorsque la masse, ayant pris la consistance sirupeuse, s'approche du degré voulu de concentration. Si ce dernier est dépassé, on court le risque de voir le lactose, qui est soluble dans un poids d'eau au moins égal à six fois le sien, se précipiter, cristalliser, en donnant dès lors un lait sableux, craquant sous la dent. C'est pour prévenir cet inconvénient que parfois on ajoute au lait un peu de gomme adragante dissoute dans l'eau.

Quand la préparation touche à sa fin, pour plus de sûreté il vaut mieux ralentir la chauffe, descendre à 45°, par exemple, tout en diminuant la pression. On sera ainsi plus maître de la fabrication. On voit d'ailleurs aux vitres, où elle se colle, le moment où la masse devient pâteuse. En outre, un système de sonde permet, sans interrompre le fonctionnement, de soutirer par instants un échantillon du produit. Mais il faut une certaine habitude pour saisir le moment précis où le sirop est bien homogène, bien lié, filant, en un mot, où il est à point. Les gouttelettes prennent alors parfaitement la forme sphérique sans laisser sur le doigt aucune trace d'humidité. En général, on pousse la réduction de volume au quart ou au cinquième. Nous empruntons au catalogue de M. Deroy (1) les renseignements suivants sur le fonctionnement des chaudières à vide à pompe pneumatique pour la concentration du lait (fig. 71).

On s'assure d'abord que tous les robinets sont bien fermés et que les joints sont parfaitement serrés, puis on met la pompe en mouvement. Lorsque, à l'indicateur spécial de pression, on reconnaît que le vide est au degré voulu, on ouvre le robinet d'aspiration qui amène le

---

(1) Deroy fils aîné, constructeur, rue du Théâtre, Paris, XVe, Catalogue D.

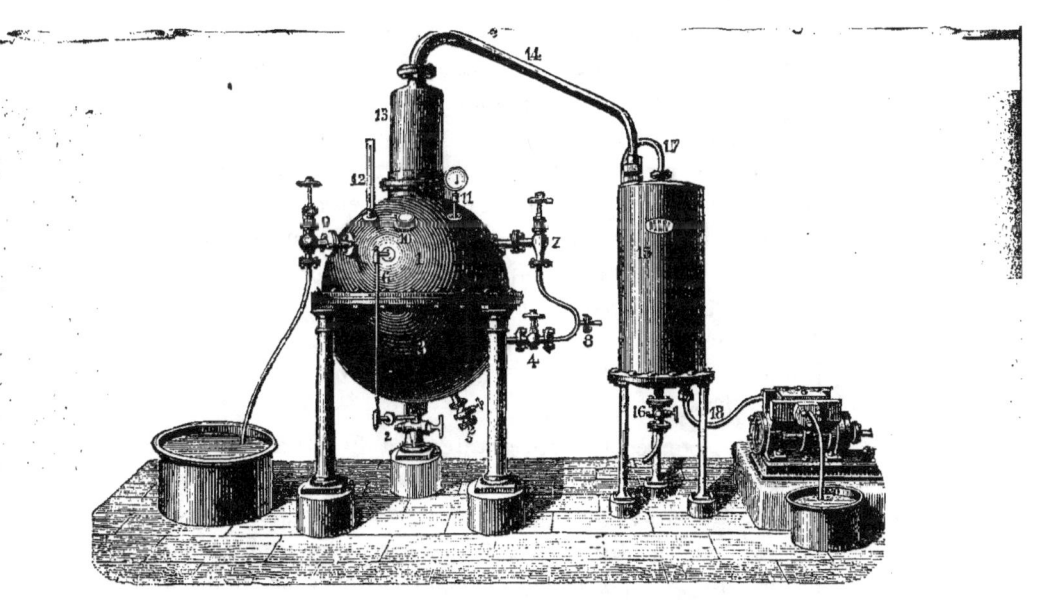

Fig. 74. — Appareil pour la concentration du lait dans le vide (Deroy fils aîné).

1. **Evaporateur.** — 2. Robinet de vidange de l'évaporateur. — 3. Double fond. — 4. Robinet d'entrée de vapeur. — 5. Robinet de purge. — 6. Tube de niveau. — 7. Robinet de nettoyage par la vapeur. — 8. Tubulure d'arrivée de vapeur. — 9. Robinet d'aspiration. — 10. Lunette permettant de suivre la marche de l'opération. — 11. Indicateur de vide. — 12. Thermomètre. — 13. Chapiteau. — 14. Col de cygne. — 15. Condensateur. — 16. Arrivée d'eau froide. — 17. Sortie d'eau. — 18. Tuyau de la pompe. — 19. Pompe pneumatique. — 20. Sortie des condensations.

lait. Quand l'appareil est suffisamment chargé on ferme ce robinet pour ouvrir celui de la vapeur et on maintient dans le double fond de l'appareil la température nécessaire que l'on surveille à l'aide du thermomètre.

La marche de l'opération peut se suivre à l'aide d'une lunette placée dans la paroi et qui se trouve éclairée par une autre disposée en face. On juge qu'elle est terminée, soit par l'abaissement du liquide dans le niveau spécial, soit par la quantité d'eau de condensation recueillie dans le récipient à la sortie du condenseur.

Il importe de tenir les robinets dans le plus parfait état pour qu'ils ne puissent laisser pénétrer l'air. De temps à autre on démontera la clef de chacun d'eux pour l'enduire de suif, puis on la tournera ainsi quelque temps dans son boisseau. Ensuite on essuiera les parties ainsi chargées de graisse, et on passera encore sur la clef un mélange formé par parties égales de panne et de cire fondues. On remet enfin la rondelle et l'écrou que l'on ne doit serrer que modérément.

Le lait concentré contient de 25 à 30 0/0 d'eau, ce qui correspond à une densité de 1,27 à 1,3, à la température de 15°. Cependant, comme on reproche quelquefois au produit en question d'être trop sucré, on pousse souvent moins loin l'évaporation, de façon à conserver encore à la masse de 40 à 54 0/0 d'eau.

On coule ensuite le magma dans des bidons d'une vingtaine de litres, placés dans l'eau froide, et ou les maintient en agitation continue pour activer son refroidissement et le rendre homogène, sans cela le sucre pourrait cristalliser sur les parois. Il ne reste plus alors qu'à le répartir dans les boîtes du commerce, d'un demi-litre environ, contenant 450 grammes de ce produit, que l'on soude ensuite et que l'on emballe généralement par 48 dans des caisses en bois qui reviennent à 0 fr. 50. Souvent ces boîtes et ces caisses sont fabriquées dans des ateliers annexes.

La chaudière vidée doit être nettoyée à fond. On y laisse d'abord séjourner de l'eau pendant quelques heures, puis on frotte les parois avec une matière dure, inerte, sable, etc., et on rince. On peut faire aussi ce nettoyage à la vapeur.

Au moment de l'emploi on ajoute au lait concentré de 3 à 5 fois son poids d'eau.

Dans le système de préparation Sutter-Collin, breveté d'ailleurs, au lieu de sucre, le lait reçoit 5 gr. de miel par litre et, en plus, comme antiseptiques, 1 gr. 5 de raifort et 0 gr. 6 de sel. On chauffe — dans une chaudière à vide — au maximum à 80°, jusqu'à ce que le liquide soit réduit au tiers de son volume.

Un nouveau petit appareil très simple permettrait de concentrer le lait sans vide, ce qui serait très économique, s'il ne présentait l'inconvénient d'exposer celui-ci à toutes les chances d'infection amenées par l'air. Il est formé de lentilles creuses (fig. 72 et 73) dans lesquelles circule de la vapeur et qui tournent dans le liquide à traiter. Un ventilateur soufflant dans la direction des lentilles entraîne la vapeur formée. Espérons que quelque perfectionnement mettra le lait à l'abri des germes de l'air.

Frais de fabrication et rendements. — La préparation du lait condensé exige, comme on le voit, une installation coûteuse, une grande quantité d'eau, — 20 litres par litre de lait, — beaucoup de vapeur — il faut brûler en moyenne 18 kilos de charbon par 100 litres de lait, en y comprenant l'écrémage; — aussi convient-il de l'annexer plus particulièrement aux grandes beurreries coopératives, qui trouveront sûrement là le meilleur moyen d'utiliser les quantités considérables de lait maigre, cette sorte de *caput mortuum* qui leur reste chaque jour.

Il faut en effet compter, d'après M. Lezé (1), sur un

Fig. 72. — Appareil à condenser à l'air libre Strockheisen (Ferdinand Doller). Appareil à un axe démonté pour nettoyage.

prix de 8000 francs au moins pour une petite usine travaillant 5 à 6000 litres par jour traités en trois cuites. Les

(1) Lezé, *Les Industries du lait*, F. Didot, Paris.

gros appareils reviennent de 15 à 20000 francs. Au total, l'installation mécanique seule d'une fabrique de 5 à 10000

Fig. 73. — Tandem. Appareil à condenser à l'air libre.
Appareil à un axe démonté pour nettoyage.

litres peut s'élever à 60 ou 80000 francs. Une telle quantité de matière première demande — condenserie et beurrerie comprises — un personnel de 16 hommes et 12 femmes.

Le rendement en lait concentré est de 28 à 30 0/0 du lait frais, ce qui représente, en tenant compte des pertes, etc., 60 boîtes de 450 grammes net environ.

Le bénéfice réalisable peut s'établir comme suit, d'après l'auteur cité, pour 100 litres de lait :

DÉPENSES

Achat du lait à 0 fr. 125 le litre.	12 fr. 50
Sucre sans droit 11 0/0. . . .	6
60 boîtes fer-blanc à 0 fr. 10. .	6
Main-d'œuvre.	1
Caisses en bois et frais généraux	3
	28 fr. 50

RECETTES

4 0/0 de beurre à 2 fr. 50	10 fr.
60 boîtes à 20 fr. la caisse de 48 .	25
	35 fr.

ce qui représente un bénéfice brut de 6 fr. 50 par hectolitre. Mais ce chiffre est naturellement variable, car il dépend surtout du prix d'achat du lait et de la cherté de la main-d'œuvre. Ainsi M. Dehove-Denculin, estimant le prix du lait à 11 c., la main-d'œuvre à 1 fr. 50 et les frais généraux à 4 fr. 50, et, d'autre part, n'évaluant qu'à 8 fr. les 3 kg. 200 de beurre obtenus, arrive à un bénéfice de 4 fr. seulement, d'où il reste à déduire 10 0/0 pour frais d'amortissement du matériel, 5 0/0 du capital engagé pour intérêt à lui servir, et 5 0/0 pour fonds de réserve, soit au total 20 0/0, ce qui met le bénéfice net à 3 fr. 20 par hectolitre de lait entrant dans l'usine.

Composition du lait concentré. — Bien que la composition du lait condensé soit très variable, nous donnons ci-dessous quelques chiffres déduits de nos analyses :

Eau	24,35 0/0
Extrait sec	75,65
Matière grasse	10,60
Sucre total	45
Sels minéraux	2,15
Caséine (etc.), différence	17,90

Il existe des fabriques de lait concentré à Maintenon (Eure-et-Loir), à Neufchâtel-en-Bray (Seine-Inférieure), à Fierville-les-Parcs (Calvados), à Rennes (Société bretonne de stérilisation du lait), à l'établissement de l'Union laitière du Jura, à Yverdon, à Cham, à Genève, à Thoune, à Avenches, à Romanshorn (Suisse), etc.

Lait concentré sans sucre. — Le lait condensé sans adjonction de sucre conviendrait particulièrement aux enfants. Sa préparation est un peu plus difficile à conduire, de même que sa conservation est d'une durée plus limitée. Avec un degré suffisant de concentration, on peut l'utiliser pendant une semaine ; mais le plus souvent, à cause de la trop forte proportion d'eau qu'on lui laisse, il s'aigrit et fermente après quatre à cinq jours. A ce point de vue, l'expérience semble démontrer qu'il ne doit pas doser plus de 50 0/0 d'eau environ. Le plus souvent on le réduit environ au tiers de son volume.

On consomme des quantités importantes de lait sous cette forme en Amérique, surtout à New-York. Comme composition, nous citerons les moyennes que nous avons déduites des chiffres obtenus par J. Kœnig, avec neuf échantillons d'Amérique.

Eau	47,80 0/0
Graisse	15,46
Lactine	14,76
Substances azotées	19,55
Cendres	2,43

L'Italie produit également beaucoup de lait condensé sans sucre, qu'elle expédie à Londres en bidons hermétiquement clos, où il est vendu immédiatement chaque jour au détail.

Lait condensé Broconnot. — Broconnot donnait le mode opératoire suivant pour conserver la caséine du lait. Après avoir coagulé le lait à 45° par l'acide chlorhydrique et neutralisé par le carbonate de soude, on concentre sur un feu doux jusqu'à la consistance d'une bouillie. On additionne d'un tiers de sucre en poudre et on met en bouteilles. On peut aussi étendre le sirop en couches minces que l'on fait dessécher pour obtenir le lait en morceaux.

6. — Emploi du lait écrémé dans la panification.

Etant donné le pouvoir nutritif du lait écrémé, on a pensé à le substituer à l'eau dans la préparation du pain. Le produit ainsi obtenu est d'un bel aspect, mais les personnes encore peu habituées lui reprochent d'avoir un goût trop prononcé s'alliant mal avec celui des aliments.

D'après M. Mer, 1 kg. 550 de farine exige un litre de lait. La pâte ainsi obtenue fournit un pain de 2 kg. 5. La valeur du liquide employé de cette façon ressortirait à 0 fr. 04 le kilo, en admettant pour le pain un prix de vente de 0 fr. 40.

Pour le Dr Genin, le lait écrémé atteindrait même 0 fr. 10. Ainsi il dit à ce sujet : « Au point de vue économique, et c'est là un des côtés pratiques qui mérite le plus d'attention, ce pain de luxe ne coûte pas plus au boulanger que celui fait avec de l'eau pure. En effet, le résidu du lait procure un supplément de poids dans le pain, qui, vendu 0 fr. 40 le kilogramme, paie le lait doux 0 fr. 10 le litre. La vente de ce produit devient donc rémunératrice. L'analyse chimique a démontré que ce pain contient un quart d'azote et un tiers de phosphate de plus que le pain fait à l'eau. Il y a donc là un aliment précieux qui permettra de combattre le rachitisme en procurant l'acide phosphorique assimilable dans l'alimentation et la nourriture des enfants et des adultes. »

Pour ce qui concerne la composition chimique du pain au lait, nous ne saurions mieux faire que de reproduire ici les résultats des recherches du Dr Giuseppe Sartori, de la station laitière de Lodi. Cet expérimentateur a opéré sur deux pains, l'un au lait, l'autre à l'eau, fabriqués dans les mêmes conditions de temps, de température, etc., avec les mêmes quantités de farine et de levain. Le lait écrémé utilisé avait la composition ci-après :

Eau	90,30 0/0
Albuminoïdes	3,96
Beurre	0,32
Sucre de lait	4,62
Cendres	0,80

D'autre part, les données de la fabrication sont les suivantes :

PAIN AU LAIT		PAIN ORDINAIRE	
Farine	24 kg.	Farine	24 kg.
Lait écrémé . . .	7 —	Eau	7 —
Poids après cuisson	28,7	Poids après cuisson.	28 —

Enfin nous donnons ci-dessous les résultats de l'analyse chimique à laquelle on a soumis les deux pains ainsi obtenus :

	Pain normal		Pain séché à 100°	
Eléments	ordinaire	au lait	ordinaire	au lait
Eau	32.59	31.29	»	»
Albuminoïdes . . .	8.75	9.73	12.97	14.16
Amidon	47.05	46.77	69.79	68.07
Dextrine et glucose .	5.76	6.11	8.54	8.88
Matière grasse . . .	0.86	0.96	1.27	1.39
Cellulose	3.84	3.78	5.71	5.53
Cendres	1.15	1.36	1.72	1.97
	100.00	100.00	100.00	100.00
Acide phosphorique .	0.46	0.615	0.682	0.895

Ces chiffres montrent donc, comme on devait s'y attendre d'ailleurs, que le pain au lait est plus lourd et plus riche.

Malgré ces avantages, la fabrication d'un tel produit n'a pas l'air d'avoir jusque-là tenté les industriels intéressés. Les laiteries sont souvent, en effet, éloignées des grandes boulangeries qui pourraient acheter le lait écrémé en assez forte proportion ; et si l'on songe au transport, ce sont tout de suite des frais nouveaux qui viennent réduire encore les bénéfices que peut lui donner la panification.

De plus, quoique nourrissant, très blanc, très beau, ce pain ne se conserve pas longtemps. Enfin son goût spécial n'est pas accepté par tout le monde, comme nous le faisions remarquer plus haut. « Malheureusement, dit M. Mer à ce propos, quand on mange avec d'autres aliments le pain dans lequel l'eau a été remplacée par du lait écrémé, il paraît moins bon parce qu'il a sans doute trop de goût par lui-même. C'est probablement une question d'habitude ; mais on sait combien les habitudes sont difficiles à déraciner, surtout quand elles touchent au goût. Le pain au lait présente en outre l'inconvénient de s'amollir un peu trop dans les liquides.

Il y aurait cependant quelque chose à faire de ce côté. En particulier, les beurreries coopératives qui se trouvent à proximité des grands centres pourraient ajouter à leur fabrication habituelle celle du pain, industrie annexe qui concourrait d'ailleurs, avec celle des fromages, du lait condensé, ou encore avec l'élevage des porcs, à ouvrir un exutoire au lait des centrifuges.

En Allemagne la fabrication du pain lacté est d'un usage courant.

7. — Lait en morceaux et lait en poudre.

Dans la préparation du lait condensé on vise surtout la réduction de volume du liquide, ce qui diminue d'autant les frais de transport et assure au produit une plus longue conservation. Avec le lait en morceaux ou en poudre, on pousse la réduction de volume à sa dernière limite, en ne retenant que les principes utiles, les éléments fixes, dont l'ensemble, sous quelque forme qu'on le présente, pourrait être désigné du nom général d'extrait sec du lait, la proportion d'humidité restante étant très faible.

Sous cet état, l'aliment en question est d'une conservation plus assurée et d'une manipulation fort commode. On peut le presser en tablettes après l'avoir mélangé, par exemple, à des pâtes alimentaires, du sucre, du cacao, du chocolat, etc. De même le lait en poudre peut mieux être mis à profit par les pâtissiers, les boulangers, les cuisiniers. Son volume très réduit facilite son transport; sa consistance solide atténue les chances de perte en cas d'avarie des récipients, et son peu de fragilité permet d'employer un emballage moins onéreux. Les voyageurs, les marins, les touristes, les cyclistes, trouvent dans la poudre de lait un aliment concentré très nutritif, puisque riche en principe azoté, très apte à servir d'adjuvant à d'autres aliments pauvres.

Il serait cependant exagéré de prétendre que l'on pût reproduire avec cette substance et de l'eau une boisson présentant toutes les qualités du lait frais destiné, comme l'on sait, à être absorbé immédiatement après sa sécrétion. Il est certain que les diverses manipulations auxquelles on soumet ce dernier pour l'amener à l'état solide ont altéré ses propriétés. La poudre de lait ne peut non plus être substituée avantageusement au lait naturel pour l'alimentation des nourrissons, dans laquelle, prétend-on quelquefois, elle assurerait plus d'uniformité au point de vue de la richesse en principes utiles. On sait cependant que la composition de l'extrait sec du lait est très variable : il est tantôt plus riche en lactose, par exemple, ou, au contraire, plus pauvre en cet élément, ou encore en caséine, de sorte que pour avoir une boisson toujours égale comme valeur nutritive, il faudrait, suivant la teneur du produit, faire varier aussi la quantité d'eau ajoutée, et encore! (1)

Lorsque la poudre provient du lait entier, elle ne saurait redonner une crème analogue à celle du lait ordinaire. La boisson obtenue par addition d'eau ne présente plus le même degré de viscosité, état qui favorise l'émulsion des globules gras. D'ailleurs, à tous les points de vue, n'est-il pas préférable de retirer d'abord la matière grasse du lait pour en faire immédiatement du beurre, et de n'opérer la dessiccation que sur du lait écrémé? Le traitement du lait naturel demande, en outre, plus d'attention, car ce dernier donne une farine plus pâteuse.

La matière grasse court également le risque de s'oxyder plus tard et de communiquer alors le goût de rance à l'a-

---

(1) Voy. Rouvier, *Le Lait*.

liment. Enfin, les globules gras qui restent agglomérés forment à la surface de l'eau chaude des traces huileuses qui donnent au lait un mauvais aspect.

On sait aussi qu'il ne faudrait pas penser faire du fromage avec ce liquide, car le plus souvent la caséine est portée à une trop haute température, qui déplace une portion des sels de chaux indispensables pour sa coagulation par la présure. La matière azotée ne donne plus, en effet, que de fins grumeaux, modification qui, cependant, serait plutôt favorable lorsque la boisson arrive dans l'estomac au contact des sucs digestifs, qui peuvent ainsi mieux la pénétrer, la solubiliser. Quant à savoir si la caséine qui a été ainsi chauffée est plus digestible ou non, cette question n'a pas encore été entièrement résolue. Dans tous les cas, une température un peu élevée entraîne toujours le goût de cuit.

En résumé, si l'on ne peut compter reconstituer avec la poudre de lait un produit en tout semblable au lait naturel, elle peut, du moins, servir d'adjuvant précieux dans l'alimentation de l'homme comme dans l'élevage des animaux. A ce titre, il importe d'encourager sa préparation, si peu répandue encore en France, en souhaitant qu'elle y prenne un développement en rapport avec notre riche production laitière, dont elle ne peut qu'assurer la prospérité.

Fabrication. — Le point capital de la fabrication du lait en poudre, c'est qu'il faut chercher à l'obtenir parfaitement soluble et dénué du goût particulier de cuit. Il est certain qu'à ce point de vue ce côté de la question a peu d'importance lorsqu'il s'agit des animaux. Il n'est peut-être pas facile de concilier l'économie et la rapidité de la préparation avec une basse température plus favorable aux qualités du produit à obtenir. Il existe, en effet, des appareils très simples qui opèrent très rapidement, ce qui est un grand avantage, et qui, en portant le lait aux environs de 100°, assurent encore plus de sécurité au regard des microbes pathogènes surtout, que le liquide peut receler. Malheureusement, c'est aussi avec ce calorique élevé qu'il est le plus difficile d'éviter l'écueil à redouter. Cela explique que malgré les tentatives qui ont été faites il y a déjà bien longtemps, on ne soit parvenu qu'à des méthodes qui, quoique satisfaisantes, sont loin d'être parfaites, surtout si l'on considère le côté économique, lorsqu'on veut un produit franc de goût.

Dans les premiers procédés imaginés, on ajoutait toujours au lait traité, souvent même préalablement coagulé, des ingrédients divers, tels que sucre, carbonate de soude. Aujourd'hui les appareils plus perfectionnés permettent d'agir sur le lait même sans aucun mélange.

Déjà vers 1810 Appert obtenait des *tablettes de lait* par dessiccation du liquide (1). Plus tard, Malbec préparait *l'extrait de lait* en ajoutant au liquide écrémé 1/16 de son poids de sucre, et en concentrant jusqu'à obtenir une pâte dure et cassante.

De même, Grimewade, en 1856, préconisait le procédé suivant pour la préparation du lait en poudre : édulcorer légèrement le liquide, puis ajouter du carbonate de soude. La concentration s'opère ensuite dans un récipient à double fond à eau chaude, dans lequel la température ne dépasse pas 54° C. En même temps, la chaudière, qui est suspendue à deux tourillons, est maintenue dans un état de balancement continu. Quand le produit est devenu pâteux, on le transvase dans des récipients non métalliques où on le brasse énergiquement, tout en continuant à le chauffer. Quand la concentration est suffisante, que le

---

(1) Appert, *Le livre de tous les ménages*, 3e édition, 1813. — Voy. aussi Jules Rouvier, *Le Lait*, Paris, 1893, p. 319 et suiv.

produit est à l'état de pâte ferme, on le lamine entre deux cylindres de marbre pendant qu'on achève sa dessiccation en lançant dessus, à l'aide d'une machine soufflante, de l'air sec et chaud. Les rubans obtenus sont concassés grossièrement, puis réduits en poudre fine, que l'on place enfin dans des boîtes de fer blanc soudées.

Le procédé Legrip consiste à ajouter du bicarbonate de soude au lait — 2 gr. par litre, — puis à évaporer aux trois quarts, tout en ajoutant par petites portions 500 gr. de sucre en poudre. On étend en couches que l'on fait sécher dans une étuve. Les tablettes réduites en poudre sont ensuite mises en flacon.

Le docteur Carl Janson donne le mode opératoire suivant pour préparer du lait stérilisé en poudre : le liquide, écrémé ou non, parfaitement débarrassé de toute impureté, est stérilisé. On lui fait alors subir une sorte de fermentation dont l'agent actif est un ferment non figuré, produit résiduaire de l'action vitale de microorganismes particuliers, tels que le *Dispora caucasica*, qui agit sur la matière caséeuse et la solubilise.

L'emploi de cette sorte de diastase, utilisée aux lieu et place des êtres organisés eux-mêmes dont elle provient, présente l'avantage de limiter le nombre des produits fermentaires, très variables lorsque les bactéries elles-mêmes attaquent les éléments du lait. D'autre part, quand on veut, au moment donné, arrêter l'activité de ces dernières, une température élevée est nécessaire qui peut altérer les qualités recherchées dans le produit, tandis qu'il suffit d'une chaleur moindre pour annihiler le ferment en question.

Le lait ainsi modifié est condensé, mis en moules, desséché et finalement réduit en poudre.

La poudre de *Backauss* est obtenue par la coagulation du lait avec la présure et le citrate de soude — 25 gr. par litre; — on presse, puis sèche à $50\text{-}60_o$.

Le « *Proton* » est fabriqué par la société Séparator, de Stockholm, d'après le procédé du docteur A. Just, de New-York. La substance sèche contient 90 0/0 d'albumine. Cent kilos de lait écrémé fourniraient trois kilos de proton renfermant les quatre cinquièmes de la matière

Fig. 74. — Appareils pour la préparation de la poudre de lait « Nutrium », du docteur J.-H. Campbell (cylindre de première réduction).

albuminoïde du lait. Le prix de vente en est de 6 fr. 50 le kilo.

La méthode consiste à coaguler le lait par l'acide acétique, puis à neutraliser avec du carbonate de soude. On soutire le petit lait et la masse visqueuse est versée en couches minces sur des cylindres chauffés ou sur des plaques métalliques maintenues à l'étuve à 50°.

On réduit ensuite en poudre.

Il existe encore diverses méthodes, par exemple celles du fermier holsteinois Drencklan, d'Irven, de Keller, de Grimau, de Gautrelet, de Winner, etc. ; mais nous ne décrirons que les suivantes, qui nous paraissent être les plus perfectionnées et qui opèrent directement sur le lait sans addition d'aucune substance étrangère.

Fig. 75. — Soufflerics et appareils d'air à stériliser.

Procédé du docteur J.-H. Campbell. — C'est le procédé (fig. 74 à 77) suivi pour la préparation du *nutrium*, lait en poudre fabriqué en Amérique dans les trois usines de la *National Nutrient Company*, dont la plus importante est à Jersey-City (N.-Y).

Le lait est envoyé dans une grande cuve sphérique en cuivre étamé intérieurement, où un courant d'air chaud stérilisé, que l'on insuffle dans sa masse, le réchauffe tout en le maintenant en agitation continue. Le liquide passe ensuite dans quatre bassins rectangulaires de même métal

Fig 76. — Tambours cylindriques de dessiccation.

étamé, à double paroi et à serpentin interne, dans lesquels circule de l'eau chaude et où, en outre, il est soumis également à l'action de jets d'air stérilisé amené par des ajutages disposés en éventail, qui ne fonctionnent, d'ailleurs, que lorsque le récipient est plein.

On voit donc que dans ces conditions la concentration est poussée activement, et que l'intervention de l'air permet de réduire la température. Celle-ci est, en outre, abaissée au fur et à mesure que le liquide devient moins fluide. Lorsqu'il est réduit au seizième de son volume, on ouvre une valve, et il tombe dans un tambour cylindrique tournant à deux tours par minute, terminé par deux parties coniques, à surface interne étamée et lisse. La masse, en tournant, arrive à l'extrémité en pointe, où elle se tord, se

Fig. 77. — Achèvement de la dessiccation du produit.

brise et retombe divisée, ce qui accélère sa dessiccation, facilitée, d'ailleurs, par un courant d'air chaud. Le produit arrive en dernier lieu dans un tambour sécheur où l'air sec et chaud débouche par un tuyau spécial, d'où il se répartit dans des bras latéraux percés de trous qui pénètrent dans la pâte entraînée par la rotation de l'appareil. La masse séchée est passée au moulin, puis empaquetée.

Le lait donnerait ainsi 9,5 pour cent de son poids d'une poudre ayant l'apparence de la farine de blé.

Dans la méthode de l'ingénieur suédois Marlin Eckenberg, le lait est également traité à une température peu élevée dans un exsiccateur, chaudière analogue à celle qui sert à la préparation du lait condensé dans un vide partiel. Le degré thermométrique ne s'y écarte guère, en effet, des environs de 40°.

On obtient ainsi un produit qui, additionné d'eau à 60-70°, reconstituerait une boisson présentant l'odeur du lait naturel, sans goût de cuit, et pourrait même se transformer sous l'action de la présure.

La poudre en question fabriquée avec du lait écrémé aurait la composition suivante :

Eau	6,5 0/0
Albumine	36
Sucre de lait	49
Matière grasse.	1
Sels minéraux.	7,5

Avec du lait pur, la proportion de matière grasse peut s'élever à 30 0/0.

100 litres de lait écrémé donneraient 10 kilos de poudre revenant de 0 fr. 90 à 1 fr. le kilo.

Ajoutons qu'il est des appareils qui peuvent traiter jusqu'à 10000 litres par jour.

Un modèle pour évaporer 2000 litres en 10 heures coûte de 5500 à 7000 fr.

Système Just-Hatmaker. — Voici une méthode beaucoup plus simple permettant d'opérer très rapidement, mais elle porte le lait à 110°. A cette température il est certain que les microbes pathogènes sont tués, ce qu'ont montré, d'ailleurs, les expériences effectuées au laboratoire Carnegie, à New-York. En outre, le produit desséché a pu faire le tour du monde sans s'altérer.

L'appareil (fig. 78 et 79) se compose, en principe, de deux

Fig. 78. — Appareil Just-Hatmaker. Côté de l'arrivée de la vapeur.

Fig. 79. — Appareil Just-Hatmaker en fonction avec la pellicule de lait desséché. La pellicule brisée laisse voir le cylindre.

cylindres en acier, creux et parallèles, distants de 2 millimètres et tournant en sens inverse à raison de six tours par minute. Leurs axes sont creux également et reliés par des tubes à un injecteur de vapeur qui amène celle-ci sous une pression de trois atmosphères. A l'autre extrémité ces cylindres communiquent avec un purgeur qui évacue l'eau condensée.

Le mouvement est transmis par une poulie dont l'axe se prolonge en une vis sans fin commandant les roues dentées que portent les dessiccateurs.

Au-dessus est un réservoir ou deux tuyaux parallèles percés de petits trous qui déversent le lait sur chaque cylindre en mince nappe ou en filets qui, au contact du métal surchauffé, se dessèche pour ainsi dire instantanément — le cylindre ayant fait un peu plus d'un demi-tour, — en laissant l'extrait sous forme d'une fine feuille jaunâtre. Celle-ci, détachée par un couteau — lame, tombe en arrière sur un tamis. Là elle achève de se dessécher, puis elle donne à travers ce dernier une poudre homogène.

L'eau évaporée est entraînée dans une hotte placée dans le voisinage, au-dessus de l'appareil.

Un ouvrier suffit pour la conduite des manipulations, qui se réduisent, d'ailleurs, à assurer la régularité d'arrivée de la vapeur, d'une part, et, d'autre part, celle du liquide sur les cylindres.

Ces derniers ont 1 m. 5 de longueur et 0 m. 75 de diamètre. L'appareil complet pèse environ 4000 kilos et peut traiter 300 kilos de lait par heure. Son prix est de 3400 fr. (1).

Un espace de $3^m \times 4^m$ serait suffisant pour l'installation. La force motrice nécessaire est de 4 chevaux-vapeur. La consommation serait environ de 360 kilos de vapeur à 3 at-

---

(1) S'adresser à M. Hatmaker, 28, Boulevard Malesherbes, à Paris.

mosphères par heure, et la dépense en charbon pour traiter 3000 litres — soit le travail d'une journée — 500 k.

La poudre obtenue vaut environ 1 fr. 20 le kilo. Pour reproduire le lait il suffit de la diluer à raison de 91 parties d'eau presque bouillante — à 70-80° — pour 9 parties de poudre. La composition de cette poudre obtenue avec du lait écrémé est à peu près la suivante :

Eau 7 0/0
Caséine 37
Sucre de lait 46
Matière grasse 2
Cendres 8

Un mélange à parties égales de lait entier et de lait écrémé a fourni les chiffres ci-dessous :

Eau 6,30 0/0
Caséine 37,45
Sucre de lait 33,11
Matière grasse 15,80
Cendres 7,34

Le pourcentage des principes utiles varie nécessairement avec la race des vaches, la saison, etc. D'après l'inventeur, 3000 litres de lait entier donneraient 390 kilos de poudre, soit un rendement de 13 0/0 contenant à peu près 28 0/0 de matière grasse ; avec un mélange à parties égales de lait entier et de lait écrémé, le rendement serait de 11 0/0, avec une proportion de matière grasse dans la poudre de 16 0/0. Enfin, le rendement tomberait à 9 0/0 avec du lait écrémé.

A la laiterie d'Oostcamp, près Bruges, en Belgique, 100 kilos de lait entier donnent environ 12 kg. 5 de poudre ; quatre machines sont installées.

Au Tremblay, canton de Broglie, dans l'Eure, M. Abaye en obtient de 12,5 à 13 0/0. Le produit est expédié dans des barils en bois de 50 kilos, tapissés intérieurement de papier parcheminé (1).

Procédé de la « Casein Company of America ». — « *La Casein Company of America, New-York*, a pris un brevet pour le procédé suivant de fabrication de poudre de lait ou poudre lactique (2).

« L'inventeur soumet le lait pur ou écrémé à l'action de la chaleur en insufflant de la vapeur surchauffée à travers le lait jusqu'à ce que la température soit de $200°$ F ($93°$ C environ), laquelle est maintenue pendant vingt-cinq à trente minutes. Ce chauffage dilue le lait, mais il aurait l'avantage d'éliminer les odeurs désagréables. D'après l'inventeur, le lait dilué serait à peine sensible à l'action de la chaleur, c'est-à-dire qu'une température aussi élevée ne coagulerait pas l'albumine. Le lait ainsi traité est condensé à un degré déterminé sans conserver le goût de cuit et l'odeur caractéristique d'un grand nombre de poudres de lait.

« Après le chauffage on refroidit aussi vite que possible à la température de $90°$ F ($32°$C.). Le lait froid est concentré dans une chaudière à vide à la température de $100°$ à $110°$ F ($37°5$ à $43°$C.). On arrête l'évaporation lorsque la concentration est de $23°$ Beaumé. On mélange la masse avec de la poudre de lait préparée à l'avance ou avec une autre matière absorbante, de façon à former une pâte qui se divise facilement en petits fragments, lesquels sont étalés sur des crans en mousseline et soumis à une température de $140°$ F. ($60°$ C.). Les fragments secs sont moulus. »

---

(1) Il y a une installation de trois machines à Nouvion-en-Thiérache (Aisne), à La Jarrie (Charente-Inf.), à la Société laitière Maggi, en S.-et-O., une à Erruart (Nord), etc.

(2) *Casein Company of America*, rue du Quatre-Septembre, Paris.

Farine lactée

Les farines lactées sont, en général, constituées par un mélange de lait plus ou moins écrémé et condensé dans le vide, à basse température, avec une quantité variable de farine de froment, soumise, au préalable, à la saccharification par l'action combinée de la chaleur et d'un acide faible.

Dans ces conditions, la matière amylacée se transforme en substances plus assimilables, dextrine et glucose, qui, au point de vue des fonctions de nutrition, remplacent l'élément hydro-carboné qu'est la graisse du lait (1).

On peut également employer des farines riches en azote, comme celles de fèves, de pois, de haricots, ou du pain, du malt, etc. On ajoute aussi parfois du phosphate de chaux.

Pour préparer la farine lactée on introduit le lait condensé et la farine dans un pétrisseur mécanique et on mélange parfaitement le tout. Cela fait, la pâte étant bien homogène, on la réduit en plaques minces que l'on découpe en galettes et que l'on cuit quelques minutes dans un four dont on peut régler à volonté la température. La dessiccation s'achève dans un séchoir, puis les galettes sont passées au moulin à cylindres qui les réduit en poudre fine.

Comme composition, l'*Agenda chimique allemand* cite les chiffres suivants :

Eau et corps volatils. . .	5 à 10 0/0
Sels	1.5 à 3
Matières grasses	4 à 7
Substances albuminoïdes .	9,5 à 18
Hydrates de carbone solubles.	35 à 55
Hydrates de carbone insolubles	15 à 35
Cellulose.	0,5 à 1

(1) Voy. Gillet, *Formulaire d'hygiène infantile individuelle*, Paris, J.-B. Baillière.

8. — L'Industrie de la caséine.

On sait que le lait dose en moyenne 3,5 à 4 0/0 de matières azotées. Les savants ne sont point d'accord sur la nature exacte et le nombre de ces principes, qui donnent à l'aliment une grande partie de sa valeur nutritive. Pour notre savant maître Duclaux, ils ne forment qu'une seule et même substance, à des degrés plus ou moins parfaits de solution, et qui se comporterait différemment suivant que l'on traite le liquide par tel ou tel réactif.

Chacun a pu remarquer, en effet, que lorsqu'on fait bouillir du lait, une matière blanchâtre vient se coller contre les parois de la casserole, et, qu'en outre, il se forme une pellicule à la surface. On n'ignore pas non plus que même à la température ordinaire le lait se coagule sous l'influence de la présure. Si l'on chauffe ensuite fortement le sérum qui se sépare, et que l'on ajoute un acide, on obtient un nouveau précipité de matière azotée, vulgairement appelé sérai.

Si nous examinions divers réactifs chimiques, nous verrions de même que l'on pourrait distinguer dans le lait plusieurs principes azotés. Nous admettrons donc que la caséine existe dans le lait à l'état de suspension, à l'état de solution, et enfin sous une troisième forme intermédiaire, à l'état colloïdal.

Cet élément du lait jouit, nous l'avons dit, de la propriété de se précipiter sous l'action de la présure et aussi des acides, comme l'acide lactique, l'acide chlorhydrique, l'acide sulfurique, l'acide acétique, l'acide phosphorique ; de certains sels et de certains sucs de végétaux. La chaleur favorise d'ailleurs cette précipitation.

En se solidifiant, en se coagulant — phénomène sur lequel repose la préparation de tous les fromages, — la caséine englobe la plus grande partie de la matière grasse et une forte portion des sels en suspension. Remarquons que c'est la caséine en suspension et une partie de la caséine colloïdale qui seules, dans les conditions ordinaires, subissent l'influence de l'agent coagulant.

Le caillé une fois formé se contracte peu à peu en chassant la partie liquide (sérum) qui l'imprègne. Cette rétraction est favorisée également par la température, tandis que la multiplication des surfaces d'exsudation du liquide obtenue par la division de la masse du coagulum accélère, de son côté, la sortie du petit-lait.

La caséine solidifiée peut se redissoudre dans les alcalis ou les sels alcalins, de même que dans les acides énergiques.

Ce sont là tout autant de propriétés qui régissent la plupart des manipulations concernant l'extraction de la caséine dont nous devons nous occuper.

Ajoutons encore que l'azote étant l'élément nutritif par excellence, il s'ensuit que la caséine a une réelle valeur alimentaire. Le docteur Wœlker donne comme composition de ce principe du lait les chiffres suivants :

Carbone 53,57 0/0
Hydrogène. 7,14
Azote 15,41
Oxygène 22,03
Soufre 1,11
Phosphore 0,74

Au point de vue commercial, le beurre étant plus important que le fromage maigre, on n'attribue guère à la caséine que le sixième de la valeur pécuniaire du lait.

L'importance de la caséine au point de vue nutritif fait que depuis quelques années on cherche à l'extraire de son milieu naturel pour l'utiliser dans la préparation de certains produits destinés à l'alimentation ou à la thérapeutique.

Elle jouit, en outre, de propriétés plastiques, agglutinantes et adhésives qui la font apprécier dans diverses applications industrielles.

Caséinerie.

La caséinerie, ou extraction de la caséine du lait, a pris naissance en Amérique, il y a une douzaine d'années. Des essais tentés pour substituer la matière azotée du lait à la gélatine dans la préparation du papier couché ayant parfaitement réussi, la nouvelle industrie ne tarda pas à prendre une telle importance que les fabricants, grâce aux gros bénéfices réalisés, purent livrer la caséine en Europe à un prix inférieur à celui de la gélatine. Les producteurs étaient, d'ailleurs, tout spécialement favorisés par le bas prix du lait des grands centres d'élevage, du charbon et de la main-d'œuvre. Aussi, lorsqu'ils virent que quelques industriels français, dès 1897, cherchaient à instaurer chez nous ce nouveau mode d'utilisation du lait des centrifuges, tentèrent-ils de mettre obstacle à l'industrie naissante, et du fait de la concurrence étrangère le prix de la caséine tomba de 110 à 120 fr. les 100 kilos, à 70, 80 fr. Les statistiques montrent, en effet, que les quantités de caséine importées dans ces dernières années se sont accrues dans une forte proportion. Les chiffres ci-dessous se rapportent, il est vrai, à l'albumine, la caséine étant considérée comme telle et n'ayant pas de chapitre à part dans les tableaux des douanes; mais on comprend que leur majoration est due surtout à ce dernier produit. D'après le rapport de M. Noël à la Chambre des Députés, la France importait chaque année, de 1894 à 1897, 200 à 250,000 kilos d'albumine par an.

En 1898 . . . . . . 392.200
1899 . . . . . . 413.000
1900 . . . . . . 588.000
1901 . . . . . . 356.000
1902 . . . . . . 568.000

Emus d'un tel état de choses, nos législateurs, devant surtout le développement pris par nos beurreries coopératives et nos grandes laiteries industrielles, ont l'intention de taxer les caséines étrangères pour protéger notre production nationale. M. Noël, au nom de la commission des douanes chargée d'examiner la proposition de loi de M. Pasqual, député du Nord, demande de fixer les droits d'entrée à 30 fr. pour le tarif général et 20 fr. pour le tarif minimum. Les Etats-Unis, la Belgique, l'Allemagne, l'Espagne, l'Italie, le Canada, ont déjà, de leur côté, pris des mesures du même genre.

Cette question de supprimer la franchise pour les caséines étrangères n'est pas sans préoccuper nos concurrents. C'est ainsi que l'administration des Etats-Unis, par la voix de M. Alvord, directeur au département de l'agriculture, a essayé de nous montrer (1) qu'il y aurait plus d'avantages pour les industriels français de faire consommer le lait écrémé aux animaux ou d'en fabriquer des fromages maigres, et qu'au contraire « ce serait commettre une grave erreur » que de vouloir élever les droits d'entrée sur la caséine, ce qui porterait un grand préjudice aux Etats-Unis. Dans ce pays, malgré les conseils qui leur sont donnés par les personnes compétentes, les producteurs de lait ne peuvent se résoudre à élever des animaux dont le prix est bon marché, tandis que, d'autre part, on

---

(1) Lettre adressée le 20 mai 1902 à M. Legludic, Président de la Société d'Encouragement à l'industrie laitière, 33, rue J.-J. Rousseau, à Paris.

ROLET. — Industrie laitière. 8

y consomme peu de fromages. Ces diverses causes concourent à laisser inutilisée une grande quantité de lait écrémé, à tel point que le prix de la caséine aux beurreries est seulement de 30 à 40 centimes le kilo.

Pour l'auteur en question, se servir de la protéine du lait pour la préparation de la peinture, pour la fabrication de divers articles, c'est faire une double perte, « perte d'un aliment à bon marché et de grande valeur économique, perte directe et constante de la fertilité du sol ».

Il est certain que l'idéal serait de pouvoir utiliser entièrement le lait écrémé dans l'alimentation de l'homme ou des animaux ; mais cela est-il toujours possible ? Si le petit fermier qui fabrique le beurre chez lui peut avantageusement écouler le résidu de sa fabrication dans son étable ou sa porcherie, il n'en est plus de même pour les beurreries industrielles qui traitent en été jusqu'à 30 à 40.000 litres de lait par jour. L'élevage en grand des animaux, des porcs en particulier, est sous la dépendance de nombreux aléas — épidémies, affluence sur les marchés à une même époque d'un grand nombre d'animaux, etc., — de sorte que le litre du liquide en question ne rapporte guère, tout compte fait, que 1 cc. 5.

D'ailleurs, la consommation de la viande de porc dans certaines régions n'a pas une grande importance ; les prix ne sont réellement avantageux que dans les contrées où l'élevage est peu répandu, bien que l'écoulement soit assez facile, comme dans les régions montagneuses de l'Est.

Bref, l'industrie de la caséine ouvrirait un exutoire de plus au lait écrémé, dont la proportion s'accroîtra sans doute encore lorsqu'on aura mis en vigueur la nouvelle loi sur la margarine.

Bien que notre industrie n'ait réclamé en 1902 que 568.000 kilos d'albumine, il est probable que la demande s'accentuera quand on connaîtra mieux les multiples usages de la caséine ; et il est certain que nous pouvons fort bien tirer nous-mêmes la matière première du résidu des 17 millions d'hectolitres de lait que nous employons annuellement à la fabrication du beurre (1). Il faut cependant que le prix de vente du nouveau produit soit assez rémunérateur. Or, nous avons comme concurrents non seulement les Etats-Unis, mais encore l'Allemagne, l'Angleterre, la Hollande, la Belgique, concurrents souvent mieux favorisés que nous, et il est juste que nous nous garantissions des droits protecteurs. La République Argentine elle-même commence à exporter de grandes quantités de caséine. On cite une estancia possédant 4000 vaches qui peut en fournir deux tonnes par jour (2).

L'extraction de la caséine n'exige pas des frais de fabrication bien élevés. La matière, soigneusement préparée, peut se conserver longtemps, est peu encombrante, de sorte que l'on n'est pas obligé de subir quand même les fluctuations désavantageuses du marché. Avec les cours actuels, elle peut faire ressortir le litre de lait écrémé à 2 c.5-3 c., chiffres qui s'élèveront sans doute avec la nouvelle législation douanière.

En France il existe des fabriques de caséine à Corneux, près Gray (100.000 kilos), et Loullans-les-Forges (20.000 k.), dans la Haute-Saône ; Sains-du-Nord (60.000 k.) et Etrœungt (18.000 k.), dans le Nord ; Maintenon (E.-et-L.) ; Chaumont-en-Vexin (Oise) ; Etauliers (Gironde) ; Briare (Loiret) ; etc.

Extraction de la caséine. — La caséine peut être obtenue à l'état hydraté ou à l'état sec ; à l'état insoluble ou solubilisée. En outre, on cherche à l'avoir plus ou moins

---

(1) Nous consommons en nature à peu près les 50 0/0 de notre production laitière, et 25 0/0 sont transformés en fromages.
(2) A Dos Hermanos (Tandil).

pure, suivant qu'on la destine à l'alimentation de l'homme ou à des usages industriels : d'où divers procédés d'extraction. Voici le plus simple.

On commence par coaguler le lait avec la présure ou un acide, l'acide chlorhydrique de préférence (1). Quel que soit le coagulant, on doit viser à obtenir un caillé consistant, c'est-à-dire formé, en peu de temps, à une température de 35 à 40°.

La présure a l'inconvénient d'introduire dans le lait des principes organiques qui altèrent ensuite le produit, en outre elle laisse plus de sels dans le coagulum.

Les acides ne présentent pas ce défaut, mais ils peuvent donner avec les sels du lait des composés insolubles qui demandent des lavages répétés pour être entraînés, ce qui complique les manipulations. L'acide sulfurique est à ce point de vue le moins avantageux.

Les acides communiquent en outre au sérum restant ou petit-lait leur réaction particulière, et l'on doit prendre la précaution, lorsqu'on destine ce dernier à l'alimentation des animaux, de saturer l'acide avec une solution alcaline — carbonate de soude par exemple, — que l'on verse peu à peu dans le liquide jusqu'à ce qu'il ne se forme plus de bulles de gaz dans la masse.

Il est préférable d'employer l'acide chlorhydrique, à la dose de 3 à 4 0/0, dilué dans 10 à 20 fois son poids d'eau. La proportion d'acide sulfurique à 66° B. est d'un cinquième de litre environ, additionné de cinq fois son volume d'eau par 100 litres de lait écrémé. L'acide sulfurique a l'inconvénient de donner, avec les matières minérales du liquide traité, du sulfate de chaux insoluble difficile à éliminer, et qui colore la masse en jaunâtre.

---

(1) L'acido-neutralisateur Gaulin permet d'ajouter les doses voulues d'acide. Voir § II du même chapitre.

EXTRACTION DE LA CASÉINE 137

Lorsqu'on chauffe à une température un peu élevée, 50 à 80°, la précipitation est plus rapide et plus complète.

Le caillé une fois formé, on le découpe (fig. 80 à 82) et

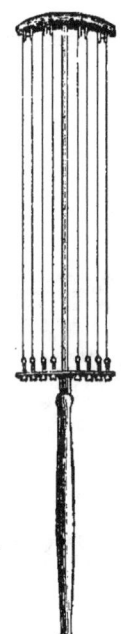

Fig. 80. — Tranche caillé à fils de laiton (Pilter).

Fig. 81. — Tranche caillé à lames verticales (Pilter).

Fig. 82. — Tranche caillé à lames horizontales (Pilter).

on le traite comme dans la fabrication du gruyère en chauffant progressivement, s'il y a lieu, jusqu'à 45° tout en brassant (fig. 83 à 85).

Lorsqu'on coagule à haute température avec une assez forte dose d'acide, et que l'on maintient le liquide en agitation, la précipitation de la caséine se fait rapidement, et les flocons formés se séparent aisément du petit-lait.

Rolet. — Industrie laitière.   8.

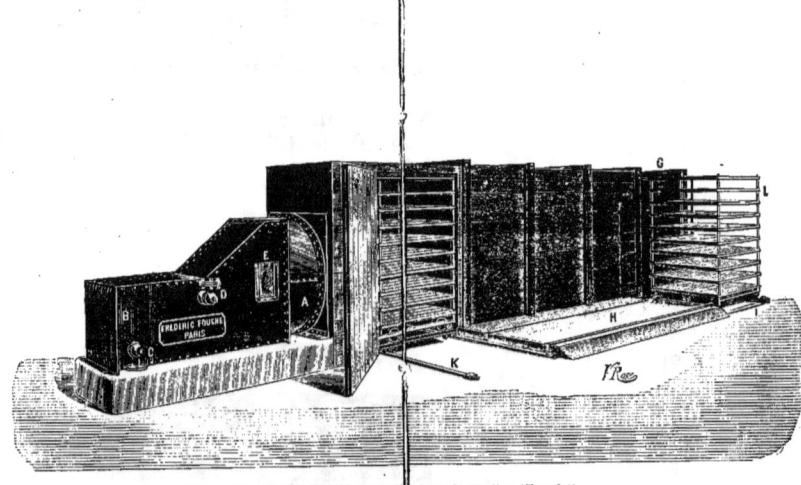

Fig. 90. — Séchoir à chariots pour la caséine (Fouché).

ABCDE, Aéro-condenseur. B. Caisse en tôle renfermant une série de radiateurs, sur lesquels un ventilateur envoie un très fort courant d'air ; D. Tube d'arrivée de la vapeur chauffant les radiateurs ; C. Sortie de l'eau de condensation ; E. Porte à coulisse pour le réglage de la température de l'air envoyé dans le séchoir. F. G. Tunnel contenant les chariots à claies sur lesquelles est étalée la caséine. On rapproche peu à peu les chariots de l'aéro-condenseur, le produit le moins sec étant en queue.

140 LE LAIT ÉCRÉMÉ

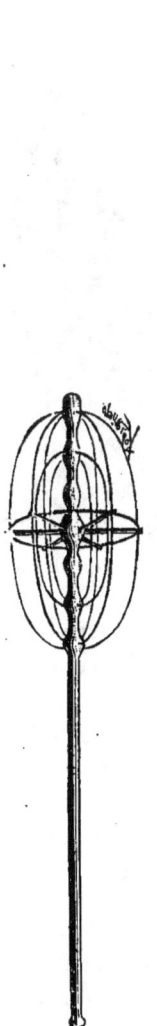 

Fig. 83. — Brassoir à fils métalliques (Pilter).

Fig. 84. — Autre brassoir à caillé.

Après quelques minutes de repos on décante le sérum, on lave le caillé à plusieurs reprises avec de l'eau tiède,

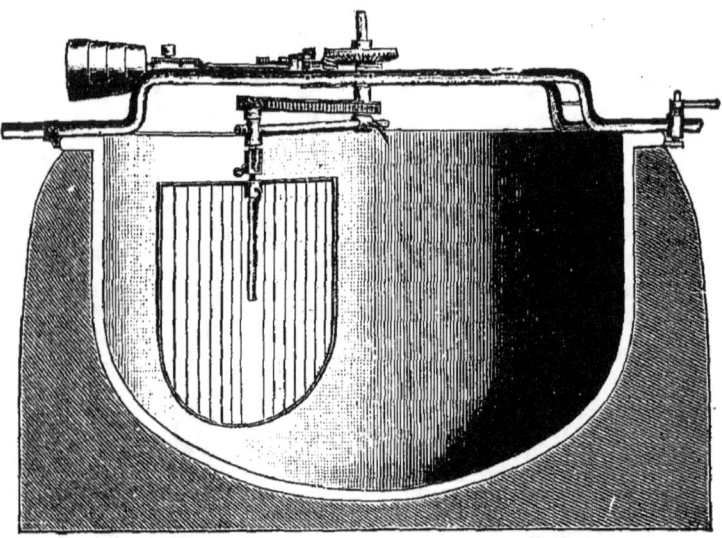

Fig. 85. — Brassoir mécanique (Jeantin aîné et fils).

puis froide, pour entraîner les sels et le sucre de lait. On soutire alors la masse solide dans des toiles et on place le tout sous la presse (fig. 86).

On obtient ainsi environ 8,5 0/0 de caséine hydratée dosant en moyenne 60 0/0 d'eau. Conservée dans cet état, elle s'altérerait facilement, à moins qu'on ne lui ajoute un antiseptique, ce que l'on doit toujours faire lorsqu'on l'expédie à une certaine distance, surtout en été.

Caséine sèche. — La dessiccation de la caséine hydratée est assez délicate. Il faut élever progressivement et lentement la température, sans dépasser 50°, pour éviter que la surface du grain, en durcissant trop, n'entrave la sortie de l'humidité encore emprisonnée dans la masse. On favorise cette dessiccation en brassant la matière et en faisant agir un courant d'air sec et chaud, ce qui permet de terminer l'opération en 24 heures.

Fig. 86. — Presse pour caillé (Laurioz, à Arbois).

On commence donc par introduire le gâteau de caséine qui sort de la presse dans un moulin à batteurs (fig. 87 à

89) qui le réduit en petits fragments. On répartit alors la matière sur des tamis à cadres que l'on empile les uns sur les autres dans une étuve. Celle-ci est analogue à celle qui

Fig. 87. — Moulin à batteurs pour diviser le caillé.

traite les matières albuminoïdes, l'hémoglobine, les peptones, le gluten, etc. Elle est généralement constituée par une chambre chauffée par de l'air chaud que produit un calorifère spécial.

Elle est pourvue, en outre, de cheminées d'appel qui entraînent la vapeur formée.

Si l'on n'a que de petites quantités de caséine à traiter, on peut l'été sécher au soleil, ou l'hiver dans un four de boulanger.

Il y a également des appareils spéciaux, tel celui représenté par la fig. 90, p. 138.

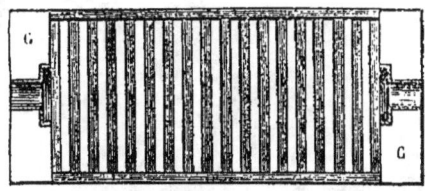

Fig. 88. — Grille.

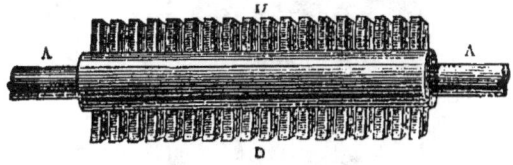

Fig. 89. — Cylindre à batteurs de l'intérieur.

La masse suffisamment sèche est broyée dans un moulin à cylindres (fig. 91), puis tamisée pour donner une poudre homogène. On peut, au besoin, passer de nouveau au moulin les parties qui sont restées sur le tamis.

La caséine sèche dose de 65 à 70 0/0 de caséine pure, titrant 11 à 11,5 0/0 d'azote, et 12 à 13 0/0 d'eau. C'est la caséine du commerce, poudre en petits grumeaux durs, fins, blanchâtres, inodores, sans goût, très hygroscopiques, devant être conservés par conséquent dans un local sec.

On estime que 33 litres de lait écrémé donnent à peu près 1 kg. de caséine sèche. En admettant que le prix de vente de cette dernière soit de 0 fr., 85 le kilo — il varie du simple au double, de 0 fr., 60 à 1 fr., 10, — le litre de lait ressortirait à 2 c., 57, dont il reste à déduire les frais de fabrication, de transport, etc. Les caséineries achètent

Fig. 91. — Broyeur à cylindres en granit pour la caséine (Fouché).

en général le lait écrémé 1 fr. 50 à 1 fr. 75 l'hectolitre. On voit que dans certaines conditions la fabrication de la caséine ne laisse qu'un bien faible bénéfice. Il ne faut pas oublier cependant que le petit-lait restant renferme encore 5 0/0 de sucre de lait et 1 0/0 de matière azotée.

Il semblerait que les beurreries coopératives et les industriels qui extraient la caséine dussent eux-mêmes utiliser cette dernière soit pour les préparations alimentaires, soit pour certains objets industriels : ils tireraient ainsi le maximum de profits que peut donner le sous-produit de la beurrerie.

Caséine purifiée. — Pour obtenir de la caséine à peu près pure, on procède à des précipitations, puis à des solubilisations successives, séparées par des lavages appropriés.

La méthode brevetée de Hatmaker consiste à chauffer le lait écrémé à 38° C., puis à ajouter de l'acide sulfurique dilué. Après avoir siphonné le petit-lait on lave la caséine, puis on la presse. La caséine sèche est alors redissoute dans une solution de bicarbonate de soude. On agite en chauffant progressivement, et l'on ajoute de l'eau pour amener le tout à avoir à peu près la consistance du lait. On précipite de nouveau par l'acide, on lave, puis on ajoute encore du bicarbonate, de l'eau, et on turbine pour séparer les impuretés et les sels insolubles. Le liquide purifié est enfin traité par l'acide, qui précipite la caséine.

MM. Jules Jean et Juste Bougard ont fait breveter un procédé qui peut s'appliquer aussi bien au fromage blanc mou qu'au lait écrémé. La précipitation est obtenue par l'emploi de l'acide lactique ou de l'acide hydrofluosilicique, séparément ou simultanément. Le premier de ces deux réactifs serait préférable, car il donne, avec les matières minérales du lait, des composés solubles faciles à éliminer, et, en outre, il n'introduit dans le petit-lait aucun principe pouvant entraver la préparation ultérieure, soit du sucre de lait, soit de l'acide lactique.

Quant à l'acide hydrofluosilicique, les auteurs conseillent de l'employer de préférence lorsqu'on a en vue la préparation de la caséine seule ou de l'acide lactique (1).

Lorsqu'il s'agit de traiter le fromage mou obtenu avec le lait écrémé, on commence par le délayer dans de l'eau ou du lait écrémé, que l'on additionne ensuite d'un alcali ou d'un sel alcalin. C'est cette solution de caséine que l'on traite alors par les acides ci-dessus. Il ne reste plus qu'à laver, essorer, presser et sécher.

Caséine alimentaire. — La caséine purifiée est surtout employée pour la préparation de pains spéciaux, de biscuits et aussi de produits pharmaceutiques. Mais peut-être faudrait-il, pour faciliter la vulgarisation d'un tel usage de la caséine, que l'on ne multipliât pas trop les manipulations que l'on fait subir à cette dernière, car alors son prix de revient s'en ressent trop. C'est ainsi que certaines caséines de luxe valent, par exemple, jusqu'à 20 fr. le kilo, prix qui, naturellement, met un obstacle insurmontable à la généralisation de l'emploi de tels produits.

D'ailleurs, certains sels du lait que l'on cherche à éliminer, les phosphates, entre autres, sont favorables à la nutrition.

Dans la fabrication des pains et des biscuits, la caséine peut donner des rendements de 140 à 150 0/0. Mais il importe de bien préparer ces derniers, de bien les sécher, sans quoi leur conservation serait mal assurée. Il est vrai

---

(1) Voyez chapitre V, § III de la deuxième partie.

que l'incorporation de la caséine dans la pâte est assez difficile.

Ces produits constituent des aliments concentrés très nourrissants, convenant tout particulièrement aux explorateurs, voyageurs, marins, soldats, etc.

Il est à souhaiter que les démarches faites par le conseil d'administration de la Société d'encouragement à l'industrie laitière, sur la demande de la Chambre syndicale des fabricants de caséine, auprès des Ministres de la Guerre et de la Marine, aient pour résultat de faire adopter le pain à la caséine pour la troupe.

A ce sujet, le Conseil a eu l'occasion d'examiner un échantillon de pain de luxe et un de biscuit pour soldat additionnés de 30 0/0 de caséine, qui lui avaient été soumis par M. Ligneau, directeur des usines d'Azac.

Caséine soluble. — D'une façon générale, on obtient la caséine soluble en dissolvant la caséine hydratée ou sèche dans les alcalis, les carbonates alcalins, le phosphate de soude, etc., et en évaporant à siccité à basse température sous l'influence d'un courant d'air sec.

Ainsi, dans le procédé breveté Hatmaker on fait dissoudre 50 à 80 kilos de caséine, suivant qu'elle est plus ou moins sèche, dans une solution chauffée à 40-45°, obtenue en traitant 500 à 700 gr. de bicarbonate ou de phosphate de soude, ou encore de potasse, de soude, par 93 litres d'eau. On dessèche ensuite.

Préparations diverses. — Suivant le dissolvant employé et les matières auxquelles on associe quelquefois la caséine, le produit obtenu porte différents noms, comme l'eucasine, l'eulactol, le plasmon ou caséon, etc., que l'on utilise dans la pharmacopée ou l'alimentation associés au chocolat, au pain, etc.

L'*eucasine* est le précipité obtenu en faisant passer un courant d'ammoniaque dans une émulsion de caséine alcoolisée.

L'*eulactol* résulte de la dessiccation d'un mélange de lait, de substances végétales riches en azote et solubilisées, d'hydrates de carbone, de phosphate de chaux, de chlorure de sodium et de bicarbonate de soude.

La *nutrose* est obtenue en faisant bouillir une émulsion alcoolique de caséine dans de la soude caustique. Dans la *galactogène* la soude est remplacée par un sel potassique.

Si l'on coagule la caséine du lait écrémé par de l'acide acétique, puis qu'on lave le précipité avec de l'alcool méthylique, et qu'enfin on additionne de 5 0/0 de glycérophosphate de sodium, on obtient, après dessiccation lente, la *sanatogène*.

L'*albumine hygiénique de Nikol* résulte d'un mélange de caséine pure obtenue par précipitations et dissolutions successives par l'acide chlorhydrique et un alcali avec une préparation de sang de bœuf contenant une combinaison organique de fer. Ce produit est employé pour combattre l'anémie.

En Amérique, le *faracurd* remplace l'albumine des œufs dans les préparations culinaires. C'est un mélange de caséine précipitable par les acides et de caséine précipitable par la présure.

Dans le procédé breveté de O. Eberhard on coagule le lait écrémé, puis on dissout la caséine soit dans une liqueur alcaline (6 0/0) additionnée ensuite d'un peu d'acide chlorhydrique ou phosphorique, soit dans cinq fois son poids d'acide sulfurique à 20 0/0. Dans ce dernier cas, on sature par de la craie ou du carbonate de baryte.

On ajoute ensuite de la trypsine, qu'on laisse agir pendant trois heures.

D'autre part, le petit-lait séparé du coagulum est évaporé dans le vide jusqu'à ce que le produit renferme 60 0/0 de matière solide. On le laisse alors refroidir et cristalliser. Au bout de douze heures, la plus grande partie du sucre de lait s'est précipitée. On décante, et le liquide est mélangé à la solution de caséine déjà préparée. On fait bouillir ce mélange et on filtre. Le filtratum est enfin évaporé dans le vide jusqu'à consistance sirupeuse. Pour améliorer le goût, on peut auparavant ajouter du sel marin, des phosphates, du jus de viande, etc.

Nous verrons plus loin, dans un paragraphe spécial, les multiples usages de la caséine dans l'industrie (1).

9. — De la fabrication des fromages maigres.

L'expérience semble avoir démontré que la fabrication des fromages entièrement maigres, dans les conditions où l'on y procède en général, ne devrait venir qu'en troisième ligne pour mettre à profit le résidu de l'écrémage mécanique, c'est-à-dire seulement après avoir été assuré de l'impossibilité où l'on se trouve d'écouler le liquide en nature ou de le faire passer par le corps des animaux. Une restriction serait à faire cependant pour ce qui concerne le fromage blanc frais.

La transformation en fromage de la caséine d'un tel lait ne serait guère, en effet, avantageuse, que si l'on peut obtenir, pour ainsi dire, des produits irréprochables comme qualité, tout en étant certain de leur trouver des débouchés rémunérateurs.

La vente de cette sorte de marchandise laisse beaucoup à désirer quant aux prix, car, soit faute des connaissances spéciales que réclame le traitement des pains en cave pen-

---

(1) Voyez § III.

dant leur maturation, soit négligence dans les soins généraux de traitement du caillé, sous prétexte que les fromages en question n'ont qu'une valeur secondaire, on obtient, en réalité, la plupart du temps, des produits défectueux.

En ce qui concerne le lait des centrifuges, on n'a plus à redouter l'excès d'acidité qui peut naître dans le liquide maintenu au repos lorsqu'on suit le mode de crémage spontané. Malheureusement il y a aussi le revers de la médaille. Le lait traité mécaniquement est moins riche, comme nous l'avons déjà dit, en galactase, ce ferment non figuré, sorte de diastase protéolytique qui préexiste dans la liqueur lactée, et que la force centrifuge précipite en partie avec les boues et les globules gras. Or, ce principe est des plus utiles dans la maturation du caillé. Il s'ensuivrait qu'un fromage fabriqué avec du lait ayant subi la centrifugation donnerait un produit de moins bonne qualité. Ce fait a d'ailleurs été constaté bien des fois par les praticiens eux-mêmes. Voici à ce sujet l'opinion d'un de ces derniers, M. Abaye (1) :

« Le lait écrémé des centrifuges est d'un dangereux emploi dans la fabrication des fromages, parce que ses effets sont très irréguliers et très bizarres, et qu'il se produit parfois dans les fromages des veines noirâtres dont on ne peut découvrir ni la cause ni le remède. En outre, ce lait turbiné donne au fromage quel qu'il soit un aspect gélatineux toujours reconnaissable et une tendance inévitable à ne pas s'affiner au degré voulu. »

Dans les laiteries industrielles, les beurreries coopératives, le lait écrémé est souvent stérilisé avant de le rendre aux fournisseurs. Rappelons à ce propos que le lait chauffé se montre moins sensible à l'action de la présure, le caillé est moins cohérent, floconneux. Il y a sans doute

---

(1) Pouriau, *La Laiterie*, p. 450, Paris.

insolubilisation de certains sels de chaux pendant le chauffage. Pour enrichir le liquide en sel de chaux soluble nécessaire à une parfaite coagulation, le docteur Klein, de Proskau, propose d'ajouter du chlorure de calcium. Avec le fromage de Limbourg, l'expérimentateur a ainsi préparé un produit de meilleure qualité avec une plus-value dans le rendement.

Il est certain que dans le lait porté à une haute température la grande majorité des êtres microbiens utiles à la fermentation est détruite. On peut remédier en partie à ce défaut en ajoutant au liquide un peu de lait ordinaire, de fromage fermenté ou de lait aigri qui apporteront, outre les ferments figurés nécessaires, encore une certaine quantité de galactase.

En résumé, il résulterait de tout cela que la préparation des fromages exclusivement avec le lait des centrifuges n'est pas à conseiller, mais qu'il serait préférable d'additionner toujours ce dernier d'une certaine quantité de lait entier, ou encore d'employer du lait écrémé au repos. Les résultats de l'expérience ont depuis longtemps sanctionné cette pratique; ils s'expliquent, d'ailleurs, par le fait qu'en apportant, par exemple, un dixième de lait pur, on fournit du même coup à la masse de liquide à mettre en œuvre les principes utiles que la centrifugation a éliminés.

C'est surtout en été, alors que le beurre se vend le meilleur marché, et que la maturation des pâtes molles maigres est plus facile à conduire que celles de lait entier, qu'il est préférable de fabriquer des fromages maigres avec du lait écrémé aux deux tiers seulement, ou encore à cette même époque, pendant laquelle on arrête la fabrication de certains fromages de préparation difficile pendant la saison estivale.

Quoi qu'il en soit, le travail des fromages maigres demande des soins intelligents tout particuliers, de l'observation dans les manipulations, de façon à pouvoir modifier les procédés de fabrication suivant les circonstances. De plus, par suite de l'absence de matière grasse et de galactase dans la masse, les transformations chimiques que subit ultérieurement celle-ci étant modifiées, il convient de modifier également le procédé d'affinage.

Par exemple, le lait des centrifuges sera laissé quelques heures au repos dans un endroit frais après sa sortie de l'appareil. On recommande aussi de le pasteuriser; mais il ne faudrait pas alors le porter à une trop haute température. D'ailleurs, il ne faut point viser à l'obtenir tout à fait vierge de microbes, puisque ceux-ci sont utiles pendant la maturation. Pour activer cette dernière, on est porté à trop chauffer la cave d'affinage, ce qui peut faire naître le goût de fort et nuit toujours à la qualité. On remédie en partie à la nature de la pâte, qui reste souvent sèche et friable, surtout dans les fromages durs, en conservant dans le caillé plus d'humidité. La mise en présure se fera donc à une température un peu plus faible; la coagulation sera plus longue, l'égouttage moins parfait, la cave d'affinage plus humide, etc. Cependant, un excès d'humidité peut être funeste, car il contribue au développement de micro-organismes qui occasionnent quelquefois des veines noires dans la pâte. Ce sont là des considérations générales, car chaque nature de fromage demande un travail particulier, et la différence est surtout bien marquée entre les pâtes molles et les pâtes dures.

Quant à la valeur nutritive des fromages maigres, nous ne pouvons que répéter ce que nous avons dit sur ce sujet à propos du lait dont ils proviennent : bien que dépourvus, ou à peu près, de matière grasse, ils n'en constituent pas moins, pour la classe ouvrière, un aliment sain, nourrissant et à bon marché. Ainsi, d'après Schatzmann, le fromage en question, comparativement à la viande, nourrit

154   LE LAIT ÉCRÉMÉ

deux fois plus que ce dernier aliment, tout en coûtant moitié moins cher. La viande maigre de bœuf dose, en effet, 20,6 0/0 de protéine, et le fromage 32,7.

Il est certain que l'on peut fabriquer des produits maigres dans toutes les variétés de fromages, mais il en est qui se prêtent mieux à ce genre de fabrication.

Fromages blancs maigres. — Dans les fermes où l'on ne dispose que de petites quantités de lait écrémé, le procédé le plus simple et le plus économique consiste à transformer ce dernier en fromage que l'on consomme au sortir du moule : c'est le fromage mou ou à la pie. On peut laisser cailler le lait de lui-même après avoir enlevé la crème dans le cas de crémage au repos; mais il faut alors maintenir le liquide dans un endroit frais, à 10-12°, pour que la crème ait le temps de monter avant la prise du lait. Si l'on a affaire au lait de centrifuge, il est préférable d'ajouter de la présure après avoir chauffé le lait à

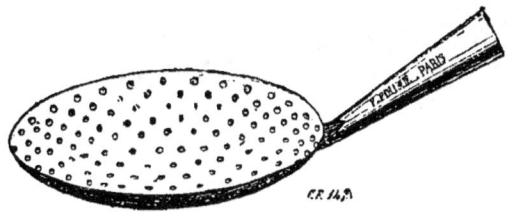

Fig. 92. — Écumoire à dresser les fromages (Fouché).

23-25°. Dans tous les cas, il faut peu de présure pour que le lait se prenne lentement.

Le caillé formé est ensuite réparti à l'aide d'une écumoire (fig. 92) dans des moules (fig. 93) en terre, en bois, en osier ou en fer, de grandeur et de forme variables, et dont les parois, ou le fond seulement, sont percés de trous. Des planchettes disposées à la surface et chargées de poids quelconques accélèrent la sortie du petit-lait, que l'on favorise d'ailleurs encore en maintenant la température de

Fig. 93. — Moules pour fromages blancs (Gaulin).

la pièce à 18-19°. Les supports sur lesquels on place les moules doivent être un peu inclinés pour faciliter l'écoulement du petit-lait (fig. 94). Quand les fromages sont bien égouttés, on les sort des moules et l'on peut immédiate-

Fig. 94. — Table à dresser les fromages (Fouché).

ment les consommer tels quels ou additionnés de produits divers, sel, ciboule, crème, etc. (1).

Dans les grandes villes les laits invendus sont souvent employés à la préparation de fromages blancs, après avoir été plus ou moins écrémés. On emploie alors des moules spéciaux en bois de 28 centimètres de diamètre et

(1) Dans le Limbourg on fait avec le lait écrémé un type de fromage blanc et mou appelé Maki.

156 LE LAIT ÉCRÉMÉ

et 6 de hauteur dont le fond est formé de baguettes d'osier (fig. 95).

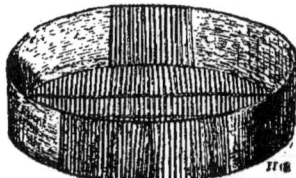

Fig. 95. — Grand moule pour fromage blanc (Fouché).

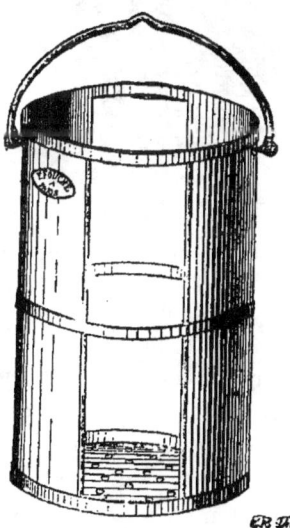

Fig. 96. — Topette pour le transport des fromages blancs (Fouché).

D'après Pouriau, 10 litres de lait partiellement écrémé donnent 3 kilos de fromages vendus aux détaillants 1 fr. 20, à Paris (1). Ces derniers se servent pour la vente

(1) Dans les coopératives de Hongrie on ne tire guère du lait écrémé, par ce procédé, qu'un revenu brut de 1 c. 617, sans compter les frais de fabrication, car les pertes de fromages en été sont très élevées. L'extraction de la caséine donne un résultat plus satisfaisant.

en morceaux d'un appareil spécial. Le transport de ces fromages se fait dans des topettes (fig. 96).

On emploie aussi ce fromage blanc pour la préparation du fromage à la crème. A cet effet on pétrit le caillé avec de la crème fraîche sur un tamis double en crin à l'aide d'un pilon en bois (fig. 97). Quand la pâte est bien homo-

Fig. 97. — Tamis en crin et pilon pour la préparation des fromages à la crème.

gène on la verse dans un moule en osier tapissé d'une mousseline à l'intérieur, et on laisse égoutter. D'après l'auteur cité, ces fromages se vendent de 0 fr. 30 à 1 fr. Pendant la saison chaude, pour empêcher l'altération rapide de ces fromages, durant quelques jours, on les sale (fig. 98) bien uniformément avec du sel séché sur une tôle et très fin (fig. 99) à raison de 2 0/0. Les fromages ainsi obtenus sont dits demi-sel.

Quelquefois on n'utilise pas immédiatement les fromages maigres au sortir du moule, et alors on les lave à grande eau, puis on les sèche, soit au soleil après les avoir accrochés aux chevilles d'un dispositif spécial (fig. 100), soit au four. Ils acquièrent ainsi souvent une grande dureté (fromages à la cognée).

Au moment de les utiliser, pour les rendre plus appé-

158 LE LAIT ÉCRÉMÉ

tissants on les soumet à diverses manipulations qui ont pour objet principal, d'abord de leur rendre une partie de l'humidité, ensuite de favoriser dans leur masse une ac-

Fig. 98.— Salière à fromages.

Fig. 99. — Moulin à sel.

tive fermentation qui leur communique une odeur piquante et une saveur forte.

A cet effet, après les avoir imbibés de bière, de lie de

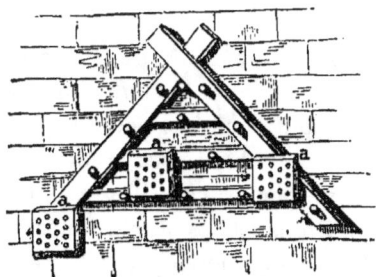

Fig. 100.— Appareil à chevilles pour le séchage des fromages.

vin ou encore de vin blanc, de vinaigre, on les dispose par couches dans des caisses ou dans des pots en terre dans un endroit chaud, et on les arrose de temps à autre avec un des produits mentionnés ci-dessus, auquel on ajoute aussi quelquefois des épices, ou bien on interpose entre les pains des feuilles de cresson, du foin, des orties, que l'on a fait séjourner quelque temps dans l'eau chaude.

La cancoillotte. — Souvent, en hiver, la production des vaches est trop faible pour aller livrer le lait à la fromagerie voisine, et de ce fait, cette dernière ne pouvant disposer, dans certaines régions, de la quantité de liquide suffisante pour faire un gros fromage — de gruyère par exemple, — on préfère de part et d'autre, dans ces conditions, fabriquer du beurre.

Dans ce cas, le meilleur usage que l'on puisse faire du lait écrémé c'est de préparer de la cancoillotte.

C'est une variété de fromage particulière à la région de l'Est, où on la connaît aussi sous le nom de « fromagère ». Elle y est très appréciée des populations rurales et, en outre, elle commence à être consommée en quantités assez notables en dehors de son lieu d'origine. Ce produit trouve en effet un écoulement facile dans la classe ouvrière des grandes villes, et on en fait des envois assez importants à Paris, Lyon, etc.

Cette sorte de pâte jaunâtre, à goût et à odeur caractéristiques, se prête fort bien à la confection des tartines, ce qui n'est pas sans contribuer un peu à la faire apprécier. On la prépare tout aussi bien avec le lait écrémé au repos qu'avec le lait traité par les centrifuges ; aussi, comme la conduite des opérations est des plus simples, la production, localisée autrefois uniquement dans la ferme, s'est-elle étendue à nombre de fromageries et de beurreries centrifuges.

Comme dans toute fabrication de fromage, il faut commencer par cailler le lait ; mais ici il n'est point fait usage de présure ou d'un autre coagulant, si ce n'est d'un principe acide qui se forme dans le lait lui-même.

A cet effet, le lait écrémé est abandonné à l'acidification naturelle amenée par l'action des ferments lactiques dont le liquide s'ensemence toujours après la traite. L'été, la coagulation ne tarde pas à se produire, mais en hiver il faut autant que possible, pour hâter la fabrication, maintenir dans la pièce une température de 20-25° environ.

Lorsque le lait est caillé on le chauffe au bain-marie vers 50° pour activer la rétraction de la caséine et chasser l'excès de petit-lait, que l'on soutire au fur et à mesure.

On puise ensuite le coagulum avec une écumoire ou tout autre ustensile, et on le dépose dans une toile pour le laisser égoutter. Quand la plus grande partie du liquide s'est écoulée, on presse le gâteau pour en chasser les dernières portions et finalement on l'émiette. Il ne reste plus alors qu'à laisser la masse fermenter dans un récipient en terre pendant six à sept jours à la température de 25° environ, en remuant tous les jours. L'hiver, si l'on n'a pas de local spécial pour maintenir la température voulue, la fermentation dure naturellement plus longtemps qu'en été. D'ailleurs, on est guidé en cela par l'aspect que prend le produit. La masse devient jaunâtre, onctueuse, en contractant une odeur particulière. A cet état la matière est connue sous le nom de *metton*, que l'on vend quelquefois ainsi en agglomérations granuleuses plus ou moins volumineuses aux femmes de la campagne, qui se chargent elles-mêmes de terminer la fabrication. 100 litres de lait donnent environ 5 à 6 kilos de ce metton, qui, à son tour, va fournir 6 à 8 kilos de cancoillotte, vendue en moyenne 0 fr. 90 le kilo.

La deuxième phase de la préparation consiste à chauffer le metton sur un feu modéré en ajoutant, suivant le goût des consommateurs, du beurre, du lait bouilli, du fromage blanc, du sel, ou tout simplement de l'eau. On agite le tout pour bien mélanger et obtenir une pâte aussi homogène que possible, sans grumeaux.

Quand la masse est devenue assez épaisse, on la répartit dans des bols, et le fromage est prêt à être mangé.

L'été, cette préparation ne saurait se conserver longtemps; aussi doit-on la refondre de temps en temps pour l'empêcher de s'altérer. Pour l'expédier on le chauffe en vase clos.

Le *sauermilchkäse*, que l'on fabrique en Carinthie, a quelque analogie avec la cancoillotte (1).

Le *fromage fort de la Meuse* se prépare d'une façon à peu près semblable aussi; il se différencie de cette dernière surtout en ce qu'il est mis en moule pendant vingt-quatre heures, et qu'il peut se conserver plus longtemps.

Dans le *fromage fort du Morvan* on utilise des fromages maigres secs que l'on découpe en fines tranches. Celles-ci sont réparties en couches dans des pots où elles alternent avec du gruyère, de la crème. On additionne de poivre, de sel, etc.; on verse sur le tout du vin, de l'eau-de-vie; on recouvre de feuilles de noyer, et quinze jours après le fromage est prêt.

Fromage maigre de Neufchâtel. — La mise en présure est réglée de façon à ce que la coagulation dure environ quarante-huit heures au lieu de vingt-quatre, temps ordinaire. La pâte paraît ainsi beaucoup plus moelleuse et donne un rendement plus élevé. On remplit ensuite les moules en lattes ou en osier garnis d'une toile. On retire après douze heures environ, et l'on porte les fromages, entourés de leurs toiles, pour les placer dans un

---

(1) De même le Steirerkäse est fait avec du lait écrémé aigri, chauffé à 40° et additionné de sel, de cumin et de poivre. Il est vert blanchâtre, de goût et d'odeur piquants.

appareil à pression, ou simplement dans une caisse, et on dispose à la surface une planche chargée de poids. Après douze nouvelles heures l'égouttage du petit-lait est terminé. Pour ces fromages maigres l'expulsion du sérum ne doit cependant pas être aussi parfaite que pour les bondons ordinaires ou à *tout bien* obtenus avec le lait non écrémé.

Le caillé pétri sur une toile est remis dans des moules, petits cylindres de fer-blanc de 5 centimètres et demi de diamètre et de 6 à 7 de hauteur (fig. 101), ouverts aux deux extrémités et destinés seulement à donner une forme à la masse de caillé, que l'on retire aussitôt après avoir ébarbé avec un couteau les parties qui dépassent.

Les fromages salés sont portés au *haloir* après vingt-quatre heures d'égouttage. Là on les retourne le plus souvent possible sur la paille sèche. Au bout de deux à trois semaines les pains sont recouverts de moisissures (fig. 102). On les passe alors dans la cave d'affinage, où on les tient debout en les retournant tous les trois ou quatre jours au début. Quand le rouge paraît, soit après trois semaines, on les envoie aux négociants, qui les gardent encore une quinzaine de jours.

Fig. 101. — Moule pour fromage « bondon ».

1000 litres de lait écrémé peuvent donner de 1000 à 1200 bondes, vendues 5 francs le cent à Paris, ce qui fait ressortir à 5 à 6 centimes le kilo de lait écrémé.

Fromage de foin. — Ce fromage, fabriqué principalement dans le pays de Bray, en Normandie, est ainsi désigné parce qu'on le fait mûrir dans du foin humide.

Le lait écrémé étant chauffé à 27-30°, suivant la saison, on le met en présure de façon que sa coagulation soit terminée en une heure. On découpe alors le caillé, on laisse en repos un quart d'heure à vingt minutes, et on décante le petit-lait. La masse de caillé, bien pressée, étant débarrassée de son sérum, on la passe dans des moules de 18 centimètres de hauteur, 35 de diamètre au bord supérieur et 30 seulement à la base. Cette mise en moule dure environ une demi-heure, laps de temps pendant lequel on revient à plusieurs reprises presser sur le caillé, jusqu'à ce que sa consistance soit suffisamment ferme pour que l'on puisse le sortir et le renverser dans le moule pour le presser de même. Le gâteau est enfin retiré et placé dans un cercle en bois n'ayant que la moitié de la hauteur du moule, et on le laisse ainsi se ressuyer pendant deux jours. On le sale alors, puis on le porte au haloir (fig. 103), où on le retourne tous les huit jours.

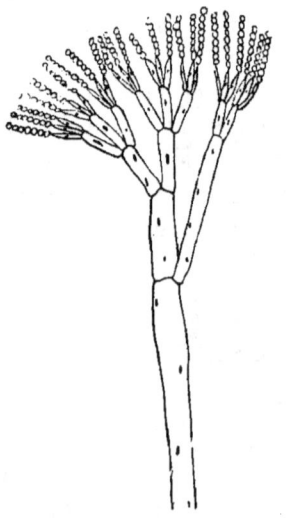

Fig. 102. — *Penicillium glaucum.*

Quand il est suffisamment sec, c'est-à-dire après trois à quatre semaines, on le passe à la cave d'affinage, où on l'enveloppe dans du foin. On en entasse ainsi sur le sol quatre ou cinq en pile dont on doit surveiller la maturation. Les fromages sont bons à manger après deux à cinq mois, selon la saison et le goût des consommateurs.

Le rendement est d'environ 6 0/0 de fromage passé valant environ 1 fr. 20 le kilo, d'après M. Pommel, qui indique aussi comme meilleure saison pour cette fabrication délicate *après août.*

Un fromage pèse environ 3 kilos.

Fromages maigres de Beauce. — Nous empruntons à l'article de M. Adolphe Hirsch publié dans le *Journal d'agriculture pratique* les renseignements suivants sur cette variété de fromage.

Le lait aussitôt après la traite est distribué dans des pots

Fig. 103. — Haloir pour fromages.

en grès de deux litres et demi à trois litres rangés sur des rebords, ou remparts, ménagés tout autour de la cave; chaque ferme possède sa cave creusée dans le roc; souvent il y en a deux, la première profonde de deux mètres, la seconde de 5 à 6 mètres. C'est cette dernière qui, naturellement, est la plus fraîche. Ces caves, creusées dans le calcaire fissuré de Beauce, sont toujours humides, surtout dans les saisons pluvieuses.

UTILISATION DU LAIT ÉCRÉMÉ

La fermière apprécie, à l'aspect de la crème et à la couleur du liquide sous-jacent, si le maximum de la matière grasse s'est séparé, et elle enlève alors la crème avec une passoire en cuivre. Elle fabrique ainsi au plus 3 kg. 4 de beurre pour 100 de lait.

Le lait aussitôt écrémé est mis en présure dans les pots mêmes et à froid, de sorte qu'il faut ainsi une assez grande quantité de présure liquide. Selon la saison la coagulation est complète après douze à quarante-huit heures.

Les pots de caillé sont alors montés dans la première cave, moins froide, où se font les fromages.

Les formes (fig. 104 et 105), d'un diamètre d'environ

Fig. 104.— Moule à fromage de Brie (Vautier frères).

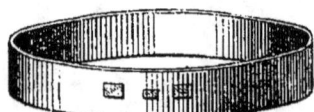

Fig. 105. — Eclisse pour fromage de Brie (Vautier frères).

$0^m,20$ et de $0^m,12$ à $0^m,15$ de hauteur, sont posées sur des tournettes ou plateaux en osier, reposant elles-mêmes sur de petites claies en bois (fig. 106), posées en travers du bassin d'égouttage. On les emplit de caillé correspondant à peu près à 14 à 15 litres de lait.

On laisse les fromages s'égoutter pendant vingt-quatre heures, puis on les sort de l'éclisse et du linge qui les enveloppait, et après vingt-quatre nouvelles heures d'égouttage on les sale sur les deux faces, après avoir, avec un couteau, paré les bords.

Le fromage ainsi préparé est mis dans une cage en osier, puis on le fait sécher à l'air, ou encore, si le temps n'est pas propice, on le laisse séjourner une à deux heures dans un four de boulanger le lendemain du jour où l'on a cuit le pain, lorsqu'il n'est que tiède.

Les soins pendant les premiers jours consistent à retourner le pain chaque jour une ou deux fois en le plaçant chaque fois sur une tournette sèche.

Le fromage, qui n'avait au sortir du moule que 4 à 5 centimètres d'épaisseur, voit celle-ci se réduire encore à trois centimètres, quand il a environ une semaine.

Le séchage et l'égouttage continuent dans un local aéré, la maison d'habitation en général. Les tournettes sont posées sur des lattes fixées aux poutres des plafonds. On prend les soins que nous avons indiqués. Le fromage se recouvre peu à peu de moisissures qui, du blanc passent au bleu (penicillium glaucum) (fig. 102). La fermière en

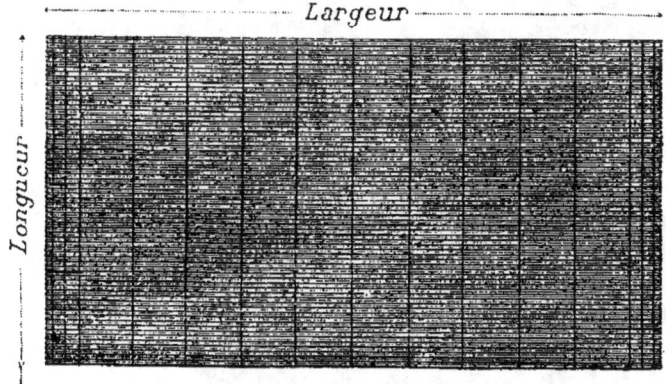

Fig. 106. — Clayon en bois de stores (Ballauf et Petitpont).

favorise le développement régulier sur toutes les faces en retournant de temps en temps le fromage.

Quand le bleuissement est trop rapide on le ralentit en mettant le fromage pendant deux ou trois heures au four tiède. Le bleuissement mal réglé et trop prononcé donne des fromages à croûte épaisse. Le fromage sèche de plus en plus. Sa surface devient grisâtre et sa pâte plus ferme à la pression. Il est alors bon pour l'affinage, il a à ce

Fig. 107. — Cave d'affinage pour fromages.

moment un mois et demi à deux mois et demi. Cet affinage se fait dans la première cave. On peut construire également une pièce spéciale (fig. 107). Pour hâter la maturation on empile les fromages ; pour la ralentir on les isole les uns des autres.

C'est par la résistance à la pression des doigts que la fermière juge du degré d'affinage. La pâte doit rester ferme et élastique, et l'élasticité uniforme au centre comme à la périphérie. Le fromage est bon à consommer lorsqu'il est mou, sans couler, dans toute sa masse. Il a alors un diamètre de $0^m,20$ et une épaisseur de 3 à 4 centimètres. La pâte est jaunâtre, d'autant plus vitreuse et cornée que l'affinage est plus avancé et que le lait a été plus écrémé.

La confection d'un fromage affiné demande de 4 à 6 mois. On le vend alors 1 fr. à 1 fr. 10. Quelquefois la fermière préfère le vendre bleu, non encore complètement affiné, elle en tire alors 0 fr. 80.

Quand on veut écouler moins rapidement les produits, on emploie un mode d'affinage beaucoup plus long, mais aussi donnant des fromages de goût plus délicat. A cet effet, ces derniers étant encore bleus et secs sont empilés et bien enveloppés dans une caisse que l'on met dans un coin à l'abri de l'air. On n'y touchera plus jusqu'à la fin de l'opération. La pâte reste sèche, grise, et ne prend pas cet aspect corné des fromages mûris à la cave. Ils ne sont bons à consommer qu'après dix mois et parfois un an.

Lorsqu'il s'agit du lait écrémé à la centrifuge, on écrème aussitôt après la traite, on enlève la mousse formée à la surface du lait maigre et on met en présure dans des seaux d'une quinzaine de litres, la quantité nécessaire pour un fromage. Ce procédé permet d'éviter de laver et d'échauder chaque jour un trop grand nombre de pots. Comme ici le liquide est à 35-36°, on ne met pas plus de présure que dans le cas de l'emprésurage à froid dans les pots de trois litres.

Quand le lait est coagulé, on découpe le caillé avec un

couteau en bois. On continue les opérations comme nous l'avons indiqué plus haut.

Le fromage ainsi obtenu n'a pas tout à fait le même goût ni le même aspect que dans le cas du crémage au repos. Lorsqu'il est mûr il est jaune, d'aspect vitré et de goût un peu différent, ce qui est une des causes de l'abandon des centrifuges pour cette fabrication particulière. Mais le défaut tient surtout à l'excès de présure souvent ajouté. Les essais tentés par l'auteur de l'article chez M. Crosnier, à Pruneville, ont montré qu'avec des précautions on peut arriver à de bons résultats avec les écrémeuses mécaniques, sans compter qu'on obtient environ 1 kg de plus de beurre par 100 litres de lait, soit 27 0/0 en plus.

Le Mont-d'Or lyonnais. — En été le lait de vache qui sert à la préparation de ce fromage est en partie écrémé. On emprésure à 22-30° (fig. 108, 109), suivant la saison, même à 36° en été, et après avoir ajouté le colorant. La

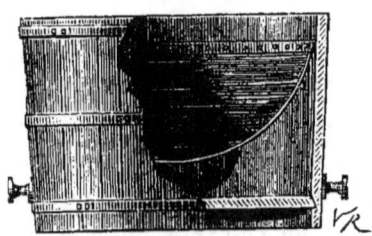

Fig. 108. — Cuve à fromage (Bréhier).

durée de la coagulation est de vingt à trente minutes. Le caillé une fois divisé est laissé au repos pour le séparer du petit-lait, puis on soutire ce dernier. Le coagulum est mis à s'égoutter sur des toiles, et l'on procède à la mise en moules. Ceux-ci sont en bois ou en fer-blanc et mesurent environ sept centimètres de hauteur sur douze de diamètre et disposés sur des paillassons.

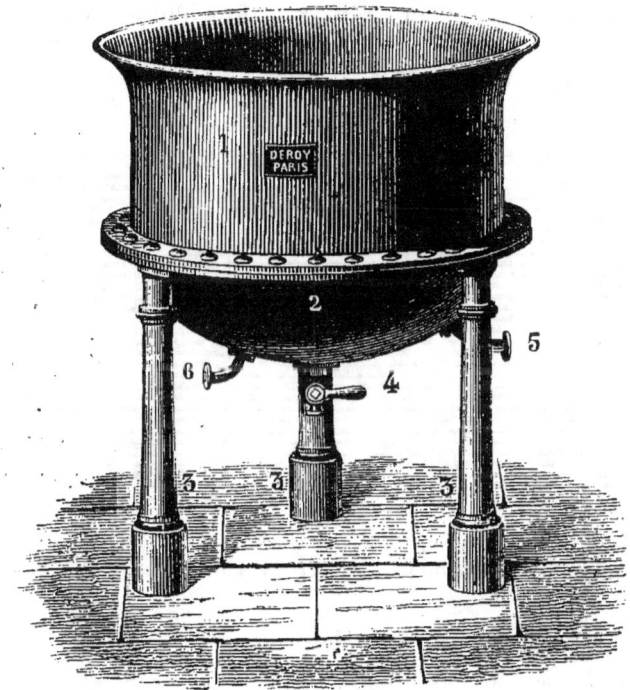

Fig. 109. — Cuve à vapeur pour fromagerie (Deroy, à Paris).

On couvre quelquefois le fromage d'un disque de bois que l'on charge d'une brique pour accélérer la sortie du petit-lait. Dans ce même but la salle de dressage doit avoir une température voisine de 19 degrés. On retourne toutes les deux ou trois heures. Les pains une fois salés sont portés au séchoir, où on les dispose sur des claies couvertes de paille de seigle ou des claies en bois (fig. 110). Là on les retourne de temps en temps en les frottant avec une dissolution saturée de sel marin, ce qui empêche le développement des moisissures à leur surface.

UTILISATION DU LAIT ÉCRÉMÉ 171

La maturation s'achève dans la cave d'affinage. Quand ils sont à point les fromages ont alors une belle couleur jaune. En été la durée de l'affinage est de huit à dix jours.

Le prix de ces Mont-d'Or fabriqués avec du lait écrémé descend quelquefois à 6 fr. le cent aux halles de Paris.

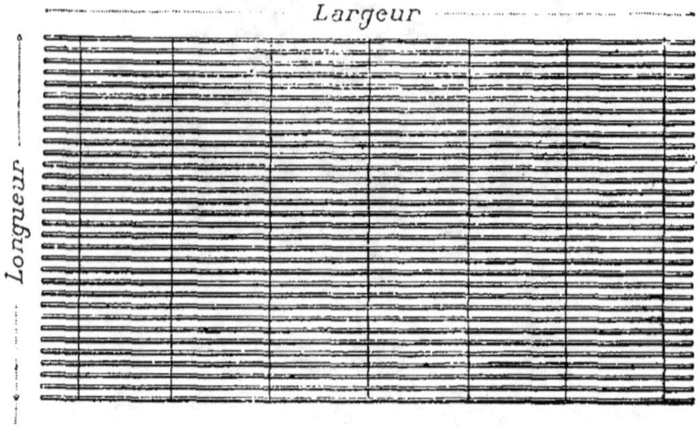

Fig. 110. — Claie en bois pour le séchage des fromages au Haloir (Ballauf et Petitpont).

Le Livarot. — Le centre de production de ce fromage est dans le Calvados, à Livarot, près Lisieux, où on le fabrique surtout en été lorsqu'on cesse la préparation du Camembert pour celle du beurre (1). C'est le type des fromages maigres affinés.

Le lait, écrémé en général aux deux tiers seulement, est mis en présure à 37°. La coagulation doit être complète en une heure et demie. On découpe alors le caillé, puis on le dépose sur une natte en jonc ou une toile, où on le laisse s'égoutter pendant qu'on achève de le diviser jusqu'à la grosseur d'un grain de blé. Un quart d'heure après on

(1) Ordinairement, les cavistes achètent les fromages blancs aux cultivateurs qui les apportent au marché.

l'introduit dans les moules. Ceux-ci sont cylindriques, en fer-blanc ou en bois, pleins (fig. 111) ou percés de trous, de 15 centimètres de diamètre et 20 de hauteur. Après une heure on retourne les fromages, et l'on procède ainsi 8 à 10 fois à cette opération. Quand ils sont parfaitement égouttés on les sale, puis on les laisse sécher pendant quatre à cinq jours sur des égouttoirs. On les porte alors au haloir, où ils séjournent de quinze à trente jours ; puis ils passent dans la cave d'affinage. Celle-ci est hermétiquement close, ce qui assure le maintien uniforme de la température nécessaire assez élevée. On y retourne les fromages trois fois par semaine en été en les frottant avec de l'eau pure ou salée, pour empêcher le développement des mucédinées.

Fig. 111. — Moule à livarot (Vautier frères).

Après dix jours de ce traitement les fromages sont réunis par demi-douzaines à l'aide de feuilles d'une plante qui croît au bord des ruisseaux, dans les marais, la massette. On laisse ainsi se terminer la maturation, qui dure de trois à six mois, suivant la grosseur des fromages.

Au moment de les emballer on les frotte avec une solution de rocou. En général on compte qu'il faut quatre litres de lait écrémé aux deux tiers pour faire un fromage et huit à neuf pour un gros Livarot.

Le lait d'une vache transformé en beurre et en livarot fournirait annuellement, d'après M. Morière, un revenu net de 350 à 400 fr. (1).

Le fromage en question a une odeur et un goût très prononcés et caractéristiques qui, quoique convenant peu à cer-

(1) Les gros livarots maigres se vendent 12 à 18 fr. la douzaine, et les petits 6 à 9 fr. Ces derniers, s'affinant plus vite, sont fabriqués de préférence en été.

tains consommateurs, ne déplaisent pas à tout le monde ; aussi la fabrication de ce produit trouvant un débouché assez facile dans la classe ouvrière, s'est-elle étendue à pas mal de départements où la préparation du beurre laisse une grande quantité de lait écrémé. On pourrait d'ailleurs atténuer la forte odeur et la saveur particulières du fromage fait par une meilleure disposition de la cave d'affinage qui faciliterait l'expulsion des gaz amoniacaux, dont l'action corrosive se fait sentir sur les murs mêmes du local que l'on est obligé de revêtir d'un mélange de mortier et de foin haché (bauge). Enfin, un calorifère ou un système de chauffage quelconque permettrait d'entretenir la température favorable (1).

La Boudanne ou Tome maigre. — C'est un fromage de Savoie que l'on fabrique avec le lait écrémé. Avec celui de centrifuge la pâte est de mauvaise qualité, sèche, grumeleuse, friable. On a tout avantage à ajouter une certaine quantité de lait entier. Le fromage de lait écrémé au repos est plus apprécié ; on le prépare surtout dans les ménages et dans les petites fruitières quand il n'y a pas assez de lait pour faire un gruyère par jour.

La mise en présure a lieu à 30-31° et la durée de la coagulation est d'une demi-heure environ. Le travail est analogue à celui du gruyère. On divise le caillé jusqu'à ce que le grain ait la grosseur d'un pois ; on brasse alors en portant graduellement la température jusqu'à 35°. Après avoir soutiré la plus grande partie du petit-lait, on

(1) Dans le canton de Gacé, principalement, les cultivateurs apportent au marché un fromage maigre coulé dans des moules très hauts, que les cavistes achètent pour recouper en trois ou quatre, et qu'ils revendent après affinage sous le nom de fromage de Gacé. Ils ont l'apparence du camembert maigre, mais lui sont inférieurs. — Dans l'Orne, on estime que cent litres de lait écrémé donnent quarante à cinquante camemberts, suivant l'écrémage.

Fig. 113. — Appareil de chauffage et presse Lardet à Bourg (Ain) (Voy. p. 177).

ramasse d'un seul coup tout le caillé dans une toile, puis on le répartit, en le tassant, dans des moules de dix centimètres de hauteur et de dix-huit de diamètre. On place sur le caillé une planchette que l'on charge d'un poids de 2 à 3 kilos. On retourne les fromages cinq ou six fois pendant vingt-quatre heures. On sale ensuite et après deux jours on porte à la cave, où l'on maintient une température voisine de 15°. On retourne de temps en temps. La maturation dure de deux à trois mois. Le fromage est alors couvert d'une moisissure grisâtre avec points rouges, et il pèse de 1 kg. à 1 kg. 5.

La boudanne est expédiée en certaine quantité à Lyon, Marseille, Saint-Etienne, Paris, où elle est bien acceptée par la population ouvrière. A cause de son bas prix — 0 fr. 35 à 0 fr. 70 le kilo, suivant la qualité — ce fromage ne supporte pas de transports onéreux.

Gruyère maigre. — On le connaît aussi sous le nom de *séchon*.

Il est fabriqué avec du lait écrémé aux 4/5 environ. Voici, très succinctement, son mode de préparation.

La coagulation se fait à une température de 28 à 32°, inférieure, par conséquent, à celle du gruyère gras, qui est de 30 à 35°. On emploie également une présure plus faible, plus douce. La coagulation s'opère en 20-25 minutes.

Avec le tranche caillé (fig. 80) on divise alors la masse en petits cubes de deux centimètres et demi à trois centimètres de côté, puis on imprime lentement un mouvement circulaire à l'appareil dans le liquide, jusqu'à ce que les grains soient de la grosseur d'un pois, soit durant dix minutes environ.

On laisse au repos pendant cinq minutes, et on continue l'agitation avec un brassoir (fig. 83) pendant cinq nouvelles minutes.

Cela fait, commence la cuisson. Toujours en maintenant la masse en agitation, on chauffe lentement jusqu'à 44°, puis plus rapidement vers 50-52°, c'est-à-dire à deux ou trois degrés en moins que pour le gruyère ordinaire, sans quoi le grain durcirait trop. Le chauffage doit ainsi durer 20 à 25 minutes. On retire du feu et on continue encore le brassage durant 5 à 10 minutes. Quand le grain est ressuyé à point, on agite plus vivement — on donne le tour — pour rassembler la masse de caillé au centre de la chaudière. On laisse reposer 5 minutes et on tire le tout en une fois dans une toile que l'on porte dans une forme en bois (fig. 112) placée sur un disque. On en met un semblable dessus et on maintient sous la presse (fig. 113, p. 174-175) en donnant une pression progressive. On laisse 22 heures en retournant souvent et changeant de toile au début. On sale à la cave fraî-

Fig. 112. — Cercle à gruyère (Jeantin).

che et sèche en saupoudrant de sel que l'on vient frotter une fois fondu. Il ne faut pas oublier que la pâte doit être plus salée que celle du fromage ordinaire ; il peut être même utile de laisser séjourner quelque temps les pains dans la saumure.

La maturation s'achève dans la cave chaude. Le rendement est de 5 à 6 0/0. L'emploi exclusif du lait des centrifuges n'est pas à conseiller. D'ailleurs, nos gruyères maigres sont concurrencés sur les marchés par les produits de la Suisse, mieux préparés. On fabrique dans ce pays une variété dite *fromage de rayon* dont une bonne partie va en Italie. Une pièce pèse de 30 à 40 kilos et vaut 120 à 130 fr. les 100 kilos. Dans la préparation de ce produit tout concourt — le travail du grain dure de deux heures et demie à trois heures — à obtenir une pâte dure fermentant lentement, sans produire d'yeux et sans déformer les parois planes du fromage. Arrivées dans le pays de consommation, les pièces subissent un nouveau traitement — séchage ou bouillissage — qui consiste à les disposer dans des caves très chaudes sur des étagères et de champ. Les gruyères achèvent ainsi de se dessécher complètement et de durcir : ils constituent alors le fromage à râper.

On fabrique encore, surtout à l'étranger, des fromages maigres dans lesquels on incorpore des épices ou autres produits analogues.

Le Schabzieger. — Ce fromage, d'origine suisse, encore appelé *sérai vert de Glaris*, ne serait pas sans avoir quelque avantage pour les producteurs français, car son prix de vente est rémunérateur et son écoulement facile.

On commence par coaguler le lait écrémé, chauffé vers 90°, avec de l'aisy. Ce dernier produit est un liquide obtenu avec du petit-lait acidifié, préalablement débarrassé de sa matière azotée. Le caillé est ensuite placé dans des moules percés de trous. On abandonne alors ce caillé à lui-même. Quand il a fermenté pendant trois à quatre mois, on le presse, puis on le broie sous une meule en l'humectant d'eau et en l'additionnant en même temps de sel et de 2 à 3 0/0 de feuilles sèches pulvérisées d'une plante que l'on rencontre encore assez communément dans nos régions de l'Est, le mélilot bleu.

La pâte ainsi obtenue est fortement tassée avec un pilon dans des moules tronconiques légèrement huilés à l'intérieur. On sort ensuite du moule et on porte au séchoir, où les pains séjournent environ un an.

D'après Schatzmann, trente livres de lait donneraient trois livres et demie de Schabzieger.

Le fromage de *Westphalie* est préparé à peu près

comme le précédent, mais le mélilot est remplacé par diverses épices, telles que du poivre, des clous de girofle, etc. Les petits gâteaux obtenus sont ensuite mis à « boucaner » dans une cheminée où l'on brûle du bois.

Fromage de Leyde. — On l'obtient avec le lait centrifugé. Il renferme également des clous de girofle, du cumin et autres assaisonnements.

Le lait est d'abord chauffé à 29-32°. On divise ensuite avec une lyre le coagulum qui s'est formé après l'addition de présure — environ 50 minutes, — puis on laisse reposer un quart d'heure. On soutire alors la plus grande partie du petit-lait, puis on porte le caillé à 36°. Cela fait, on décante les dernières portions de liquide et on enlève la pâte, que l'on porte sur une toile pour la

Fig. 114. — Moule pour fromage de Leyde.

laisser s'égoutter. On la pétrit ensuite et on la malaxe avec 5 0/0 de sel et des épices. On met alors en moules (fig. 114), on place dessus des disques en bois et on porte sous presse (fig. 115), où on laisse onze heures environ, pendant lesquelles on retourne et on change la toile de temps en temps, tout en augmentant progressivement la pression, qui vers la fin doit correspondre en moyenne à 200 kilos par fromage de 11 kilos. Quand on met en moules on s'arrange pour que la couche inférieure de caillé et la couche supérieure, de même que les faces, ne contiennent pas d'épices. Après douze heures de pression, les pains dégagés des moules vont séjourner environ un mois dans la cave de maturation à la température d'environ 12°, où on les retourne et les lave le plus souvent possible. Finalement on les colore en brun.

Fromage maigre danois. — On mélange le lait centrifugé avec du babeurre dans les proportions de 90 parties du premier pour 10 du second, environ. On chauffe à 32°, on ajoute le colorant, puis la présure, en quantité

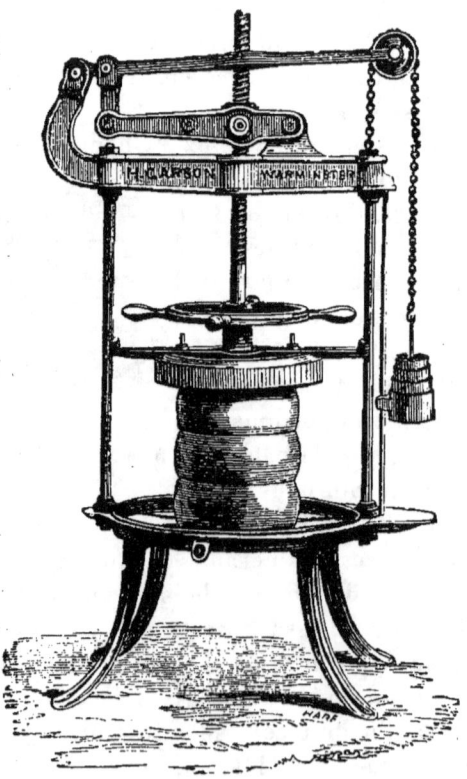

Fig. 115. — Presse à fromage.

telle que la prise soit complète en une demi-heure. On découpe et on brasse alors le caillé, le tout pendant une seconde demi-heure. Après repos on décante le petit lait, puis on passe au moulin à caillé ou on pétrit avec les mains. On porte ensuite dans des moules de fer-blanc de 25 centimètres de diamètre et 18 de hauteur, garnis d'une toile. Il faut avoir la précaution d'opérer rapidement, de façon que le caillé se refroidisse le moins possible. Après avoir recouvert d'un disque, on porte sous presse où on laisse de dix à douze heures pendant lesquelles on retourne et on change de linge deux ou trois fois.

Au sortir du moule les pains sont maintenus dans la saumure et la face supérieure chargée de sel. On retourne et sale tous les jours.

Après quatre ou cinq jours on place dans les séchoirs. Le rendement est en moyenne de 7,5 0/0.

Parmesan. — C'est un fromage italien fabriqué avec du lait écrémé (principalement dans la Lombardie) et qui présente une structure granuleuse d'où le nom de *grana* (graine) par lequel on le désigne quelquefois. Sa fabrication est analogue à celle du gruyère.

Il est cuit et pressé et pèse de trente à quarante kilos, ce qui représente de 4 à 500 litres de lait (1). Cette quantité de lait écrémé est chauffée dans une chaudière, tout en l'agitant, jusqu'à 32° en été et 36-37 en hiver. On retire alors la chaudière du feu et on ajoute une quantité de présure telle que la coagulation se fasse en une demi-heure en été et une heure en hiver. On découpe, puis brasse le caillé comme pour le gruyère. Quand le grain est suffisamment divisé, on laisse au repos pendant une dizaine de minutes puis on décante une partie du petit-lait.

On procède alors à la cuisson en portant graduellement à la température de 50 à 55°. Tout en brassant, on surveille le grain. Quand celui-ci est de la grosseur d'un grain de riz et qu'il a acquis les qualités voulues, ce qui nécessite

(1) On en fait aussi de plus petits.

un chauffage d'environ cinquante minutes, on retire du feu. C'est au commencement de la cuisson que l'on ajoute par hectolitre de lait un demi-gramme environ de safran en poudre comme colorant.

Après un repos de dix à quinze minutes, on soutire dans une toile le caillé que l'on a rassemblé au milieu de la chaudière. Au préalable on enlève encore, s'il y a lieu, du petit-lait ou bien on en ajoute du froid.

La toile portant le caillé est déposée dans un cuvier où on laisse égoutter environ une demi-heure, puis on introduit dans le moule, cercle en bois flexible de 50 cm. de diamètre et de 25 de hauteur. On pose dessus une planche chargée de quelques pierres ou souvent simplement un disque de bois très épais. On laisse ainsi douze heures pendant lesquelles on retourne et change de toile.

Après avoir enlevé cette dernière, tout en laissant le pain dans sa forme, on le porte au saloir où on le couvre de sel sur la face supérieure. Il y séjourne environ cinq semaines pendant lesquelles on le sale en le frottant avec la saumure sur toutes ses faces, et en le saupoudrant tous les jours et même plusieurs fois pendant les deux premiers jours. On emploie en sel environ 4 p. 100 du poids du fromage.

La maturation s'achève dans une cave fraîche où on brosse et racle fréquemment les fromages.

Finalement on les enduit d'un mélange d'huile de lin et de noir animal (1).

Nous citerons encore parmi les fromages plus spécia-

---

(1) Les populations du Midi, auxquelles il faut adjoindre les nombreux ouvriers italiens établis dans le pays, font une grande consommation de parmesan, sarde, romain, etc., pour l'assaisonnement des pâtes, vermicello, macaroni, tagliarini, ravioli, caneloni, etc. Les deux derniers fromages, plus petits, — 2 à 8 kilos, — d'un goût fort, piquant, et fabriqués plus spécialement avec le lait de brebis, sont un débouché important pour les petits producteurs de la région.

lement préparés avec du lait écrémé le *Maroilles*, le *Limbourg*, l'*Edam* — tête de Maure ou croûte rouge, — le *Livonien*, dit de ménage et de santé, le *Bloder*, du canton de Saint-Gall, en Suisse, les *fromages maigres de Silésie*, de *Nicheim*, de *Mayence*, Mariénof, etc.

De la maturation des fromages.

On sait qu'il existe, au point de vue de la fabrication des fromages, des différences très nettes, soit en ce qui concerne la durée de la coagulation du lait, le travail du caillé avant sa mise en moule, soit encore les soins en cave.

La qualité des fromages dépend en effet, avant tout, du travail préliminaire du caillé, travail dont le but principal est de faire varier le taux d'humidité de la pâte.

Travail du caillé. — Disons d'abord que la transformation du fromage blanc en fromage fait est l'œuvre des microbes, que l'on retrouve partout lorsqu'il s'agit de l'altération d'une matière organique, altération qui tourne à notre profit. Les êtres microbiens qui jouent le rôle principal dans le cas qui nous occupe paraissent être ceux qui solubilisent la caséine qui, pendant la coagulation du lait, avait été précipitée par la présure.

On comprend que les effets de cette solubilisation sont d'autant plus apparents que le fromage est plus humide et maintenu en cave à une température plus élevée, sans compter que les ferments eux-mêmes réclament une certaine dose d'humidité pour agir mieux à leur aise.

En résumé, l'affinage d'un gâteau de caillé trop sec sera beaucoup moins rapide et différent, au point de vue des produits sapides élaborés, que celui qui a conservé une plus grande dose de petit-lait.

C'est, en effet, sur cette différence que repose la division des fromages en deux catégories principales :

1° Fromages à pâte molle ;

2° Fromages à pâte ferme.

Pour les premiers, la durée de la coagulation du lait est beaucoup plus longue. La température à laquelle on le porte avant sa mise en présure est moindre, de même que l'on emploie une plus faible quantité de coagulant.

Disons en passant qu'il faut se guider un peu sur la qualité du lait. Par exemple, l'acidité renforçant l'action de la présure, il faut moins de celle-ci quand cette acidité dépasse la normale. Par contre, à dose égale d'acidité, il en faut davantage pour un lait très gras que pour un lait très maigre.

Dans ces conditions le coagulum reste mou, gorgé de petit-lait. En outre, au lieu de le couper, de le diviser, pour permettre à celui-ci de s'écouler, ou encore de le chauffer, car la chaleur, avons-nous dit, favorise sa rétraction, on le porte, avec précaution, directement dans les moules, le plus souvent en le rompant le moins possible.

Pour les fromages à pâte sèche, au contraire, on favorise la production d'un caillé moins chargé d'humidité : coagulation plus prompte du lait, dans un temps plus court, à une température plus élevée, avec plus de présure, ce qui contribue à donner une pâte plus ferme, plus apte à se resserrer. On active en outre la sortie du petit-lait par le découpage plus ou moins parfait de la masse, avec un couteau, une lyre, ou même les mains, et l'action d'une pression énergique. Dans certains cas même — fromages cuits et pressés, comme le gruyère, — une fois le caillé réduit en petits fragments, on lui fait subir, par le chauffage, une sorte de coction qui achève de le ressuyer. Dans ces conditions il faut agir sans hâte, de crainte que la surface du grain, en durcissant trop vite, ne s'oppose ensuite à la sortie du petit-lait resté emprisonné à l'intérieur. Quelquefois, suivant la consistance particulière du caillé provenant de la qualité du lait ou du travail du début, où il y a à craindre la présence d'un excès d'humidité dans la pâte, pouvant entraîner une fermentation exagérée, il est prudent de brasser plus longtemps avant le chauffage pour laisser au grain le temps de mieux se dessécher.

Une fois en cave, les soins apportés aux pains influent également sur la marche de la maturation. Ainsi, certains fromages à pâte molle portent des moisissures à leur surface — fromages à moisissures externes, tels que le Brie, le Camembert, etc., — pour ceux-là on se contente de les retourner de temps à autre, et de surveiller l'apparition régulière de cette végétation superficielle. Chez d'autres, au contraire — fromages lavés, comme le Livarot, le Mont-d'Or, le Pont-l'Evêque, — on s'oppose au développement des mucédinées, soit en accolant les fromages les uns contre les autres, en les empilant, ou encore en les frottant avec de l'eau salée ou de l'eau ordinaire, etc.

Dans quelques variétés à pâte ferme — les fromages bleus ou persillés — on favorise au contraire la prolifération de la moisissure bleue ou *penicillium glaucum* dans la masse interne même, par un ensemencement préalable du caillé au moment de la mise en moule, avec de la poudre de pain moisi renfermant les germes du champignon en question. De plus, on contribue à son activité par l'aération de la pâte obtenue en transperçant le fromage d'un grand nombre de trous d'aiguilles. Enfin, on racle toute végétation qui pourrait naître à la surface, et on maintient les pains dans des caves très fraîches où la basse température gêne les bactéries.

Les fromages à croûte résistante, comme le Gruyère, sont lavés également pour éviter le développement de toute moisissure.

Le salage, lui aussi, exerce une certaine action sur le phénomène de la maturation. Au sortir du moule un fromage salé irrégulièrement voit les moisissures se développer de même inégalement. Si c'est un Gruyère, le défaut ou l'excès de sel peut entraîner une fermentation rapide ou un retard, et, dans tous les cas, des défauts dans l'ouverture. On sait, en effet, que le sel attirant à l'extérieur une partie de l'humidité influe sur le degré de dessiccation de la pâte et la formation de la croûte ; enfin, il constitue lui-même un antiseptique.

Rappelons encore que la température et le degré d'humidité des caves jouent, de leur côté, un grand rôle dans l'affinage des fromages. Nous donnerons plus loin quelques détails à ce sujet.

Ce sont là des considérations d'ordre pratique qu'une expérience de longue date a fait connaître, et dont le fromager tire profit dans ses manipulations sans en connaître la cause primordiale.

En ce qui concerne le côté scientifique de la question, c'est-à-dire l'explication des phénomènes intimes de transformation de la pâte, des réactions qui s'y produisent, et la nature des agents qui en sont les auteurs, on est loin de le connaître entièrement. Cela explique que l'on n'ait pu encore déterminer une méthode rationnelle pour conduire sûrement la maturation de chaque variété de fromages.

Les agents de la maturation. — C'est Duclaux qui, il y a près de trente ans, par ses belles études sur le lait (1), révéla le rôle prépondérant des microbes dans la transformation du caillé en fromage fait. Mais, depuis, les travaux d'autres expérimentateurs ont montré que ses théories ne peuvent être généralisées.

La première manifestation de l'activité microbienne

---

(1) Duclaux, *Le Lait*, études chimiques et microbiologiques, Baillière, Paris.

dans le phénomène de la maturation est la transformation du sucre de lait en acide lactique, acidification qui se produit même pendant la coagulation.

M. Freudenreich, de Berne, il y a déjà quelques années, montra le rôle important que paraissent jouer les ferments lactiques dans la maturation de l'Emmenthal, qui, pour la circonstance, sécréteraient — une variété de bactéries lactiques, tout au moins — une caséase capable de solubiliser la caséine, tout comme les *tyrothrix* de Duclaux ou le *bacillus nobilis* d'Adametz, de Vienne. Ce dernier n'a d'ailleurs pu découvrir dans l'Emmenthal aucune espèce microbienne de celles qui, d'après Duclaux, participeraient à la maturation du fromage du Cantal.

De même MM. Bœkhout et de Vries disent avoir isolé du fromage d'Edam des ferments lactiques spéciaux, agents de la maturation de ce genre de fromage. MM. Hoffmann, Bang et Chodat attribuent la solubilisation de la caséine à des bactéries particulières sécrétant également une *caséase*.

Pour Duclaux, ce sont les *tyrothrix* qui sont les agents de transformation de la caséine. Ils produisent une sorte de diastase, la caséase, qui a la propriété de solubiliser la matière azotée du fromage sous forme de caséone.

D'après M. Roger, cette solubilisation serait produite, dans le Brie et le Camembert, par un bacille qu'il a appelé *bacillus firmitatis*, qui, se multipliant à la surface, donnerait naissance à ces taches rouges qui envahissent peu à peu toute l'étendue, mais seulement après que les couches superficielles ne sont plus acides, et cela grâce au *penicillium candidum* qui en a brûlé tout l'acide lactique.

C'est alors que le bacille en question entrerait en jeu en neutralisant peu à peu le caillé, dans lequel il infiltrerait une caséase très légèrement alcaline, qui en même temps dissoudrait la caséine pour en faire cette matière d'apparence crémeuse qui, après avoir débuté par les couches les plus externes, gagne peu à peu le centre du fromage.

Comme l'activité de cet agent de transformation, placé dans des conditions trop favorables d'humidité et de température, pourrait occasionner une consistance par trop fluide à la pâte et produire des fromages « couleux », un microcoque, le micrococcus meldensis, paraît venir modérer son action avec une diastase spéciale, et maintenir solide la caséine trop fluidifiée. Ajoutons, qu'en outre, les recherches de M. Roger lui ont paru démontrer, que pour que le Brie acquière toutes ses qualités, il ne faut pas qu'il contienne plus de 25 à 27 pour cent de matière grasse, le Camembert plus de 28 0/0.

MM. Babcock, Russel, Vivian et Bœr vont même jusqu'à prétendre que le principal rôle dans la maturation du Cheddar est dû, non pas à des microbes, mais à un ferment non figuré, la *galactase*, sorte de diastase préexistant dans le lait, et ils seraient ainsi arrivés à faire mûrir le fromage en question entre 5 et 10 degrés mieux qu'à 18 degrés.

Enfin, MM. Lindet et L. Amann ont suivi par l'analyse chimique la maturation du Camembert, du Port-Salut et du Gruyère, et ils ont constaté que la solubilisation de la caséine et sa transformation en ammoniaque et ammoniaques composées sont des phénomènes progressifs. Les couches superficielles des fromages sont les moins hydratées, et c'est là que la caséine est le moins solubilisée.

L'aspect filant que prend la pâte du Gruyère dans l'eau chaude à 45-50 degrés ne tient pas à une modification spéciale de la caséine, mais à ce que celle-ci se trouve imprégnée d'acide. Quand on sature la pâte par l'ammoniaque, elle cesse d'être filante, de même que la pâte du Camembert, qui est alcaline, devient filante par l'addition d'acide lactique.

L'acide butyrique produit aux dépens du lactose dès les premières heures de la préparation du Camembert, reste en quantités constantes jusqu'à la fin. Il se sature de plus en plus par l'ammoniaque ; il ne se forme pas d'acide lactique, comme on le pensait. Le Gruyère, au contraire, se charge de plus en plus d'acides gras volatils et d'acide lactique. La production de ces acides marche parallèlement à celle de l'ammoniaque. La matière grasse ne prend pas part à la maturation et ne se saponifie pas, comme on le croyait, par l'ammoniaque produite. Un fromage de Gruyère fait avec du lait complètement écrémé fournit à la maturation autant d'acides gras qu'un fromage fabriqué avec du lait entier.

On voit, par ce qui précède, que le problème qui consiste à élucider complètement les phénomènes intimes qui président à la maturation des fromages n'est pas près d'être entièrement résolu. Il y a tout lieu de croire que dans chaque région il est pour chaque variété fabriquée une espèce microbienne qui domine dans la maturation, et que l'on doit chercher à connaître d'abord, à favoriser ensuite.

En attendant d'être mieux renseignés sur ce sujet, nous allons donner quelques conseils pratiques permettant de tirer le meilleur parti possible des connaissances acquises jusqu'à ce jour sur la matière.

Des caves de maturation. — La transformation du caillé en fromage est, en partie tout au moins, avons-nous dit, l'œuvre des microbes. Ces collaborateurs invisibles du fromager ne travaillent bien que tout autant qu'ils sont placés dans de bonnes conditions de vitalité. C'est ainsi que s'ils rencontrent, il est vrai, dans le fromage, le vivre et le couvert, comme le rat du fabuliste, ils demandent, en outre, un certain degré de température et une humidité suffisante. Ce dernier facteur est même la cause primordiale qui différencie la marche de la maturation des pâtes molles et des pâtes sèches.

Pendant leur séjour en cave, les êtres microbiens sont loin d'y trouver la température de 35 degrés qu'ils affectionnent en général ; d'ailleurs, dans ce cas, leur trop grande activité qui en résulterait serait plutôt funeste aux produits à affiner. Aussi, est-ce pour cette raison que l'on arrête l'été la fabrication des camemberts, bries, coulommiers, et analogues, lorsqu'on ne peut disposer de caves en sous-sol suffisamment fraîches ; disons aussi que l'on a également à lutter contre les mouches en cette saison.

S'il est imprudent de conduire la maturation à une température trop élevée, il est, par contre, d'une mauvaise pratique de laisser l'hiver les caves subir les fluctuations de la température extérieure.

Dans les fermes on s'accommode parfois d'une simple communication des locaux de la fromagerie avec les étables, qui leur transmettent ainsi, par l'intermédiaire de l'air, la chaleur naturelle des animaux. C'est là un procédé qui ne peut convenir aux laiteries bien conduites, à cause de la circulation des ferments nuisibles et des mauvaises odeurs dont il est la conséquence.

En résumé, donc, le chauffage des caves s'impose en hiver, et disons que ce soin ne doit pas être négligé non plus pour le gruyère, ce type des fromages à pâte cuite et pressée et à maturation lente, chez lequel on doit ménager une fermentation régulière, de nature à provoquer une ouverture moyenne comme la réclame le commerce.

Mais pour ce cas, il importe aussi d'avoir, à côté de la cave chaude, une autre cave froide où séjourneront d'abord les pains à leur sortie de la presse, pour les y laisser se raffermir et prendre de la croûte après les premiers salages, avant d'amorcer la vitalité des bactéries ; de plus, on y ramènera les pièces de la salle chaude qui auraient une tendance à trop monter.

On comprend que si l'on ne dispose que d'une seule pièce de maturation, il vaut mieux qu'elle ne soit que très modérément chauffée. Comme elle contient tous les fromages à la fois à des degrés plus ou moins parfaits d'affinage, d'âge, on serait obligé d'arrêter le feu pour ralentir la fermentation des plus avancés, sans quoi leur ouverture serait exagérée au moment de la vente, ce qui les déprécierait ; par contre, dans ces conditions, la maturation des pains moins âgés serait entravée.

Dans le cas d'une seule cave froide, les résultats ne seraient pas meilleurs ; par exemple, certains fromages trop travaillés à la chaudière, trop pressés, resteraient morts dans ces conditions. Si, de plus, cette salle unique était trop humide, la croûte deviendrait épaisse, et la saumure la pénétrerait difficilement.

Dans les grandes fromageries, on dispose même quelquefois d'une troisième pièce intermédiaire où les pains viennent terminer leur maturation avant d'être retournés à la cave froide où ils attendent la vente. Il faut être prudent dans le transport des fromages d'une pièce à l'autre, les transitions trop brusques de température pouvant amener le grave défaut de la lainure. Cela nous conduit aussi à recommander de ne pas chauffer par intermittence, tous les deux ou trois jours seulement, par exemple, comme on le fait quelquefois dans les petites exploitations ; on s'attachera au contraire à maintenir invariable la température nécessaire.

De même, une insuffisance d'humidité dans la cave chaude, en accentuant la dessiccation de la pâte, qui devient farineuse, cassante, à faible ouverture, favorise la lainure. D'ailleurs, plus il y a de fromages dans la pièce, plus elle est humide, car ces derniers abandonnent toujours de la vapeur d'eau.

La cave froide et sèche à gruyères aura une température de 10 à 12 degrés et un taux d'humidité de 80 à 85 0/0 seulement ; la cave intermédiaire 12-15 degrés et 85-90 0/0 d'humidité ; enfin la cave chaude 15 à 20 degrés et 90 à 95 0/0. Ces données se rapportent aux fromages ordinaires, mais pour les maigres dont nous avons parlé, il faut élever davantage la température pour favoriser les êtres bactériens, la pâte conservant moins de souplesse par suite de l'absence de matière grasse. Pour citer un exemple, le cheddar maigre, fromage des États-Unis et d'Angleterre, dont la préparation est analogue au gruyère, est maintenu dans le séchoir à 24-27 degrés alors que pour le cheddar gras cette température n'est que de 18 à 20 degrés.

Pour les fromages particulièrement secs, on forcera la dose d'humidité de l'air.

Il faut réserver aux pâtes molles des caves spéciales, deux caves au moins, le haloir ou séchoir, quelquefois au premier étage, où la température ne devra pas dépasser 13 à 14 degrés et l'état hygrométrique 92 à 95 0/0, et la cave d'affinage, le plus souvent en sous-sol, pour laquelle les chiffres correspondants seront de 12 à 13 degrés et 85 pour 100.

Pour les milieux où il faut maintenir une certaine humidité, la cave chaude à gruyères principalement, on choisira des appareils de chauffage à récipients d'eau (fig. 116), car on sait qu'une chaleur sèche, en augmentant la tension de la vapeur d'eau, en diminue la proportion relative.

L'appareil adopté devra pouvoir brûler tous les combustibles usuels. Son dispositif et son tirage seront tels qu'il ne se dégagera aucune fumée ou mauvaise odeur dans la salle.

A ce point de vue, il serait préférable de placer l'ouverture du foyer au dehors. On peut aussi n'utiliser, pour le simple chauffage, que les tuyaux qui parcourent dans la pièce la plus longue distance possible, c'est ce que l'on fait généralement pour le séchoir des pâtes molles. Ces

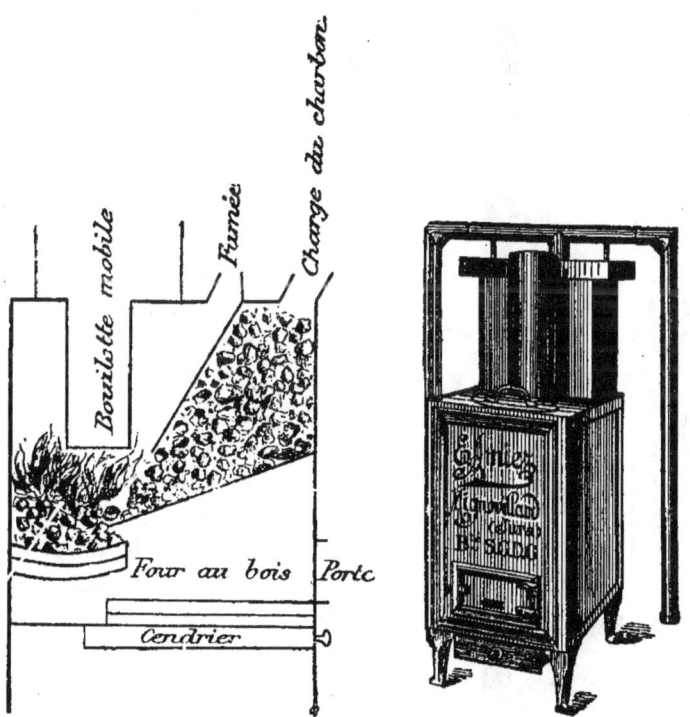

Fig. 116. — Calorifère pour caves à fromages
(Amiez, à Mignovillard, près Poligny, Jura).

tuyaux seront en tôle galvanisée, car tous les objets en fer, loquets, serrures, gonds, grillage des ouvertures, se rouillent très rapidement dans un pareil milieu.

Dans la cave chaude, pour éviter un rayonnement trop ardent sur les fromages, on entourera le fourneau d'un écran en bois ; d'ailleurs, on mettra de préférence les grosses pièces dans le voisinage du foyer. De même, l'air chaud étant plus léger, on descendra dans le bas les fromages des rayons élevés à maturation trop accélérée.

Enfin, disons que l'on doit donner la préférence aux fourneaux en faïence, car ils fournissent une chaleur plus régulière, plus constante que, dans certains cas, l'on doit entretenir pendant la nuit. C'est là un point capital, car il faut éviter les changements brusques de température. A cet égard, les thermo-siphons à eau ou à vapeur avec tuyaux à ailettes sont très faciles à conduire et d'un chauffage très régulier.

En ce qui concerne le degré d'humidité, on le vérifie facilement à l'aide d'un petit appareil appelé *psychromètre*, celui d'August par exemple (fig. 117). Il se compose de deux thermomètres ordinaires fixés l'un à côté de l'autre sur un même support. Le réservoir de l'un d'eux est tenu constamment mouillé par un linge qui l'entoure, linge qui baigne en même temps, par son autre extrémité, dans un petit récipient d'où l'eau monte par capillarité. Ce thermo-

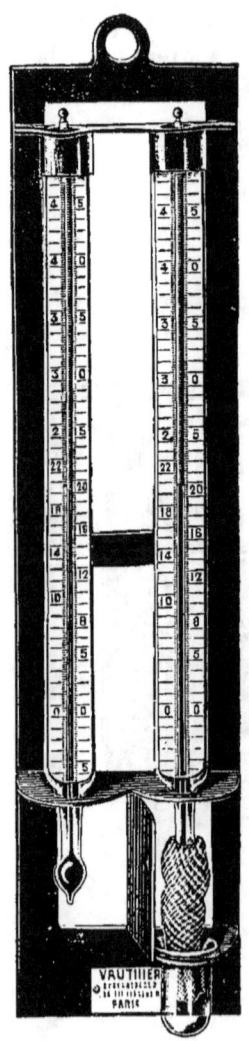

Fig. 117. — Psychromètre d'August (Vautier, à Paris)

mètre — dont on a soin de toujours tenir plein le petit récipient à eau — est dit *thermomètre mouillé*, l'autre étant le thermomètre sec. Ce dernier donne donc la vraie température de la salle, tandis que le premier indique un degré moins élevé, non pas réellement parce qu'il est mouillé, mais bien parce que l'eau qui s'évapore sans cesse à la surface de son réservoir le refroidit, puisque toutes les fois qu'un liquide passe à l'état de vapeur il nécessite de la chaleur que, dans le cas présent, il emprunte au mercure. On comprend facilement que l'évaporation de l'eau est d'autant plus accentuée, et par suite la différence de température entre les deux thermomètres plus grande, que l'air de la cave est moins chargé d'humidité, plus sec.

On a pu ainsi dresser une table, qui donne en fonction de la température du thermomètre sec et de la différence des températures indiquées par les deux appareils, le degré ou état hygrométrique de l'air ambiant. Le constructeur lui-même fournit cette table. Dans la première colonne verticale à gauche, se trouvent les différents degrés du thermomètre sec, de deux dixièmes en deux dixièmes, et dans la première colonne horizontale, en haut, les différences de températures des deux thermomètres, de deux dixièmes en deux dixièmes également. Après avoir fait les deux lectures thermométriques, on cherche dans la première colonne à gauche le chiffre du thermomètre sec, soit 21 degrés, puis on suit avec le doigt vers la droite, dans la colonne horizontale correspondante, jusqu'à ce que l'on arrive dans la colonne verticale, qui porte comme premier nombre en haut la différence des deux thermomètres, 1º,6 par exemple. Le nombre où s'est arrêté le doigt, 85 dans le cas actuel, est le degré hygrométrique. Il indique que pour la température du moment l'air de la pièce renferme 85 pour 100 de la vapeur d'eau qu'il contiendrait s'il était saturé.

Pour favoriser l'affinage des fromages à pâte molle. — La reprise de la fabrication des fromages à pâte molle, interrompue pendant quelque temps pour un motif quelconque, rencontre parfois des difficultés. C'est lorsque l'affinage normal des pains est entravé au point de n'amener à la vente que des produits de qualité très inférieure.

La cause de cet état de choses tient à ce que la cave n'est pas faite, comme disent les gens du métier.

Dans les fromages à moisissure externe, comme le camembert, le brie, le coulommiers, etc., le travail de transformation de la pâte se partage entre deux groupes de microorganismes. C'est d'abord, à la surface, une sorte de fin duvet blanchâtre appelé vulgairement le *blanc*, qui doit apparaître rapidement et pousser vigoureusement.

Cette végétation est formée par un champignon, le *penicillium candidum*, qui enfonce ses racines, son *mycelium*, dans le caillé pour y détruire l'acidité du petit-lait qui l'imprègne. Son rôle dans l'affinage est de préparer un séjour convenable à l'autre groupe de microbes, des bactéries, invisibles, elles, qui entrent ensuite en jeu. Il ne faut pas toutefois que l'action du champignon se prolonge outre mesure, sous peine de dessécher par trop le fromage.

On comprend maintenant que si, au début, la moisissure externe se développe mal, ou encore si elle appartient à une mauvaise espèce, le travail des deux variétés de bactéries internes puisse s'en ressentir, et finalement aussi la qualité du fromage elle-même.

Pour favoriser la venue de la *mousse* sur les fromages, comme disent les personnes du métier dans une expression qui fait image, il faut tout d'abord assainir les salles de maturation, c'est-à-dire y détruire les germes malfaisants. On commencera par traiter à l'eau bouillante additionnée de 2 à 3 0/0 de cristaux de soude tous les ustensiles de petite dimension, moules, claies, clayettes, cajets, etc. ; ou encore on les portera à l'autoclave. Les étagères, montants, planches, etc., seront lavés avec le même liquide aussi chaud que possible. Après rinçage, on les imbibera, à l'aide d'une éponge ou d'une brosse, d'un antiseptique, par exemple une solution d'aldéhyde formique du commerce à 40 0/0, étendue d'environ 25 fois son volume d'eau. On peut encore employer une solution de fluorure de sodium à 2 0/0, produit qui s'applique aussi en pulvérisations, ou bien une solution de bisulfite de chaux.

D'un autre côté, on fera également la toilette des murs et du plafond avec de l'eau bouillante, puis on passera un lait de chaux additionné de bisulfite.

Les fumigations sont très efficaces ; mais il faut pour cela que les parois soient encore humides.

Comme les ferrures sont souvent attaquées par les gaz actifs, il est bon de les recouvrir d'un corps gras.

C'est le soufre qui, le plus souvent, est mis à contribution, seul ou allié par moitié à du chlorate de potassium pulvérisé. La dose est d'environ 40 grammes de soufre par 10 mètres cubes d'air. On la répartit dans des récipients placés au-dessus de terrines pleines d'eau afin d'écarter les chances d'incendie, une fois le soufre allumé.

On peut encore employer les pastilles de formaldéhyde que l'on brûle sur un réchaud spécial, ou plus simplement la solution de formaldéhyde du commerce à 40 0/0, ou formol, que l'on projette à la dose de 45 centimètres cubes par 10 mètres cubes environ, sur une plaque de tôle fortement chauffée.

On laisse ainsi agir pendant 24 heures ou quelques jours les vapeurs ou gaz antiseptiques, dans la pièce parfaitement close. Il est bon même de coller des bandelettes de papier sur les rainures et petites ouvertures des portes et des fenêtres, etc. On aère ensuite fortement, on lave le tout et on dessèche par le feu, si on le juge nécessaire. C'est là un point à ne pas négliger, surtout quand on vient de blanchir à nouveau ou que l'on a appliqué un enduit quelconque. On sait que sous l'influence d'un excès d'humidité le champignon pourrit et meurt, en prenant une teinte verdâtre ou noire. Sous cet état la maturation peut, il est vrai, se poursuivre, mais la qualité des fromages s'en ressent fortement et ils acquièrent un goût de moisi désagréable.

Après avoir ainsi fait table rase de tout germe nuisible, il faut procéder à l'ensemencement des espèces microbiennes dont on veut, au contraire, favoriser la propagation. A cet effet, le plus simple, c'est de se procurer dans une fromagerie voisine réputée pour l'excellence de ses fromages, un certain nombre de ces derniers, de belle venue, et de les placer dans le local à ensemencer, avec, si possible, quelques claies sur lesquelles ils ont été entreposés, et qui, dans certaines exploitations, sont littéralement couvertes d'une belle végétation blanche, de même qu'une partie des murs, végétation à laquelle on se garde bien de jamais toucher. On peut encore triturer deux ou trois de ces fromages dans un mortier avec de l'eau stérilisée. On laisse reposer pour laisser monter la matière grasse, puis on ajoute l'eau au lait à coaguler.

On sait aussi que l'on peut mettre à profit des cultures pures du champignon en question. Elles sont composées d'eau stérilisée ne renfermant que des semences de ce dernier, et que l'on projette dans la cave, même sur les fromages, à l'aide d'un pulvérisateur spécial. Malheureusement on n'obtient pas toujours un plein succès avec ce produit de laboratoire, surtout quand les germes qu'il recèle appartiennent à un champignon étranger à la région, c'est-à-dire non encore bien acclimaté aux conditions du milieu où il doit végéter, nature du lait, température, humidité, etc. En un mot le *penicillium candidum* est trop souvent supplanté par le *penicillium glaucum*.

Il est à souhaiter que l'on sélectionne à part les variétés des diverses régions pour lesquelles elles sont destinées.

On peut également répandre dans la pièce les spores ou graines des deux espèces recommandées par M. Roger, *Bacillus firmitatis* et *Microccocus meldensis*, qui prennent la plus grande part dans la maturation.

Il est certain que toutes ces diverses manipulations peuvent être appliquées non seulement au début de la campagne comme mesures préventives, mais encore au cours de la fabrication, si la marche anormale de l'affinage l'exige, ce qui a lieu quelquefois dans les séchoirs neufs, humides. Dans ce dernier cas, il n'est pas toujours possible de les mettre intégralement à profit, mais on cherchera à remplir les meilleures conditions d'assainissement compatibles avec les exigences de la fabrication.

Rappelons, en terminant, qu'une température trop élevée et un excès d'humidité sont des conditions défavorables pour la moisissure. Il convient de ventiler par temps sec, de placer dans la pièce des morceaux de chaux vive, de la sciure de bois ou de la paille sèche, qui absorbent l'excès de vapeur d'eau.

La moisissure noire, si redoutée, paraît atteindre de préférence les fromages imparfaitement ressuyés, qui sont placés dans un milieu mal aéré, froid et humide. Il est conseillé, pour combattre ce défaut, de traiter les fromages, dès le salage, soit par du petit-lait aigre concentré par évaporation, soit par une solution à 7 0/0 d'acide lactique. On peut encore ajouter au sel 10 0/0 de cendres de bois tamisées. Quelquefois on se trouve bien de placer dans un récipient du carbonate d'ammoniaque, qui, par les vapeurs, sature la trop grande acidité.

Dosage de la caséine. Evaluation des rendements.

Il peut être utile de connaître approximativement à l'avance le poids de fromage que l'on obtiendra en traitant un poids déterminé de lait écrémé ou non. M. Lindet, notre savant maître, a fait connaître à ce sujet une méthode qui peut donner d'utiles indications.

Ce savant prend d'abord la densité du lait écrémé (1), puis il en coagule une petite quantité, 500 cc. par exemple ; il filtre ensuite sur du papier le sérum qui se sépare et prend alors la densité du petit-lait ainsi obtenu. D'après la différence de ces deux densités, il a pu conclure, à la suite de nombreuses expériences, qu'un abaissement de un degré, soit un gramme, correspond à une précipitation de caséine qui représente en moyenne 3 gr. 5 par litre.

Il suffit donc de multiplier par 3,5 la différence des densités entre le lait écrémé à la centrifuge et le petit-lait obtenu après la préparation du caillé, pour connaître la quantité de caséine qu'un litre de lait a abandonnée sous l'action du coagulant.

Si l'on opère sur du lait non écrémé, on peut connaître quand même la densité du même liquide écrémé, à la condition de déterminer sa richesse en matière grasse au Gerber (2), par exemple, et cela en se servant de la table ci-dessous dressée par l'auteur.

Sur la première colonne horizontale sont indiqués les chiffres des densités du lait entier, de 1029 à 1035, et dans la première colonne verticale de gauche la richesse pour cent du même lait en matière grasse. Le chiffre qui se trouve à l'intersection de la ligne verticale et de la ligne

---

(1) Pour la prise de densité voir l'annexe.
(2) Voir l'annexe.

horizontale correspondant aux deux nombres trouvés exprime la densité du lait s'il était totalement écrémé.

Ainsi un lait entier qui marquerait 1032 au densimètre et 3.8 au Gerber aurait pour densité après écrémage complet 1035.6.

TENEUR EN BEURRE	DENSITÉS DU LAIT ENTIER						
	1029	1030	1031	1032	1033	1034	1035
3	1031,7	1032,8	1033,8	1034,8	1035,8	1036,9	1037,9
3,1	1031,8	1032,9	1033,9	1034,9	1035,9	1037	1038
3,2	1031,9	1033	1034	1035	1036	1037,1	1038,1
3,3	1032	1033,1	1034,1	1035,1	1036,1	1037,2	1038,2
3,4	1032,1	1033,2	1034,2	1035,2	1036,2	1037,3	1038,3
3,5	1032,2	1033,3	1034,3	1035,3	1036,3	1037,4	1038,4
3,6	1032,3	1033,4	1034,4	1035,4	1036,4	1037,5	1038,5
3,7	1032,4	1033,5	1034,5	1035,5	1036,5	1037,6	1038,6
3,8	1032,5	1033,6	1034,6	1035,6	1036,6	1037,7	1038,7
3,9	1032,6	1033,7	1034,7	1035,7	1036,7	1037,8	1038,8
4,0	1032,7	1033,8	1034,8	1035,8	1036,8	1037,9	1038,9
4,1	1032,8	1033,9	1034,9	1035,9	1036,9	1038	1039
4,2	1032,9	1034	1035	1036	1037	1038,1	1039,1
4,3	1033	1034,1	1035,1	1036,1	1037,1	1038,2	1039,2
4,4	1033,1	1034,2	1035,2	1036,2	1037,2	1038,3	1039,3
4,5	1033,2	1034,3	1035,3	1036,3	1037,3	1038,4	1039,4

On pourra donc toujours connaître la quantité de caséine qui entre dans le fromage et au besoin la matière grasse. Si d'autre part on sait combien le fromage mûr renferme d'eau à la maturité, on voit qu'il est possible de se faire une idée du rendement.

Fromages maigres fabriqués avec du lait écrémé additionné d'une matière grasse étrangère.

On a cherché, pour la fabrication des fromages, à ajouter au lait centrifugé une matière grasse étrangère, oléomargarine, huile d'arachide, huile de lin, saindoux, etc.

Cette pratique doit être considérée comme une sophistication si les produits artificiels qui en dérivent sont vendus comme fromages naturels.

Nous doutons toutefois que l'on arrive à obtenir de cette façon une marchandise de bonne qualité, dont la fabrication en France, d'ailleurs, ne paraît pas avoir pris une bien grande importance.

Il n'en serait pas de même dans certaines régions, le Danemark par exemple. D'après Lézé (1), il existait en 1884 à Elkildtrup une fabrique de fromages artificiels préparés avec du saindoux et de la margarine, et dont le rendement journalier était de 350 à 400 kilos d'un produit que l'on payait, pris à l'usine, 1 fr. 30 le kilo.

De même, aux Etats-Unis on a essayé de préparer par ce procédé des fromages façon Cheddar.

Quelquefois ces fromages, fraîchement fabriqués, sont à peu près acceptables, mais au bout de quatre à cinq jours la matière grasse incorporée rancit et prend un goût fort désagréable.

Nous transcrivons ci-après, suivant Vieth, la composition de deux fromages de fabrication américaine obtenus avec du lait écrémé additionné de matières grasses étrangères.

---

(1) R. Lézé, *Les Industries du lait.* Paris, Firmin-Didot.

Principes	Fromage à l'oléo-margarine	Fromage au saindoux
Eau	37.99 0/0	38.26 0/0
Matière grasse	23.70	21.07
Caséine	34.65	35.55
Matières minérales	3.66	5.12

Pour réincorporer dans le lait maigre la substance grasse qui lui fait défaut, on ne saurait songer à opérer par simple agitation. Cette matière doit en effet se trouver régulièrement répartie dans toute la masse du liquide à l'état d'extrême division, parfaitement émulsionnée, comme se présentent les globules butyreux dans le lait naturel. Au début on employait en Amérique le procédé suivant. On faisait tourner rapidement une boîte cylindrique, dont les parois verticales étaient percées d'une infinité de petits trous, dans le lait écrémé. La matière grasse liquide que contenait la boîte, sous l'influence de la force centrifuge, était projetée à travers les ouvertures et allait se répartir dans le lait sous forme de très fines gouttelettes.

Aujourd'hui, on se sert ordinairement, pour arriver à ce résultat, soit de l'écrémeuse Burmeister, soit de l'émulseur de Laval (fig. 118), mais n'importe quelle écrémeuse peut convenir, on enlève les polarisateurs, s'il y a lieu, et on ferme l'ouverture à crème.

Les deux liquides doivent avoir une certaine température à leur entrée dans l'appareil, et il est par conséquent nécessaire de les faire passer, au préalable, dans un réchauffeur ou de maintenir le seau qui les contient dans de l'eau chaude.

D'après M. Lézé, cette température convenable varie un peu suivant la nature du corps gras employé.

Ainsi, pour faire une émulsion à 1 à 4 0/0, on doit observer les données suivantes :

Huile de lin. . . .	20°,	Lait écrémé	20 à 28°;
Oléine, saindoux . .	30°,	—	50 ou plus;
Oléo-margarine . .	55°,	—	60 —

Lorsqu'on fait usage de l'écrémeuse Burmeister et Wain, voici la façon de procéder :

On conserve seulement le tube à crème, puis, le tambour ayant acquis la vitesse voulue, on fait arriver le lait maigre. Quand celui-ci commence à couler par l'unique tube d'emprise, on introduit la liqueur grasse en mince filet, le débit des deux produits étant alors réglé dans les proportions voulues, par exemple 100 kg. de lait et 25 kg. d'huile de lin, par heure, ou 200 kg. de lait et 100 kg. de saindoux.

Lorsque l'opération est terminée, on intercepte l'arrivée de la matière grasse un peu avant celle du lait. On mélange ensuite l'émulsion avec du lait maigre.

Le tube d'emprise tranche à la fois les deux matières qui sont précipitées avec force vers l'orifice de sortie, après avoir été pour ainsi dire pulvérisées et mélangées à l'air par l'effet de la vitesse acquise.

Comme le dit notre savant maître Duclaux (1), et conformément aux lois physiques de l'écoulement par orifice d'un mélange de deux liquides non miscibles, les proportions respectives de ces derniers qui passent par le tube sont exactement égales à celles de l'alimentation.

Pour ne pas avoir à revenir sur le mode de préparation des émulsions de ce genre, dont nous aurons à nous occuper en parlant plus loin de l'engraissement des animaux,

---

(1) Duclaux, *Principes de Laiterie,* chez Armand Colin, Paris.

nous dirons qu'on peut employer cette façon de procéder pour mélanger au lait maigre un adjuvant gras liquide.

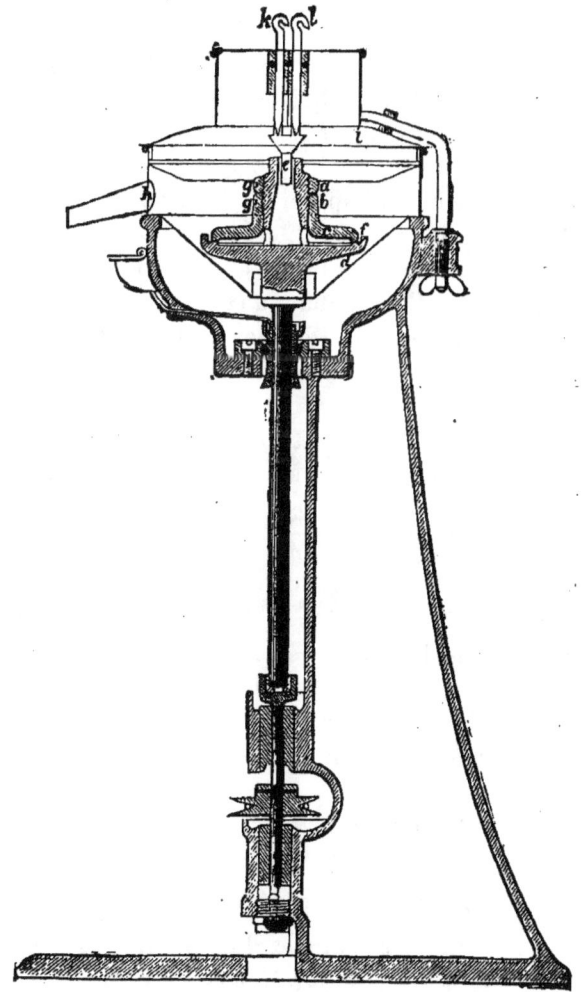

Fig. 118. — Emulseur de Laval (Pilter).

Dans ce cas particulier, comme on ne vise pas à obtenir une émulsion parfaite, il est inutile de faire passer par la turbine toute la quantité de lait à utiliser. On se contente de préparer une sorte de crème renfermant la plus forte proportion possible de matière grasse, 12 à 14 0/0, puis on ajoute à celle-ci le reste du liquide maigre.

Supposons, par exemple, que nous ayons besoin de 500 kilos d'aliment devant contenir 4 0/0 de corps gras. Il nous faut nécessairement disposer de 20 kilos de ce dernier et de 480 kilos de lait.

La graisse passera dans la turbine avec 140 kilos de lait maigre par exemple. En ajoutant aux 160 kilos du mélange ainsi obtenu le reste du liquide, c'est-à-dire 480 — 140 = 340 kilos, nous aurons bien un produit dosant 4 0/0 d'adjuvant.

Le problème inverse serait tout aussi simple à résoudre, c'est-à-dire que, disposant de 28 kilos de substance grasse, par exemple, on peut préparer $\frac{28}{4} \times 100 = 700$ kilos de produit alimentaire, en la faisant passer dans la turbine avec une partie des 700 — 28 = 672 kilos de lait nécessaires, et en ajoutant le reste à l'émulsion concentrée sortant de l'appareil.

La fabrication des fromages maigres laisse comme résidu du petit-lait dont nous nous occupons d'autre part (1).

§ II. — Emploi du lait écrémé dans l'alimentation des animaux

Considérations générales.

Pour l'alimentation rationnelle du bétail, nous renvoyons aux ouvrages spéciaux (2). Nous nous contenterons

(1) Voir deuxième partie.
(2) Consulter les *Comptes-rendus des séances des divers congrès*

de faire connaître le meilleur usage que l'on peut faire du lait écrémé dans l'élevage et l'engraissement des animaux de la ferme.

L'élevage en grand et le commerce du bétail demandent un personnel approprié et des aptitudes spéciales. Les bénéfices que l'on peut réaliser dans cette sorte de spéculation sont très variables ; ils dépendent trop des cours des marchés, à l'achat comme à la vente, et ils sont bien souvent à la merci des maladies ou épizooties, qui, dans certains cas, les réduisent à néant, quand ils ne se chiffrent pas par des pertes.

Où l'élevage et l'engraissement des animaux au lait maigre paraissent le mieux à leur place, c'est à la ferme, où l'on ne produit pas en général de trop grandes quantités de ce liquide. Il en est de même dans les exploitations de montagne, lorsque, l'hiver, l'état des routes ne permet pas le transport de la traite à la laiterie ou à la fromagerie voisine. Dans les fromageries également où, à certaines époques, du fait que nous venons de citer, on n'a pas assez de lait pour faire du fromage, il peut être plus commode de fabriquer du beurre et de donner ensuite le lait écrémé aux animaux.

Les beurreries rendent le plus souvent le lait centrifugé aux fournisseurs dans la proportion de 80 0/0 environ et

---

de l'alimentation rationnelle du bétail, Imprimerie nationale (La Société de l'alimentation rationnelle du bétail a son siège à Paris, 69, rue de la Victoire); ou encore, pour ce qui concerne les Bovidés, la traduction française de l'ouvrage de Kuhn, *Traité de l'alimentation rationnelle des Bovidés*, éditeurs, Asselin et Houzeau, Paris ; Raoul Gouin, *Alimentation rationnelle du bétail* (Encyclopédie agricole de Wery).

Pour la pratique on lira avec profit : *Manuel de la Porcherie*, par Louis Léouzon, et *L'Elevage des veaux*, par J. Le Conte, Librairie agricole, rue Jacob, Paris.

vendent les excédents à un prix qui oscille autour de un à cinq centimes le litre suivant les régions.

Tout compte fait, il ne paraît pas avantageux, pour les coopératives, d'utiliser elles-mêmes les résidus dans leurs porcheries, surtout lorsqu'on prend les gorets tout jeunes pour ne faire que de l'élevage et les revendre trois ou quatre mois après. A. Fontbouillaut, par exemple, dans la Charente-Inférieure, on trouve plus de bénéfice à vendre le lait à un éleveur, à qui on le cède au prix de 1 fr. 50 l'hectolitre rendu à la porcherie. Ailleurs ce chiffre varie de 0 fr. 90 à 1 fr. 60. En Allemagne on estime que si la coopérative peut vendre le lait maigre à ses associés trois centimes le litre, la restitution est plus avantageuse que l'élevage des porcs. Dans les sociétés coopératives de Hongrie, les membres reprennent le lait écrémé 2 c. 1 à 2 c. 6.

D'ailleurs, il est préférable de ne faire que l'engraissement plutôt que l'élevage, qui demande plus de soins, d'attention, et exige en outre une certaine étendue de terrain et des pâturages. Dans la région des Charentes, on estime qu'un porcher peut soigner trois cents animaux ; il reçoit trente francs par mois, 0 fr. 10 par sujet ; en outre un porc lui est réservé. Si l'on cède le lait à un éleveur, celui-ci se sert parfois des locaux appartenant à la Société.

Le lait écrémé convient à peu près à tous les animaux de la ferme, porcs, veaux, bœufs, vaches, poulains, volailles ; cependant on le destine plus particulièrement aux porcs et aux veaux, mais ces derniers sur une moins vaste échelle, à cause des soins particuliers que réclament les élèves et des difficultés que l'on a à se procurer le nombre d'animaux suffisant au moment voulu.

Destruction des boues. — Quel que soit l'animal qui

fait l'objet de la spéculation, on devra bien se garder de lui donner le cordon d'impuretés, les boues que la force centrifuge a séparées du lait et que l'on retrouve collées contre les parois de la turbine.

L'examen bactériologique de ce magma montre, en effet, qu'il constitue un ramassis d'une foule de microorganismes, quelquefois des ferments infectieux, des microbes pathogènes. Des expériences *in anima vili*, ayant pour objet de démontrer leur influence néfaste sur les animaux de la ferme, sont des plus concluantes. On peut d'ailleurs se rendre compte soi-même que les parcelles d'excréments, les poils, les fétus de paille, les débris de caillé, les poussières, etc., qui constituent le cordon des centrifuges, sont de véritables repaires à microbes, ces ennemis invisibles du lait, en en délayant un peu dans du même liquide. En maintenant ce dernier à une douce chaleur, on le verra se cailler en très peu de temps. C'est pour cette raison qu'en Allemagne et en Danemark la destruction par le feu de ces résidus solides a été rendue obligatoire.

Stérilisation du lait. — Le lait qui sort de la centrifuge a une température voisine de 25°, très favorable à la multiplication des êtres microbiens; on sait qu'il en renferme encore une forte proportion. Il importe donc de le refroidir immédiatement le plus possible, ou mieux de le stériliser par la chaleur. C'est là le meilleur moyen d'enrayer la propagation des maladies infectieuses par les usines centrales.

A cet effet, au sortir de l'appareil mécanique, on doit le soumettre à une température de 80 à 90°, dans un bac pourvu d'un serpentin à vapeur ou à eau chaude, par exemple, ou dans un pasteurisateur quelconque (fig. 119).

Le professeur suédois J. Svensson a conclu, après des expériences pratiques, qu'avec un pasteurisateur Fjord

210   LE LAIT ÉCRÉMÉ

un chauffage à 80° pendant deux minutes suffit pour tuer le bacille de la tuberculose, mais que 75° ne suffisent pas toujours pour amener ce résultat.

Il serait bon de refroidir immédiatement le liquide après

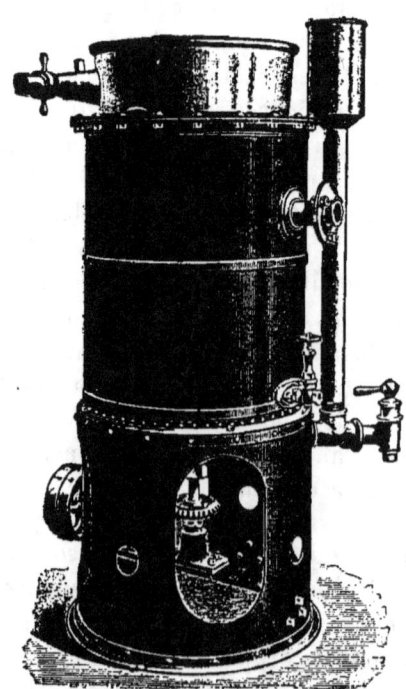

Fig. 119. — Pasteurisateur pour lait écrémé (Gaulin).

cette opération. Toutefois, comme l'a fait remarquer Mlle Smeyers dans un rapport au congrès de Namur, on peut rencontrer des difficultés pour se procurer l'eau froide indispensable ou les ustensiles nécessaires à la manipulation d'une grande quantité de lait ; et, pour éviter les frais, on pourrait procéder comme en Danemark, où la stérilisation du lait écrémé et de la crème est obligatoire. Dans ce pays on vide immédiatement le lait encore très chaud dans les récipients des fournisseurs, ce qui présente l'avantage de détruire les ferments que renferment les bidons plus ou moins bien entretenus. Dans le cas où le liquide ne devrait pas être consommé dans les douze heures, il devrait, après ce laps de temps, être soumis de nouveau à l'action de la chaleur. On sait, en effet, que le lait écrémé doit être servi parfaitement doux aux animaux, aux veaux et aux gorets tout au moins. Quant aux porcs adultes, l'aliment aigrelet ne leur déplairait pas ; il leur serait même, dit-on, plus profitable.

Lorsque le lait a acquis un certain degré d'acidité, dû à la transformation du lactose en acide par les ferments lactiques, on voit la caséine se précipiter lorsqu'on le porte à une température élevée. Il est donc prudent, dans ce cas, si on veut lui conserver sa fluidité, de saturer préalablement l'acide formé par une liqueur alcaline, de soude, par exemple, avant de le soumettre à la pasteurisation. Cer-

Fig. 120. — Acido-neutralisateur (Gaulin).

tains dispositifs, comme l'appareil Gaulin (fig. 120), permettent d'opérer rapidement cette neutralisation ; mais, étant donnée la faible valeur du lait écrémé, ces appareils d'un prix élevé ne peuvent être réellement mis à profit que pour traiter le lait entier destiné à l'alimentation humaine.

On trouvera d'ailleurs dans l'*annexe* (1) le moyen de vérifier le degré d'acidité, de même que quelques procédés qui permettent de reconnaître si le liquide a été chauffé, ce qui peut être utile dans certains cas.

Digestibilité du lait pasteurisé. — On peut se demander si le lait qui a été soumis à la pasteurisation n'a perdu aucune de ses qualités au point de vue de l'assimilabilité. Comparativement au lait cru, la digestibilité du lait chauffé est assez controversée.

Retenons cependant les résultats des expériences faites sur des veaux à la Station expérimentale du Maryland (Etats-Unis) : la pasteurisation ne diminue la digestibilité des matières albuminoïdes que de 1.8 0/0, tandis que ce chiffre s'élève à 7.53 avec l'ébullition.

Quant au lait maigre, le coefficient de digestibilité de la matière albuminoïde y est de 94.34 0/0.

D'après le Dr Hittcher, au contraire, le lait pasteurisé serait mieux utilisé par le corps des animaux. Cet expérimentateur conseille d'ajouter par litre de lait dix centimètres cubes d'une solution à 20 0/0 de sel de cuisine.

D'autre part, les expériences faites à la ferme de Kleinhof-Tapiau, en Allemagne, ont montré que le lait bouilli additionné de sel marin est mieux utilisé par les veaux que le lait bouilli seul, qui l'est mieux lui-même que le lait naturel. Enfin l'addition de chlorure de calcium a donné de très mauvais résultats.

Nécessité d'adjoindre un adjuvant au lait écrémé. — Au point de vue de la nutrition du bétail, d'après Fjord, 6 livres de lait écrémé équivalent à une livre de seigle ou

---

(1) A la fin du volume.

d'orge. De même, comparé au foin, dit M. Lézé, on arrive à cette conclusion tirée des compositions chimiques des deux substances, que l'on obtiendrait avec 31 kg. 25 de lait écrémé la même quantité de principes alimentaires utiles qu'avec 100 kg. de foin.

Mais l'inconvénient de l'aliment que nous envisageons réside dans sa forte teneur en eau. Aussi, administré en grandes quantités, il peut occasionner chez les animaux des désordres intestinaux qui nuisent à la bonne utilisation du produit. En outre, si le lait écrémé au repos contient encore une certaine quantité de matière grasse qui peut aller jusqu'à 1 0/0, il n'en est pas de même du lait centrifugé, qui en est presque totalement privé.

Or, la théorie physiologique appuyée par l'expérimentation nous apprend qu'une alimentation rationnelle, c'est-à-dire celle qui donne le plus de profit, est celle qui fournit à la fois tous les principes qui entrent dans la composition du corps de l'animal. Cela est d'autant plus vrai qu'il s'agit de tout jeunes animaux, comme les gorets, les veaux, les poulains, etc., auxquels rien ne saurait mieux convenir, à ce point de vue, que le lait pur de la mère.

En employant exclusivement des aliments riches en hydrates de carbone, comme la fécule, le sucre, mais pauvres en principes azotés, on constate un très grand développement de graisse, non seulement autour des muscles et sous la peau, où elle constitue la graisse extérieure ou de couverture, mais encore dans les muscles mêmes. D'un autre côté, par suite de l'insuffisance de l'azote, les fibres musculaires ne se développent qu'imparfaitement, les poils sont peu abondants, la peau est relativement peu épaisse. En résumé, la ration doit présenter un tout parfaitement pondéré dont la relation nutritive, étroite d'abord, dès la naissance — $\frac{1}{2.5}$ à $\frac{1}{3}$, — va s'élargissant au fur et à mesure que l'animal se développe, pour passer à $\frac{1}{4}, \frac{1}{5}$.

Les succédanés que l'on peut mettre à profit sont assez variés. Nous signalerons ceux qui ont paru les meilleurs ; mais les éleveurs pourront trouver avantage à en utiliser d'autres que, suivant les régions, ils se procureraient plus particulièrement à bon compte.

En général, on vise à rendre au lait écrémé la matière hydrocarbonée qu'il a perdue, soit sous forme de graisse même, soit à l'état de matière amylacée. Dans quelques cas, aussi, où l'on a en vue un élevage intensif, on relève la richesse de la ration par l'adjonction d'aliments riches en azote. Nous répétons que c'est à l'intéressé de contrôler quels sont, de tous les succédanés qu'on lui propose, ceux qui, eu égard aux cours des marchés, communiquent au lait écrémé la valeur en viande la plus élevée.

1. — Elevage et engraissement des veaux.

D'une façon générale, on peut dire que ce sont les veaux qui utilisent le mieux le lait maigre. Toutefois, par ce moyen le débit du liquide en question se trouverait assez limité.

On ne peut pas toujours, en effet, se procurer le nombre d'animaux en rapport avec le volume d'aliment dont on dispose. De plus, chaque élève réclamant pour ainsi dire des soins particuliers, le travail que ce genre d'élevage entraîne est trop considérable quand on a affaire à un certain nombre de veaux. En un mot, l'opération doit se restreindre à quelques animaux seulement, si l'on veut tirer tout le parti possible de ce mode de spéculation.

Il faut apporter une grande régularité dans la distribution des repas. Ces derniers sont en général au nombre de trois, le matin, à midi et le soir. L'heure passée, l'animal s'agite, s'impatiente et profite moins, sans compter qu'il se jette goulûment sur la provende, qu'il ingurgite en trop fortes proportions à la fois, ce qui peut provoquer des dérangements intestinaux ou, dans tous les cas, nuit à son assimilation. On ne saurait trop recommander à ce sujet l'emploi du biberon à tétine (fig. 121), qui présente le lait au veau dans les meilleures conditions En effet, lorsque ce dernier tette sa mère, il n'avale la boisson que par faibles portions, qui donnent également de petites quantités de caillé dans l'estomac, où alors il est mieux attaqué par les sucs digestifs.

Fig. 121. — Biberon à tétine pour veaux (Massonat, à Nérondes, Cher).

L'appareil est d'ailleurs très commode à entretenir. Après l'avoir enlevé de son support il suffit de le conserver dans l'eau, une fois lavé. Dans l'alimentation ordinaire au baquet les causes de contamination de l'aliment sont au contraire nombreuses (1). Il en existe aussi d'autres modèles, par exemple celui représenté par les fig. 122 et 123. Dans tous les cas, les récipients doivent être lavés à l'eau chaude après chaque repas et à l'eau de soude bouillante une fois par jour.

(1) L'élevage des veaux au biberon se pratique en particulier à Ascain, à la Laiterie la Nivelle (Basses-Pyrénées).

Enfin, le biberon permet de masquer au veau l'odeur désagréable de certains adjuvants, la farine de viande par exemple. Toutefois il est vrai de dire que cette odeur disparaît avec le temps, et l'on peut, dans cette intention, en faire une certaine provision à l'avance.

Lorsqu'on a en vue l'allaitement artificiel, il est préférable que, dès sa naissance, l'animal ne tette pas sa mère,

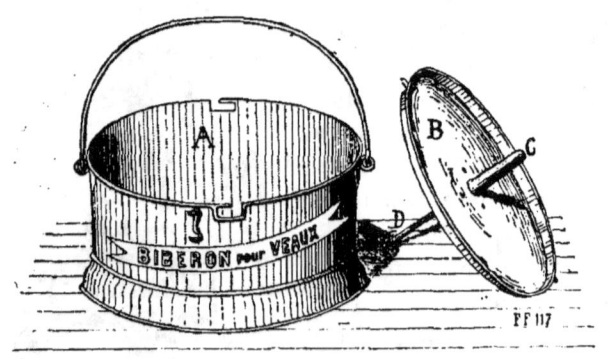

Fig. 122. — Biberon pour veaux (Fouché).

car, dans ce dernier cas, on éprouverait alors plus de difficulté pour lui faire prendre le lait. Il est bien entendu que c'est exclusivement du lait pur qu'il devra recevoir au moins pendant les dix ou quinze premiers jours, sans oublier de lui faire prendre, au début, le *colostrum* ou premier lait. Ce dernier est en effet l'aliment indispensable au nouveau-né pour chasser les impuretés intestinales ou *méconium*.

Quand on fait usage du baquet, il est bon de n'employer d'abord que peu de liquide à la fois, de façon qu'en maintenant de la main gauche la tête du veau, celui-ci n'enfonce que les lèvres dans le liquide. En même temps on introduit dans sa bouche deux doigts écartés de la main droite qui laisseront passer un jet de liquide, comme s'il sortait de la mamelle. Quand on verra que l'animal prend bien le lait en suçant les doigts, on abandonnera la tête, puis à son tour on retirera peu à peu la main de la bouche. Avec ces précautions, le jeune veau aura l'habitude de boire seul au bout de deux à trois jours au plus.

Fig. 123. — Biberon pour veaux (Fouché).

L'aliment devra toujours être servi parfaitement doux et tiède, soit à la température de 28 à 30°.

Quand le moment arrive de remplacer le lait par du lait écrémé et des succédanés appropriés, il est préférable de n'opérer la substitution que lentement, progressivement, en forçant un peu chaque jour la dose du nouvel aliment, de façon à éviter toute transition brusque. Le changement, pour se faire dans de bonnes conditions, ne devrait être complet qu'au bout d'une vingtaine de jours. D'ailleurs,

Rolet. — Industrie laitière. 13

il faut que le veau augmente toujours régulièrement en poids, ce que l'on vérifiera à l'aide de la bascule.

Il en sera de même au moment de sevrer les veaux d'élevage. D'après Sanson (1), il faut y procéder lorsque apparaît la première molaire de la seconde dentition, c'est-à-dire vers quatre à six mois, suivant la race et la précocité. Un sevrage trop prématuré « amoindrit le coefficient d'accroissement et altère le type de conformation ».

Chaque semaine on supprime davantage le lait et l'on augmente, au contraire, la bouillie, que l'on rend de plus en plus épaisse. La transition doit durer de trois à cinq semaines, et c'est dans les deux dernières que l'on peut commencer à additionner la ration de betteraves ou d'autres racines coupées, d'herbe tendre ou de foin haché.

On sait que les veaux destinés à la boucherie ne doivent pas manger d'aliments fibreux. Ces veaux engraissés sont vendus quand ils ont un mois et demi à trois mois. Ils peuvent alors peser jusqu'à 150 kilos. Leur rendement en viande nette varie de 53 à 65 0/0, suivant la qualité, et les prix de 0 fr. 60 à 1 fr. 10 l'unité de poids vif. En ce qui concerne la durée de l'engraissement, nous ne saurions mieux faire que de mentionner ici ce qu'en dit un intelligent praticien, M. A. Gouin.

« L'augmentation journalière d'un veau de lait est constamment la même, 1 kilogramme environ au début, quand il pèse 35 kilos, tout comme plus tard, lorsque son poids aura triplé : 6 litres de lait suffisent au veau de 35 kilogrammes ; le prix de revient du kilogramme gagné, si l'on attribue au lait une valeur de 0 fr. 10 le litre, ne s'élève alors qu'à 0 fr. 60. En laissant l'animal parvenir à 100 kilogrammes, ce serait 17 litres de lait qu'il finirait

---

(1) André Sanson, *Traité de zootechnie, ou Economie du bétail*.

par exiger pour augmenter de 1 kilogramme, soit 1 fr. 70 le coût de ce kilogramme, à peu près le double de ce que paierait la boucherie. »

On voit donc qu'on a intérêt à sacrifier au plus tôt l'animal, cinq semaines par exemple. Mais dans le cas d'élevage, ou même lorsqu'on a en vue la production de viande de boucherie, on peut, à un moment donné, comme nous l'avons dit, abaisser le prix de revient en extrayant la crème du lait de la mère pour la remplacer par un adjuvant qui compenserait, au point de vue nutritif, et sans inconvénient pour la santé de l'animal, la perte en matière grasse.

De toutes les substances préconisées à cet effet, celles qui semblent avoir donné les meilleurs résultats sont la fécule et la farine de viande. Malheureusement, la fécule coûte cher et la farine de viande ne convient pas aux animaux destinés à la boucherie.

Il a été constaté en effet que si, sous l'influence de cet aliment surazoté, la croissance du veau paraît s'accélérer, par contre, elle donne moins de graisse dans les interstices musculaires, et que la couleur foncée que prennent les tissus est peu appréciée par la boucherie, qui réclame, comme l'on sait, une chair blanche, les veaux gras réputés les meilleurs sont les « veaux blancs ».

Cet aspect particulier de la viande s'obtient non seulement par l'action d'une alimentation exclusivement lactée ou avec féculents, mais aussi en privant le plus possible l'animal de lumière et d'exercice. A cet effet on le maintient dans une étable obscure et dans une case étroite. On lui met en outre une muselière pour l'empêcher de manger autre chose que la provende qui lui est régulièrement servie (fig. 124).

Il résulte des expériences faites par MM. Dickson et Malpeaux qu'il y a grand avantage à terminer l'engraissement avec du lait pur. La plus-value de la viande de luxe

Fig. 124. — Veau avec sa muselière en oselière

ainsi obtenue compense amplement l'excès de dépense qu'entraîne le lait complet.

Alimentation au lait écrémé seul.

L'alimentation au lait écrémé seul, après que le nouveau-né a bu exclusivement le lait de la mère pendant les deux premières semaines, n'est pas à conseiller, comme ne donnant pas en général de bons résultats.

Ainsi, Crusius a trouvé que des veaux nourris de bon lait augmentent en une semaine de 12 kg. 200 pour cent de poids vif, tandis qu'avec une nourriture exclusive au lait écrémé l'accroissement n'est que de 5 kg. 900. Même, à la station expérimentale du Maryland (E. U.), un veau ne prenant que du lait maigre perdit 453 grammes de son poids en trois jours.

Au congrès de l'alimentation rationnelle du bétail, en mars 1903, un éleveur du Calvados a exposé ses insuccès dans l'élevage des veaux de boucherie par la substitution au lait écrémé au repos du lait centrifugé. Le résultat fut des plus mauvais, car quelques animaux périrent, tandis que les autres ne profitèrent guère à ce changement.

Au premier abord, il n'y a à cela rien qui puisse bien étonner. Voilà de jeunes élèves qui recevaient jusque-là le lait complet de la mère et auxquels, après deux semaines de ce régime, on supprime brusquement un élément des plus utiles, la matière grasse, tandis que la transition était mieux ménagée par le lait écrémé au repos.

Un congressiste a voulu voir dans le lait centrifugé la présence probable d'une catégorie nuisible de microbes différents de ceux du lait écrémé au repos plus vieux de douze à quinze heures.

Ce qui semblerait donner quelque créance à cette opinion, c'est que par la pasteurisation, employée conjointement avec l'administration de fécule, on arrivait à un meilleur résultat, alors que les farineux et le lait cru étaient inefficaces. Dans ce dernier cas chaque veau recevait par jour un litre de lait maigre et 50 grammes de fécule par 6 kilos de poids vif, le tout réparti en trois repas. « Quinze seulement de ces veaux furent vendus entre quatre et cinq mois à un prix normal, neuf furent vendus un vil prix, douze moururent entre trois et quatre mois et quatre furent conservés pour la reproduction. »

Il serait intéressant que l'on fît des expériences bien précises dans le but de comparer la valeur du lait centrifugé administré immédiatement après sa sortie de l'appareil ou après un repos de quelques heures. Pour notre compte, nous ne voyons pas très bien en quoi les microbes du lait turbiné différeraient, au début, de ceux du lait écrémé au repos au point d'empoisonner les jeunes veaux ou porcs.

La centrifugation, bien qu'il ait été démontré qu'elle a peu d'action sur les microorganismes véhiculés par le lait, n'exerce pas moins à ce point de vue une action plutôt salutaire sur ce liquide en chassant dans les boues les impuretés accompagnées d'une certaine quantité de bactéries qui, dans l'hypothèse en question, seraient plutôt les bonnes ; or on y en a spécifié d'infectieuses.

D'autre part, il n'y a pas de raison pour que le lait renferme des germes différents suivant qu'on va le mettre au repos ou le passer à l'écrémeuse. Si ceux-ci sont nuisibles, ils n'en conserveront pas moins leurs propriétés nocives dans les deux cas. Il est certain que le lait turbiné est, au sortir du bol, plus aéré et par conséquent chargé des poussières de l'atmosphère ambiante ; et comme il est alors rarement refroidi à ce moment, il remplit les meilleures conditions pour la multiplication des êtres microbiens, que le repos ne pourra d'ailleurs que favoriser au point de vue du nombre des produits toxiques sécrétés. Il est donc prudent, comme nous l'avons dit, même après la pasteurisation, de le refroidir rapidement.

Il faut aussi admettre que l'air de la salle n'est pas toujours infesté de mauvais germes au point d'empoisonner le lait. S'il en était autrement, le lait écrémé au repos dans les conditions ordinaires, c'est-à-dire sans refroidissement, n'en serait pas exempt lui non plus.

A notre avis, la différenciation réside surtout dans la composition chimique des deux liquides plutôt que dans leur flore bactérienne, en tant qu'espèces. Le lait des centrifuges a perdu la presque totalité de sa matière grasse et une proportion de galactase, agent dissolvant de la caséine, sans compter les principes inconnus influencés peut-être aussi.

ALIMENTATION AU LAIT ÉCRÉMÉ

Dans certains cas on paraît cependant avoir obtenu des résultats satisfaisants. Ainsi, d'après F. de Banau, dans une laiterie de l'Aveyron des veaux ne boivent plus dès quinze jours que du lait centrifugé ; or, à deux mois et demi à trois mois ils pèsent en moyenne 80 kilos.

On compte généralement que l'accroissement journalier est d'une livre un tiers à une livre et demie. Il peut aller jusqu'à mille grammes chez les bons sujets qui absorbent quotidiennement jusqu'à quinze litres de lait de centrifuge.

D'après les résultats obtenus à la ferme-école de Bouchout, en Belgique, la quantité de lait écrémé nécessaire pour faire un kilo de poids vif est d'autant plus faible que le veau est plus jeune. Cette quantité est en moyenne de dix-sept kilogrammes.

A l'Ecole de Mamirolle, pendant une expérience qui dura trente-cinq jours, un veau ayant consommé par jour 15 l. 78 de lait écrémé a vu son poids passer de 60 à 104 kilos, d'où une moyenne quotidienne de 1 kg. 257, une unité de poids vif ayant donc nécessité 12 l. 55. En lui attribuant une valeur de 0 fr. 90, et en supposant que ce chiffre soit le même avant et après l'engraissement, le litre de lait centrifugé serait ainsi payé à raison de 7 centimes 17.

Fleischmann, qui a suivi dans une ferme de l'Oldenburg des essais de ce genre, dit que chaque litre de liquide a donné en moyenne un produit de 7 centimes 91. Les premiers jours seulement on donnait le lait fraîchement tiré, plus tard du lait écrémé et chauffé à 27°. On distribuait la ration trois fois par jour en l'augmentant peu à peu. Chaque veau, nourri pendant un peu moins de sept semaines, recevait quotidiennement en moyenne 12 litres 2 de liquide.

Dans un autre cas, où chaque animal reçut 10 l. 8 de lait écrémé, il a fallu 11 litres 8 pour une augmentation d'un kilogramme de poids vif, le bénéfice net par litre ressortissant à 8 centimes 2.

Enfin, d'après la *Molkerei-Zeitung*, deux veaux achetés trente-deux marks (35 fr. 52) les 100 livres et engraissés quarante-huit et quarante-quatre jours, pesaient à la vente 169 et 150 livres. Le premier avait reçu les cinq premiers jours six litres de lait complet par jour, puis, pendant les cinq jours suivants, trois litres de lait complet et six litres de lait écrémé ; les dix suivants quinze litres et enfin les huit derniers jours dix-huit litres. Le litre de lait ressortit à quatre *pfennigs* (environ cinq centimes). Le second veau donna une valeur un peu moindre.

Comme on le voit par ces quelques essais, pratiqués il est vrai sur un très petit nombre d'animaux à la fois où l'on n'a pas eu à tenir compte des frais de mortalité ou de maladie, le lait écrémé seul est revenu à un prix très rémunérateur.

Les adjuvants du lait écrémé.

Féculents, farineux, tourteaux, grains, etc. — Les adjuvants qui paraissent le mieux convenir sont les farineux. Pour les veaux d'élevage on réservera ceux qui sont riches en principes azotés et en matières minérales qui favorisent la croissance musculaire et hâtent l'ossification, comme les féveroles, les pois, les vesces, les lentilles, le blé, le seigle. Les tourteaux riches en matière grasse, comme ceux de lin, d'œillette, de coprah ; le maïs, le lin, conviennent mieux aux animaux destinés à la boucherie. Malheureusement beaucoup de ces produits sont souvent d'un prix trop élevé, et on trouvera alors plus avantageux d'employer des matières riches en graisse. Le son, dit Villeroy, ne vaut rien pour les veaux, il les nourrit peu et les rend paresseux.

Il est prudent de faire cuire ces divers ingrédients (fig. 125), avant de les distribuer aux nouveau-nés, tout au moins durant le premier mois, sans quoi ils pourraient leur occasionner la diarrhée.

Fig. 125. — Chaudière pour cuire les aliments du bétail (Bréhier).

La fécule de pomme de terre est très bien digérée par les veaux dès l'âge de huit jours, lorsqu'elle est parfaitement cuite et même administrée sans transition aucune (A. Gouin). La preuve en est que l'appétit de l'animal ne paraît pas s'en ressentir, pas plus d'ailleurs que sa croissance. La qualité de la chair serait exactement la même que chez les individus qui boivent exclusivement du lait complet.

Voici d'ailleurs, d'après le préconisateur de ce procédé d'élevage artificiel des veaux, M. A. Gouin, le moyen de préparer le mélange de lait écrémé et de fécule.

Rigoureusement, il faut 86 grammes de fécule anhydre pour remplacer 36 grammes de matière grasse extraite du lait ; mais quand on dispose d'une quantité suffisante de liquide on peut se contenter de 50 grammes de fécule par litre, le veau absorbant un peu plus de lait que la proportion normale.

On met sur le feu un peu moins de la moitié du lait destiné au repas, et on ajoute toute la fécule nécessaire calculée d'après les chiffres ci-dessus ; on agite alors soigneusement pour délayer parfaitement la poudre ; on retire du feu au premier bouillon et on verse le tout dans la portion du liquide qui n'a pas été chauffée, de façon à amener ainsi la masse à la température convenable pour être utilisée immédiatement.

Le Dr Cathelineau a proposé un mode opératoire un peu différent. On délaye la fécule dans une petite quantité d'eau pour former une pâte liante. D'autre part, on porte de l'eau à l'ébullition que l'on projette ensuite sur cette fécule. On place alors cet empois sur un tamis et on fait couler dessus du lait écrémé tout en écrasant les mottons. L'eau ainsi ajoutée présente l'avantage d'étendre le breuvage et de l'amener à un degré de composition voisin du lait sécrété par la mamelle de la vache au moment de la naissance du jeune.

Mais à mesure que les veaux avancent en âge, et selon le but poursuivi, on peut modifier la façon de procéder.

« Ainsi, dit M. Gouin, au début nous avions cru indispensable de cuire pour chaque repas la fécule qui doit être transformée en bouillie ; nous nous bornons maintenant à faire cette cuisson une fois par jour. Aux deux autres repas nous nous contentons de délayer les restes de la bouillie dans le lait écrémé, que nous faisons tiédir à raison de un litre par six kilogrammes de poids vif. Nous cessons d'augmenter la quantité de lait lorsque les veaux sont arrivés à 15-18 litres. Pour les veaux d'élevage on ne dépasse pas 15 litres, de façon que vers la fin le jeune animal arrive à mâchonner quelques aliments solides choisis. Aux environs de la dixième semaine on remplacera la moitié de la fécule par du bon remoulage, que l'on fait cuire de préférence. Un peu plus tard le remoulage cru sera substitué complètement à la fécule, poids pour poids. Ensuite, quand le veau sera habitué à manger on supprimera une partie du remoulage, puis enfin le tout quelque temps après.

« Même quand le veau est déjà bien en état de se nourrir d'aliments solides, il est préférable de ne pas le priver trop tôt de lait écrémé. Ceux auxquels jusqu'à l'âge de cinq ou six mois on continue à faire boire tous les jours une dizaine de litres de lait acquièrent une supériorité marquée sur les autres.

« Lorsqu'on donne des pommes de terre cuites écrasées il est bon de les supprimer aussitôt que le lait, car elles ne donneraient, sans ce dernier, qu'une couche de graisse avec peu de muscles et un squelette sans consistance. »

Voici, à présent, les avantages que présente la fécule, en citant toujours l'habile praticien.

« Si l'on estime le kilogramme de viande sur pied à 1 fr. et si l'on considère qu'un veau, pour gagner un kilo par jour, doit absorber en moyenne un litre de lait par six kilogrammes de son poids, le veau de 60 kilogrammes qui consommera 10 l. de lait écrémé nécessitera une dépense de 0 fr. 20 — 500 grammes de fécule, comptée à 40 fr. les cent kilos, frais de cuisson compris. La différence entre un franc, prix du kilogramme gagné, et la dépense de 0 fr. 20, représente la valeur donnée par l'animal aux 10 litres de lait écrémé, soit 8 centimes par litre.

« Parvenu à 90 kilogrammes, il boira 15 litres de lait écrémé avec 750 grammes de fécule ; le lait écrémé aura produit 4 cent. 5 le litre. Il vaudra trois centimes lorsqu'il servira à nourrir un veau de 120 kilos, en supposant même que la viande des animaux que l'on conduira jusqu'à cet âge ne finisse par acquérir une plus-value sur les cours actuels de la province.

« Pour passer du poids de quarante kilogrammes à celui de cent vingt le veau utilise environ mille litres de lait écrémé, soit la moitié du rendement annuel d'une vache moyenne laitière ; chacun de ces mille litres devra procurer un bénéfice de six centimes. »

L'usage de la fécule ayant occasionné quelques accidents, comme la diarrhée persistante, par exemple, il est recommandé de n'employer que de la farine dans la préparation de laquelle ne seront intervenus ni acides ni corrosifs quelconques. Rappelons que l'on blanchit quelquefois les vieilles fécules avec les acides. Il paraît préférable de s'adresser aux petites féculeries annexées aux exploitations agricoles. Ne pas oublier de ne faire usage que de lait écrémé parfaitement doux, servi dans des vases bien propres, et distribuer les rations par doses croissant progressivement de quatre à quinze litres, et jamais avant que le veau ait atteint l'âge de huit jours.

La fécule deuxième peut tout aussi bien convenir que la première, pourvu qu'elle n'ait pas subi de mauvaise fermentation.

Bien qu'à notre connaissance il n'ait été fait aucune expérience de contrôle pour vérifier à quelles doses minima l'acidité des fécules commence à devenir nuisible au jeune animal, il est au besoin assez simple de déterminer soi-même cette acidité. Le procédé consiste, en principe, à mélanger un poids connu de la matière à essayer avec cinq à six fois son poids d'alcool concentré. On laisse macérer dix à douze heures en agitant de temps à autre. On détermine alors le degré d'acidité d'un volume connu du liquide clair qui surnage, en employant une liqueur acidimétrique titrée, en présence de la phtaléine du phénol comme révélateur, et il ne reste plus qu'à ramener l'acidité à cent de fécule, par exemple.

On peut, d'ailleurs, demander que le vendeur indique sur facture le degré d'acidité de la marchandise, quitte à l'acheteur à la faire contrôler dans un laboratoire.

M. Phocas, directeur de l'Institut agricole de Gembloux (Belgique), donne le procédé suivant pour préparer le *lait artificiel pour veaux* : On fait un mélange de deux kilogrammes de farine de froment, deux kilogrammes de malt d'orge, soixante-six grammes de bicarbonate de chaux. On ajoute au tout quatre litres d'eau, puis vingt litres de lait écrémé. On porte cette bouillie sur le feu et on agite jusqu'à ce qu'elle commence à s'épaissir. On retire alors cinq minutes en continuant d'agiter. On répète encore deux fois la même opération pour, à la dernière, arriver à l'ébullition.

Au début on distribue au veau cinquante grammes de ce produit, après l'avoir dilué dans l'eau tiède, puis dans l'eau bouillante.

La **farine de maïs** a été préconisée par M. Tisserand dans l'élevage des veaux blancs. D'après M. A. Guérin, il faudrait être prudent quant à la quantité à administrer, qui doit atteindre progressivement cinq cents grammes par jour au maximum. En dépassant cette dose, l'expérimentateur a observé sur la peau des animaux une poussée de boutons ; les poils tombent, l'animal se gratte et ne profite pas. Dans un essai sur un jeune veau le lait écrémé est ressorti à onze centimes.

La richesse de la **graine de lin** en matière grasse et hydrate de carbone serait telle que cinquante grammes de ce succédané compenseraient vingt-cinq grammes de matière grasse enlevée au lait.

Les avis diffèrent un peu quant aux quantités à distribuer. M. A. Gouin prétend qu'un litre de lait écrémé et deux cents grammes de graines de lin équivalent à deux litres de lait pur. En Angleterre on ajoute soixante-quinze grammes de ces graines par litre. Pour le docteur Kühn, quinze grammes suffiraient. De même, d'après M. Boutin, au-dessus de ce chiffre le produit en question devient laxatif.

Pour l'administrer, le mieux est de le faire cuire dans une certaine quantité d'eau, puis de verser dans un vase où le tout se prend en gelée. On en met ensuite la portion voulue dans chaque repas de lait chaud.

Edward Bowly, le célèbre éleveur de Durham en Angleterre, dit à ce sujet : « Mes veaux précoces, c'est-à-dire ceux qui naissent de décembre à la fin de février, tettent leur mère pendant une quinzaine de jours ; je les sépare alors et je leur donne deux fois par jour autant qu'ils en peuvent boire du lait écrémé mélangé par égales portions avec une épaisse bouillie de graines de lin. »

D'après Sanson, les meilleurs résultats obtenus sous le rapport de la quantité et de la qualité sont dus, non pas à l'emploi de la graine elle-même, mais de sa décoction.

Cette décoction s'obtient en faisant bouillir pendant un quart d'heure à vingt minutes un litre de graines dans vingt litres d'eau.

Les expériences de MM. Dickson et Malpeaux ont montré que cette décoction, employée simultanément avec la farine de riz ou la fécule, donne une viande de qualité supérieure.

La **farine de lin** convient également. Neuf cents grammes de cette farine et dix litres de lait écrémé représentent environ quatorze litres de lait pur pour les principes azotés et vingt litres pour les matières minérales (E. Barbe).

En Irlande on donne pendant les deux ou trois premiers jours du lait pur aux veaux ; puis, peu à peu on commence à mélanger à ce dernier du lait écrémé dans lequel on délaie, par quantités croissantes, de 170 à 500 grammes de farine de lin.

Le **tourteau de lin**, quoique moins riche en matière grasse que la graine ou la farine, donne encore d'assez bons résultats. Cornevin cite un exemple dans lequel ce produit associé à du lait écrémé fit ressortir le kilo de ce dernier à plus de huit centimes.

M. A. Marlot donne comme quantités cinq cents à sept cents grammes par litre. Il ne faut pas oublier qu'administré en trop forte proportion, le tourteau de lin produit une graisse molle, jaunâtre, qui acquiert par la cuisson un goût et une odeur désagréables (Pagès).

M. Stephens préfère les **pois moulus** à la graine de lin. On les arrose d'eau bouillante, et la pâte en gelée ainsi obtenue est employée comme celle de lin.

La **farine de malt** cuite est un bon adjuvant. Elle constitue avec le lait écrémé une ration économique, mais on doit terminer l'engraissement par du lait pur (Dickson et Malpeaux).

Les éleveurs qui résident dans le voisinage des brasseries peuvent utiliser les **touraillons**. M. Friez, vétérinaire, donne le mode d'emploi suivant :

Jusqu'à la quatrième semaine l'animal reçoit huit litres de lait avec une infusion de touraillons. A partir de la cinquième semaine on remplace le lait pur par trois litres du même liquide écrémé et cinq litres d'infusion. Celle-ci est obtenue en faisant macérer un kilogramme de germes dans quinze à vingt litres d'eau bouillante, qui agit en même temps comme agent de stérilisation.

Les germes valent de six à huit francs les cent kilogrammes ; le veau en consomme environ pour 0 fr. 05 par jour.

Il serait intéressant de tenter des expériences avec le

lait écrémé édulcoré au **sucre non raffiné** (1). Quant à la mélasse verte elle ne saurait convenir à l'organisme encore trop délicat des jeunes animaux, à cause des sels divers, de potasse, surtout, qu'elle contient.

Matières grasses. — Morlot cite une expérience qui a été faite en Allemagne avec du **suif**. Deux veaux ayant reçu le lait de la mère pendant les vingt-cinq premiers jours, on substitua progressivement le lait écrémé au lait entier. A la suppression complète de ce dernier le lait maigre fut additionné de quatre-vingt-seize grammes de suif de bœuf, de mouton, ou de saindoux, répartis également en trois repas. Après quatre semaines de ce régime on constata que les veaux avaient aussi bien profité que les animaux témoins nourris de lait pur, et beaucoup mieux que ceux qui ne reçurent que du lait écrémé.

L'**oléo-margarine** et le sucre peuvent remplacer la matière grasse du lait écrémé. Toutefois la qualité de la viande laisse un peu à désirer (Dickson et Malpeaux).

A la station laitière de Lodi (Italie) on a fait des expériences comparatives avec l'oléo-margarine et la fécule. Des veaux recevaient le lait écrémé avec 5 0/0 de fécule, d'autres avec 1 à 3 0/0 de margarine. Le premier ingrédient était évalué à 0 fr. 30 le kilo et le second 1 fr. 25. La valeur donnée au lait maigre fut de 9 cent. 71 avec un prix de vente des animaux de 0 fr. 90 l'unité de poids. Il reste à déduire les frais.

En partant d'une ration journalière de soixante grammes par tête, A. Couturier est parvenu à faire consommer au veau deux litres à deux litres et demi d'**huile d'arachide** par cent litres de lait écrémé.

---

(1) Voir, pour la législation sucrière, l'Annexe, à la fin du volume.

L'animal, après vingt-sept jours d'engraissement, avait consommé deux cent trente-sept litres de lait écrémé et quatre kilos sept cent quarante d'huile, occasionnant un accroissement de poids de seize kilos et demi.

La plus-value sur le prix d'achat a été de dix-neuf francs soixante-cinq. Le kilogramme d'huile valant un franc, le bénéfice pour les deux cent trente-sept litres de lait écrémé se chiffre par quatorze francs quatre-vingt-onze, soit six centimes par litre. Dans certains cas ce chiffre se serait élevé à huit centimes et même à neuf centimes et demi.

Le professeur Campbell a fait des essais comparatifs d'alimentation sur les veaux avec l'**huile de foie de morue**. Il a trouvé que la plus forte augmentation de poids était obtenue avec le lait pur, mais que cette plus-value n'était pas en rapport avec la dépense. Quant à l'huile en question, elle a donné de meilleurs résultats avec le lait écrémé que les farineux avec ce même lait écrémé. L'expérimentateur recommande de n'employer que de l'huile de première qualité, sans dépasser la dose de cinquante-six grammes.

En Allemagne on a remarqué que l'**huile de lin** ne convient qu'aux veaux très vigoureux.

Enfin, terminons par le mélange d'**huile de sésame** et d'huile d'arachide essayé à l'Ecole de Mamirolle. Un veau de douze jours acheté à raison de un franc quarante le kilo a consommé pendant cinquante jours 76 l. 2 de lait pur à 0 fr. 13, six cent neuf litres de lait écrémé et 11 kg. 26 d'huile à 0 fr. 80 le kilo. Le lait maigre a été substitué graduellement au lait pur en l'additionnant d'huile à raison de vingt grammes par litre. L'accroissement moyen de poids par jour a été de 0 kg. 889.

Le veau ayant été vendu 1 fr. 23 le kilo de poids vif, cela porte à 4 cent. 6 la valeur donnée au kilogramme de lait écrémé, malgré le prix d'achat élevé de l'animal.

Rappelons que nous avons indiqué, chapitre II, n° 9, à propos des fromages maigres, comment il est possible de mélanger intimement les matières grasses au lait. Lorsqu'il s'agit d'huile on peut, au moment de servir, se contenter de chauffer le lait vers 35-36°, puis de verser le liquide gras en brassant énergiquement.

Matières azotées. — La **farine de viande** est une matière riche en principes azotés qui contribuent surtout à la formation des muscles. Elle renferme de plus une dose assez élevée d'acide phosphorique, qui entre, comme on sait, dans la constitution du squelette en particulier. Quatorze cents grammes, du prix de 0 fr. 40, paraissent suffire pour vingt-huit litres de lait écrémé. Dans les rations il ne faut pas dépasser cinq à six cents grammes.

Dans une expérience de A. Gouin, un veau ne but du lait pur que pendant les deux premières semaines. Il atteignait à ce moment quarante-quatre kilos. La troisième semaine il consomma 5 l. 75 de lait pur, 5 l. de lait écrémé et deux cent cinquante grammes de farine de viande par jour ; l'augmentation de poids dans cette dernière période fut de huit kilogrammes. La quatrième semaine on lui distribua trois litres de lait pur, huit litres de lait écrémé et quatre cents grammes de farine de viande : augmentation, sept kilos. La cinquième semaine le veau eut pendant deux jours une légère diarrhée ; il ne prit que du lait pur et maintint son poids ; durant les cinq autres jours il utilisa deux litres de lait pur, dix litres de lait écrémé et cinq cents grammes de farine de viande : augmentation, un kilo par jour. Enfin la sixième semaine il consomma douze litres de lait écrémé et six cents grammes de farine de viande : accroissement par jour, un kilo également.

Ce succédané ferait ressortir la valeur du litre de lait écrémé à environ 4 cent. 5. Dans le cas où il occasionnerait une congestion, il faudrait cesser d'en donner et le remplacer par un mélange, en parties égales au début, de riz et de graines de lin, le riz entrant pour les deux tiers dans la suite.

La valeur alimentaire du **sang desséché** a été mise en lumière par le Dr Régnard. Ce produit doit provenir du sang simplement séché et broyé. Il ne faudrait pas, par exemple, faire usage de celui qui est livré comme engrais et que l'on obtient par coagulation avec une solution de sulfate de fer. Ce dernier conserve toujours par conséquent une certaine acidité, une couleur de rouille ; en outre, il ne présente pas les grains brillants du sang simplement desséché.

On doit faire tremper la veille la quantité destinée au lendemain. Soixante grammes suffisent par litre de lait écrémé. Le kilo vaut un franc en moyenne.

Malgré sa faible teneur en matière grasse, Sanson regarde le sang desséché comme le premier aliment complémentaire du lait maigre.

Comme pour la farine de viande, on doit réserver ce succédané azoté pour les veaux d'élevage seulement.

D'après les expériences faites aux Etats-Unis, ce produit serait spécifique contre une maladie grave appelée là-bas *scours*.

Quelquefois les **œufs** sont seuls employés comme adjuvant. Le baron Peers cite le compte suivant se rapportant à un veau. La durée de l'engraissement a été de quatre-vingt-huit jours pendant lesquels l'animal a consommé :

> 281 kilog. de lait pur à . . . 0 fr. 16 le kilo.
> 980 id. de lait écrémé . . . »
> 52 œufs à . . . . 0 fr. 07 la pièce.

Le poids à la vente était de cent trente-un kilos, le prix de vente cent quarante-quatre francs. Enfin le gain en poids se chiffrait par quatre-vingt-dix-sept kilos. Dans ces conditions le kilogramme de lait écrémé s'est élevé à sept centimes.

Pour administrer les œufs on les casse d'abord légèrement, puis on achève de briser la coquille quand on les enfonce dans le gosier de l'animal.

En Suisse, au moment du sevrage on mélange au lait écrémé, additionné de farine, du *bouillon d'escargots*.

Adjuvants divers. — Le **thé de foin** mélangé avec du lait écrémé a donné de très bons résultats en Angleterre.

Pour le préparer on hache du foin de première qualité que l'on met dans un vase sans le presser. On recouvre d'eau bouillante, on ferme hermétiquement et on laisse infuser pendant 12 heures. On soutire alors le liquide, qui a dissous tous les principes nutritifs du foin, et on peut l'utiliser.

L'eau de riz serait encore plus nutritive que le thé de foin. On la prépare en faisant bouillir 2 kg. 5 de bon riz dans un hectolitre d'eau.

Des essais ont été faits à l'École de Mamirolle pour vérifier la valeur du képhir comparativement au lait centrifugé. Un même veau de petite espèce reçut pendant quatorze jours du képhir, puis pendant deux autres semaines du lait centrifugé. Voici les résultats comparatifs :

LAIT MAIGRE CONSOMMÉ	Durée de l'engraissement	Quantité par jour	Poids avant l'engraissement	Poids après l'engraissement	Accroissement par jour	Nombre de litres pour 1 kilogr.
	jours	litres	kilogr.	kilogr.	kilogr.	litres
Képhir	14	11,21	40	51	0,785	14,27
Lait centrifugé seulement.	14	12,07	51	62	0,785	15,36

En attribuant au kilogramme de poids vif la valeur de 0 fr. 90, et en supposant le même chiffre avant et après l'engraissement, dans le cas du képhir, ce produit atteindrait 0 fr. 063, tandis que le lait écrémé arriverait seulement à 0 fr. 0585.

La **poudre d'os** apporte dans la ration un supplément d'acide phosphorique. D'après les expériences de Weiske et de Heiden, il semblerait que les préparations de ce genre empruntant l'acide phosphorique soit au règne animal soit au règne végétal, sont d'une efficacité douteuse, car le principe utile ne ferait que traverser le tube digestif. Cependant certains essais sembleraient prouver que la poudre d'os contribue à l'accroissement du poids de l'animal.

A. Gouin et Andouard (de Nantes) ont constaté qu'un veau qui recevait cent grammes de phosphate d'os par jour augmenta de trente-six kilos durant les vingt-quatre jours de l'expérience, soit une moyenne quotidienne de 1 kg. 667, tandis qu'avant ce régime l'accroissement n'était que de 1 kg. 292. De même, quand on supprima la poudre d'os le chiffre tomba à 0 kg. 968. En résumé, l'attribution de l'ingrédient en question fit acquérir à l'animal un poids supplémentaire de 9 kilos pour les vingt-quatre jours.

Ces expérimentateurs conseillent de n'employer que les os desséchés à l'air libre, puis broyés et non traités par des agents chimiques quelconques.

J. Boutin propose d'ajouter trente à soixante-quinze grammes de poudre d'os dans la ration journalière, en commençant par vingt à trente grammes. La poudre d'os vaut environ quinze francs les cent kilos.

Gréa, dans le Jura, utilise depuis longtemps le biphosphate de chaux lavé dans la ration de ses veaux, à raison de soixante à soixante-dix grammes, pour combattre l'ostéoclastie, maladie résultant de la faiblesse des os. Le biphosphate lavé vaut environ 0 fr. 50 le kilo.

L'acide phosphorique peut être donné aussi sous une autre combinaison. Ainsi, d'après Sanson, à l'état de glycéro-phosphate ce principe ne constituerait pas seulement un stimulant, mais entrerait dans la constitution des tissus musculaire et osseux.

Enfin dix à douze grammes par jour de sel de cuisine sont aussi à conseiller.

Quelques exemples de mélanges. — Stephens distribue aux veaux, à partir de la troisième semaine, du *lait écrémé* contenant cent cinquante grammes de *farine de lin* et autant de *farine de féverole*.

Voici le genre d'alimentation pratiqué par J. Campbell, en Angleterre. Pendant le premier mois, le veau boit par jour, en trois repas, sept litres de lait pur. On lui donne ensuite du *lait écrémé doux* avec un peu de bouillie faite avec de la *farine de lin*, de la *farine de fève* et de la *farine de maïs*. La quantité de bouillie croît graduellement jusqu'à ce que le jeune élève ait huit à dix semaines. On lui distribue alors six litres de lait écrémé, auquel on ajoute un demi-litre de chaque farine. Ces farines, avant d'être servies, doivent au préalable bouillir du matin au soir ou du soir au matin avec de l'eau. On ajoute ensuite la bouillie au lait avant de faire la distribution.

Turnbull, lui, emploie une bouillie composée de deux tiers de *farine de seigle*, un tiers de *farine de lin*, le tout délayé dans du *lait écrémé*. Ce mélange n'est donné qu'aux animaux qui ont atteint l'âge de six semaines.

A l'Ecole de Mamirolle on a essayé à la fois le *lait écrémé*, le *petit-lait* des fromages, la *farine de viande* et l'*avoine*. L'essai a duré onze jours avec un veau de vingt-trois jours, qui a consommé :

Lait gras	157 kg. à	0 fr. 12 le kilo.
Petit-lait	1077	0 fr. 01
Farine de viande. .	44,5	0 fr. 30
Avoine	8	0 fr. 16
Foin	70	0 fr. 06
Lait centrifugé . .	954	

Le prix du kilogramme de lait centrifugé est ressorti à 5 cent. 5.

L'expérience a été partagée en trois périodes :

1° Au début on a remplacé progressivement le lait gras par le lait écrémé et la farine de viande. Le régime exclusif avec ces deux derniers aliments a été poursuivi pendant trente jours.

2° Durant les dix-huit jours suivants le petit-lait a été substitué peu à peu au lait maigre.

3° Enfin, dans une période de cinquante-deux jours le petit-lait a été donné seul avec de la farine de viande, quelque peu d'avoine cuite, l'animal commençant à manger du foin.

Au moment de la vente, le veau âgé de quatre mois et demi pesait deux cent vingt-huit kilos. L'augmentation moyenne de poids a été de 1 kg. 245 par jour.

Le commerce livre sous des noms très divers : lactine, lactéine, lactina, lacto-farine, lactoline, lacto-créméline, créméine, etc., des aliments à base de lait pour les animaux ou *farines lactées*. On ne saurait trop recommander d'exiger des vendeurs la composition de ces produits. On appréciera mieux alors leur valeur, en tenant compte de ce que cent parties de lait entier renferment environ treize grammes de matière sèche utile, et le lait centrifugé neuf seulement. On connaît d'ailleurs la nature de ces éléments utiles, d'après ce que nous en avons dit à la page 64.

Souvent ces produits du commerce contiennent des matières difficilement digestibles pour l'estomac des jeunes animaux.

Contre la diarrhée des veaux.

Les veaux soumis à l'allaitement artificiel sont plus sujets que les autres à contracter la diarrhée. Pour guérir ou prévenir cette affection si fréquente et souvent si préjudiciable nous croyons utile de donner quelques recettes.

Pincée de bismuth à chaque repas (*Gouin*). — Mélange formé de 50 gr. d'huile de ricin, 2 gr. de rhubarbe et 0 gr. 90 de gingembre (*De la Trehonnais*). — Composer une breuvage de quatre litres contenant vingt à trente grammes de crème de tartre soluble, quelques gouttes de laudanum et un peu de miel, à administrer en douze ou quinze fois (*Sanson*). — Eau de riz additionnée de 5.10.15 grammes — suivant l'âge — de laudanum de Sydenham (*E. Thierry*) (1). — Dès les premiers symptômes, faire prendre un à deux litres d'eau très froide, aussitôt après le repas. Continuer ainsi tous les jours (*Guichard*). — Restreindre la ration et couper le lait avec une tisane d'orge, de riz ou de graine de lin ; administrer avant le repas un mélange de deux tiers de rhubarbe et un tiers de crème de tartre, ou encore de la magnésie dans une infusion de camomille (*A. Marlot*). — Eau de menthe poivrée 0 l. 75, chaux 30 gr., cachou 15 gr., opium 2 gr., gingembre 7 gr. 5. Donner deux à quatre cuillerées par jour, suivant l'âge, moitié le matin à jeun, moitié le soir (*E. Saint-Loup*). — Cinq gouttes noires anglaises dans un verre d'eau avant le repas (*Cordier*). — Dans les cas graves, dissoudre un gramme d'acide salicylique dans de l'eau bouillante et verser dans un litre d'infusion de camomille.

(1) E. Thierry, *les Vaches laitières*, Paris, 1905, J.-B. Baillière.

Administrer en trois ou quatre fois dans la journée (*J. Le Conte*).

2. — Elevage et engraissement des porcs.

Considérations générales. — La pratique semble démontrer que les porcs font produire au lait écrémé une valeur moindre que les veaux. Ce résultat est dû sans doute en majeure partie à ce que l'élevage étant appliqué à un plus grand nombre de têtes, réunies en général dans un même local, les pertes par maladies et épizooties — pneumo-entérite surtout — sont plus fréquentes. Dans tous les cas, ce genre d'utilisation du lait permet d'en écouler une quantité considérable.

Dans ses expériences, Fleischmann en a obtenu 3 cent. 39 à 3 cent. 52 par litre.

En Angleterre, d'après Stephenson, la valeur moyenne acquise est de cinq centimes.

Il résulte encore d'une série d'essais faits en Amérique que cent livres de lait écrémé produisent six livres un quart de viande de porc, qui, à 0 fr. 30 la livre, représentent 1 fr. 87, ce qui porte à 4 cent. 1 la valeur acquise par le litre de lait.

Mais dans les grandes exploitations il ne faut guère plus compter que sur une moyenne de deux centimes.

L'élevage des jeunes gorets depuis le sevrage jusqu'au moment où l'on commence à les engraisser, paraît être le mode de spéculation le plus avantageux, celui qui paye le mieux le lait écrémé, mais il est aussi le plus délicat. Cependant lorsqu'il s'agit d'un petit nombre de sujets élevés pour les besoins de la ferme, on peut les choisir à peine sevrés pour les conduire au maximum de poids. Ordinairement on achète les animaux à huit, dix, quatorze mois, — 60-70 kilos — suivant la précocité, et on les amène à quatre-vingts, cent kilos et quelquefois 200 k. Il est préférable cependant de ne pas les pousser à un engraissement maximum. Au delà de cent kilos le plus souvent l'augmentation journalière ne donne qu'une faible valeur à la ration ingurgitée. Des pesées effectuées à intervalles réguliers permettront de se rendre compte de la marche de l'engraissement. Suivant l'augmentation de poids, on pourra vérifier aussi quel est le succédané qui fournit le kilo de viande au meilleur compte. Prendre note de la quantité d'aliments ingérés et calculer leur prix de revient, que l'on divisera par le gain en poids de l'animal. A la station expérimentale de l'état de Vermont, en Australie, on a constaté que les accroissements de poids ont cessé d'être avantageux au delà de 81 à 82 kilos (180 livres anglaises).

Il vaut mieux, dans l'intérêt d'une meilleure utilisation des produits ingérés, faire faire aux animaux trois ou quatre repas dans la journée, plutôt que deux seulement (1). Il ne paraît pas y avoir avantage à laisser aigrir le lait avant de le distribuer aux porcs. Des expériences effectuées en Italie ont montré que le lait acidifié avait à peu près la même valeur que le doux pour l'engraissement.

Emploi du lait écrémé seul. — Le lait écrémé n'est pas un aliment complet d'engraissement. Sa forte teneur en eau oblige d'en faire consommer de trop grandes quantités, ce qui peut occasionner des troubles digestifs. Il faudrait tout au moins, à la fin de la période, employer les farineux à raison de un demi à un kilo par jour. Voici cependant un exemple d'engraissement au lait écrémé seul, cité par M. Lavalou, à Tremblay :

Les porcs étant au pâturage, on leur porte le lait une fois par jour. Après six semaines à deux mois de ce régime,

---

(1) Paul Diffloth, *Zootechnie*, Mouton, Chèvre, Porc. Paris, 1905, p. 347.

on les rentre à la porcherie, où l'on continue à ne leur donner que du lait écrémé pendant six semaines encore, puis on les vend. Chaque animal est acheté en moyenne cinquante francs, et il consomme trente litres de lait par jour pendant cent jours. Il rapporte environ cent francs à la vente. Le litre de lait acquiert ainsi une valeur de deux centimes.

Adjuvants du lait écrémé. — Les **grains** et le lait maigre constituent la meilleure ration que l'on puisse donner aux porcs. Les deux sortes de produits gagnent en digestibilité à être ainsi associés. Nous avons dit que le lait aigrelet excite l'appétit des animaux en question. La cuisson favorise certainement l'assimilation des grains ou autres farineux, comme l'ont montré les expériences de Dudgeon et Walker. Mais elle peut devenir onéreuse ; aussi pourrait-on se contenter, après avoir concassé grossièrement les grains, de les laisser tremper pendant vingt-quatre heures, comme le conseille M. Grisdale.

En Amérique on a constaté que la **farine de maïs** mélangée avec une quantité double de lait écrémé constitue la ration produisant la plus grande quantité de viande avec le moins de frais, mais pour finir mieux vaut ajouter 13 à 14 litres de lait écrémé à toute la quantité de farine de maïs que les porcs peuvent consommer. La farine en question s'est montrée quelquefois supérieure au maïs en grains, mais avant de se prononcer il y a lieu de tenir compte des frais supplémentaires de mouture.

Chez les porcs adultes le maïs a été trouvé supérieur à l'orge, tout en étant meilleur marché, même quand on l'additionne de petit-lait. Mais chez les jeunes animaux l'orge moulue paraît amener une augmentation de poids plus rapide que le maïs. Dans certains cas 100 livres d'orge ont fait le même effet que 120 de maïs. Ou encore pour produire 1 kg. de viande chez les jeunes il n'a fallu que 3 livres, 6 d'orge distribuée seule, et 6 livres à 10 livres chez les adultes. A Rothamsted, en Angleterre, on est arrivé à cette conclusion que trente kilogrammes de maïs ou trente-cinq kilogrammes de lait écrémé correspondent à six kilos de viande de porc. Le maïs cependant ne fournirait, d'après certains auteurs, qu'une viande de deuxième qualité ; le lard manquerait de fermeté et de goût. Aussi, selon le professeur Frijs, devrait-on remplacer le maïs par des céréales lorsque l'animal a atteint une soixantaine de kilos. D'après Sanson, au contraire, on devrait terminer l'engraissement par une ration de maïs distribuée chaque jour du dernier mois. Ce succédané donnerait un « lard ferme, de belle couleur et d'une saveur agréable » (1). Le mieux est de ne pas abuser du maïs et de le mélanger à d'autres produits. M. Pagès propose de donner la préférence au maïs de deux ans.

A égalité de prix, il serait préférable encore d'employer **l'orge**. Ce grain constitue, avec le maïs, les deux adjuvants qui gagnent le plus à être associés au lait écrémé (Heiden). Il est conseillé de donner d'abord un mélange d'orge, de maïs et de lait écrémé, puis d'ajouter à la fin de l'engraissement des pommes de terre pour élargir la relation nutritive. L'orge passerait pour donner le goût de noisette si recherché.

Les **pommes de terre** cuites et le lait écrémé sont insuffisants à eux deux pour constituer une ration d'engraissement, qui ne donne d'ailleurs qu'une chair molle et pâle. Dans tous les cas, il vaut mieux réserver les pommes de terre aux jeunes porcs et ne leur en donner que de l'automne au printemps : après cette époque elles perdent de leur valeur. On a constaté des cas d'empoisonnement avec

---

(1) André Sanson, *Zootechnie*, t. V, p. 362, Paris.

des tubercules germés. Il ne faut pas dépasser 2 kg. 5 par jour.

Nous citerons comme exemple d'engraissement effectué avec l'orge une expérience faite en Danemark. On donna à chaque animal et par jour un demi-kilo d'orge et vingt-deux kilogrammes de lait écrémé. Après quatorze jours de ce régime, le lait écrémé rapporta 3 cent. 99 par litre. Durant une seconde période de quatorze jours chaque porc reçut un kilo d'orge, huit kilos de lait écrémé et huit kilos de petit-lait. Chaque kilogramme de lait écrémé ressortit ainsi à 3 cent. 39 (Cornevin).

Le **seigle** équivaut au maïs comme valeur alimentaire, disent certains auteurs. Le professeur Erick Viborg parlant du seigle, de l'orge, du froment et de l'avoine, écrit que « de toutes ces sortes de grains, le seigle est le plus nutritif ». Tel n'est pas l'avis de Cramer, qui prétend que le seigle ou le son de seigle, ainsi que les déchets de la farine de seigle, sont difficilement digérés par les porcs.

Les **fèves** et les **pois** passeraient également pour être un peu indigestes ; de plus, ces succédanés gagneraient moins à être associés au lait écrémé.

Citons encore quelques produits, plutôt pour mémoire, car leur emploi ne peut être que restreint. Ils ont surtout une influence marquée sur la qualité de la chair.

Les **glands** donnent une « viande brune, un lard mince parsemé de fibres succulentes », mais en trop grandes quantités, ils irritent le tube digestif par leur tannin. Les *châtaignes* donnent un lard très ferme et plus épais et une viande excellente. Enfin les fèves communiquent une saveur spéciale agréable.

Le **pain** serait encore supérieur à tous les adjuvants concentrés ; il fournit un lard ferme et savoureux. Mais ce n'est que dans les environs des villes que l'on peut se procurer une certaine quantité de déchets.

Pour la composition des rations, on se basera sur ce que, d'après le Dʳ Fjord et M. Hage (Copenhague), en ce qui concerne l'augmentation de poids, un kilogramme d'orge, de maïs, de tourteaux, de seigle, de froment ou de sons fins, correspond à six kilogrammes de lait écrémé ou encore à douze kilogrammes de petit-lait, huit kilogrammes de betteraves, quatre kilogrammes de pommes de terre bouillies.

Voici maintenant un exemple d'engraissement cité par M. Masson pour une porcherie annexée à sa fromagerie :

Soixante porcs reçurent, l'été, le lait écrémé provenant de mille litres de liquide passé à la centrifuge. Achetés maigres, ces animaux coûtaient en moyenne quarante francs. Au bout de trois mois d'engraissement ils pesèrent environ cent vingt-cinq kilos, vendus un franc l'unité, soit sept mille cinq cents francs pour les soixante têtes.

Les frais pour un tel engraissement sont les suivants :

Orge, 60 quintaux à 18 francs . . .	1080 francs.
Gluten de maïs (résidu d'amidonnerie) 180 qx à 5 fr.	900
Prix d'achat des porcs	2400
Total.	4380 francs.

Soit un bénéfice net de 7500 fr. — 4380 fr. = 3120 fr.

Si maintenant nous admettons que les porcs aient consommé par jour 850 kg. de lait maigre — en calculant le rendement à raison de 85 0/0 du lait entier, — cela fait au total, pour les trois mois de la période d'engraissement, 76500 litres, dont le prix ressort à quatre centimes l'unité.

Il serait avantageux d'imiter l'exemple de la Belgique, où, à Gand, il a été créé, sur l'initiative du baron Peers, un important abattoir coopératif (*Mercurius*). A partir de la quatrième semaine, on aide la mère en donnant aux jeunes gorets du lait écrémé additionné de farine (froment, orge, maïs). On augmente progressivement la dose pour arriver, au bout de dix semaines, à douze cents grammes de farine et huit litres de lait. A ce moment chacun a consommé cinquante-cinq kilogrammes de farine et trois cent cinquante litres de lait, et fournit à l'abatage trente-deux kilos de viande, que l'on vend facilement en Angleterre à un prix rémunérateur. Grâce au voisinage de Londres, le lait écrémé acquiert ainsi une valeur de 4 cent. 2/7 par litre.

Nous avons dit que la grande quantité d'eau que renferme le lait écrémé peut nuire à sa bonne utilisation. On peut l'en débarrasser par la coagulation préalable de la caséine avec la présure. La matière azotée une fois séparée de son sérum constitue un aliment concentré que l'on peut d'ailleurs additionner d'adjuvants divers.

Truies et gorets.

Boussingault a donné les deux formules suivantes pour la nourriture d'une truie qui vient de mettre bas cinq gorets :

Lait écrémé.	6 kg.
Farine de seigle	1 kg. 225
Pommes de terre cuites	11 kg. 250.

Au sevrage des jeunes on réduira les proportions aux chiffres suivants :

Lait écrémé	3 kg. 05
Farine de seigle.	0 kg. 49
Pommes de terre cuites.	5 kg. 50

Le lait maigre est graduellement diminué de manière à arriver, deux mois après le part, à la ration d'entretien suivante : 7 kilos 5 de pommes de terre cuites broyées et délayées dans de l'eau de vaisselle ou du petit-lait.

Certains auteurs prétendent que le seigle ne convient pas aux mères qui allaitent. Il sera préférable de remplacer celui-ci par de l'avoine.

En ce qui concerne les gorets on commence, vers la fin de la troisième semaine, à leur distribuer une fois par jour du lait écrémé, puis deux fois par jour la semaine suivante, en additionnant d'un peu de farine d'orge pour former une bouillie claire. A partir de la cinquième semaine on ne les met avec leur mère pour téter que deux fois par jour, et une seule fois pendant la sixième semaine ; puis on les sépare complètement. Il est bien entendu que l'on a forcé progressivement la quantité de lait écrémé et de farine, le tout constituant une bouillie de plus en plus épaisse (1).

Contre la diarrhée des porcs. — On peut administrer contre la diarrhée qui atteint souvent les animaux nourris au lait écrémé ou au petit-lait seuls, la composition suivante que l'on fait prendre par doses de deux ou trois cuillerées :

Catéchu.	42 grammes
Esprit de vin.	42
Laudanum.	56
Gingembre pilé.	41
Eau.	0,50 (Léouzon)

ou simplement une cuillerée à bouche d'eau dans laquelle on a délayé du bismuth. Quelquefois on administre à

---

(1) On pratique l'élevage en grand des porcs avec les résidus de laiterie à Mallezais, en Vendée: à Vulbens (H.-Savoie): à Catillon (laiterie la Catillonnaise (Nord) : à Tonnay-Boutonne (Ch.-Inf.) ; à Maiches, établissement des Franches Montagnes (Doubs) ; à Plabennec (Finistère); à Biencourt, Maison du Val, près Révigny, Sorcy, Morlaincourt (Meuse); à Longuenesse (P.-de-C.) ; à Ascain, laiterie la Nivelle (Basses-Pyrénées) ; à Fontbouillant, par Montguyon (Ch.-Inf.); à Bonnet (Meuse), etc.

la mère de l'eau de chaux mélangée à la nourriture (Beaussert).

Contre la constipation. — On combat cette affection avec quinze grammes de sulfate de soude à administrer tous les jours pendant une semaine. Le son de seigle et de froment produisent également de bons effets.

3. — Le lait écrémé dans l'alimentation des vaches, bœufs, poulains, etc.

Le lait écrémé est facilement accepté par les vaches et les bœufs, et c'est même souvent avec profit qu'on le leur fait consommer.

D'après le comte Oswald de Denterghen, l'aliment en question, administré aux vaches laitières soit à l'état chaud, soit mélangé à de la farine de riz, à du maïs, à des tourteaux, provoque une sécrétion plus abondante de lait riche. M. Arnold estime qu'une vache ainsi traitée peut donner en plus par an quarante livres de beurre.

M. J.-M. Farlane, de Lyndhurst, a utilisé pendant de longues années l'aliment en question. Durant l'hiver, alors que les animaux sont à l'étable, les rations du soir et du matin sont d'environ un seau de son mélangé avec du lait écrémé. Le mélange doit être préparé douze heures à l'avance. La légère fermentation qui se produit alors dans la masse communique à la provende un goût spécial qui la fait mieux accepter par les vaches. Elle doit être présentée tiède.

Sous l'influence de ce régime la production du lait augmenta et paya largement la valeur du son, bien que le prix de ce dernier fût au-dessus des cours ordinaires au moment des expériences.

Pendant les mois chauds les vaches ne recevaient pas

de son, le fourrage vert étant plus avantageux ; mais elles buvaient tous les jours quatre litres de lait écrémé.

Au début, pour vaincre l'appréhension des animaux pour ce dernier produit, on jetait à la surface une poignée de son.

Voici encore une autre manière de présenter le lait écrémé aux bêtes bovines. Elle est due à M. Lindström, de Trystorp, en Suède.

On maintient le liquide pendant une demi-heure à la température de 80° ; puis, quand le degré thermométrique est redescendu à 35°, on coagule par la présure. Au début de la précipitation de la caséine, on transvase dans une caisse où l'on mélange le produit avec de la paille hachée, des balles de céréales, bref, un absorbant nutritif quelconque, dans la proportion de 75 à 85 0/0. S'il y a du liquide en excès, on le soutire par la bonde inférieure, pour l'utiliser à nouveau. On laisse au repos pendant deux jours, afin de provoquer une légère fermentation dans la masse.

L'expérimentateur remplaça dans la ration des animaux un kilogramme d'aliment concentré — composé de trois dixièmes de son de froment, trois dixièmes de tourteau d'arachide et quatre dixièmes d'avoine concassée — par deux kilogrammes du mélange à base de lait écrémé. Le prix du kilogramme d'aliment concentré étant évalué à 0 fr. 10, celui du lait écrémé fut porté de cette façon à 0 fr. 05.

Ce mode d'alimentation donna un lait plus riche en matière grasse, tandis que le beurre ne perdit rien de sa qualité.

Les mêmes essais répétés à l'Ecole de Vallberga avec une proportion de 25 0/0 seulement de balles de céréales, ont donné de moins bons résultats.

La farine d'avoine mélangée à du lait caillé constituerait pour les chevaux une ration alimentaire bien supérieure, comme valeur nutritive, à l'avoine seule.

M. E. Ring de Doppel (Allemagne) préconise également le mélange de lait coagulé puis pressé, de tourteaux, de grains, de farines, le tout arrosé de mélasse.

D'après M. Aubin (1), le lait caillé pressé avec du tourteau mélassé Ring aurait la composition suivante :

Matières azotées :

 Digestibles. 18.94 0/0
 Non digestibles 5.12

Matières grasses 2.46

Hydrates de carbone :

 Sucre 17.86
 Extractif indéterminé. . . . 10.72
Cellulose 18.27
Matières minérales. 6.77
Humidité 19.86

En Amérique on emploie couramment le lait écrémé pour l'alimentation des poulains. Lorsque le lait de la mère fait défaut, il faut observer que la composition du lait de jument s'écarte un peu de celle du lait de vache. S'il est plus riche que ce dernier en sucre, il est par contre plus pauvre en caséine surtout. On devra donc tenir compte de cette différence dans le choix des succédanés et dans le mode d'emploi du lait écrémé.

Si le jeune animal est déjà sevré, on peut quand même lui administrer ce dernier avec des grains et farines divers.

Nous empruntons à l'ouvrage (2) de Roullier-Arnoult

---

(1) *Bulletin de la Société des Agriculteurs de France*, Paris.
(2) *Incubation et élevage artificiels des volailles*. 4ᵉ édition. Librairie agricole, Paris.

les renseignements suivants sur l'élevage artificiel des volailles :

Lorsque les poussins ont six semaines on leur donne une ration composée de :

1 kilogramme de liquide (lait écrémé dilué à 50 0/0 ou petit-lait);

1 kg. 100 de farine d'orge ou de maïs;

0 kg. 200 de grains (avoine, petit blé, sarrasin).

Pour les amener à six semaines on leur distribue une pâtée constituée par un litre de lait coupé de 50 0/0 d'eau ou un litre de petit-lait, avec un kilo de farine d'orge ou de maïs, 100 grammes de brisures de riz, 50 grammes de millet et 50 grammes de lait cuit. L'aliment destiné aux oies et aux canards devant être plus clair, on réduira à 800 grammes la farine. On peut d'ailleurs laisser le lait se coaguler, puis le cuire pendant cinq minutes et distribuer à part le caillé émietté, tandis que le petit-lait restant est employé à délayer les ingrédients solides.

A trois mois les poulets pèsent 1 kg. 200 à 1 kg. 500 et peuvent être vendus ou soumis à l'engraissement, soit par le procédé du gavage mécanique, soit à l'aide de l'entonnoir. On leur fait alors avaler, trois fois par jour, une pâtée composée de 300 à 350 grammes de farine d'orge ou de maïs bien blutée, délayée dans un litre de lait écrémé ou de petit-lait. Les trois derniers jours on ajoute par litre de liquide dix grammes de graisse de porc fondue au préalable dans un peu de lait et un œuf cru.

Après trois semaines de ce régime les poulets pèsent de huit cents à mille grammes de plus.

Toujours d'après l'auteur cité, l'élevage (trois mois) et l'engraissement (vingt jours) d'un individu reviennent à 2 fr. 86 pour un poids de 1 kg. 7 payé à la vente 4 fr. 5 à 5 francs, soit un bénéfice de 2 francs environ.

Voici les conclusions des essais faits à la Station agricole de l'Indiana (E. U.) pour déterminer la valeur alimentaire du lait écrémé. 1° Le lait écrémé favorise la consommation des autres aliments ; 2° pour les jeunes poulets il convient surtout dans les mois chauds ; 3° il est moins avantageux pendant la saison froide et pour les vieilles volailles ; 4° le plus fort accroissement moyen en poids correspond à la période pendant laquelle a eu lieu la plus grande consommation de lait.

Ajoutons, en terminant, que l'on peut, à la ferme, utiliser avantageusement une certaine quantité de lait écrémé dans l'élevage des volailles sans grands frais de manipulations, comme on vient de le voir.

§ III. — LE LAIT ÉCRÉMÉ DANS LES ARTS ET MANUFACTURES

1. — La caséine industrielle.

Nous avons déjà examiné dans la partie relative à l'emploi du lait écrémé dans l'alimentation humaine, les divers procédés d'extraction de la caséine et son utilisation dans les préparations domestiques ou médicales (1). Il nous reste maintenant à examiner le parti que l'on en tire dans l'industrie.

Lactite. — La caséine associée à des produits chimiques, antiseptiques, sels minéraux, couleurs, donne une matière solide résistante désignée sous des noms divers, *lactite, galalithe, pierre de lait, lait pétrifié*, etc., qui simule le marbre, l'onyx, l'ivoire. Elle se ramollit très difficilement dans l'eau ; elle est inodore et presque incombustible. On peut la travailler, la tourner et en fabriquer des objets di-

(1) Voir page 130.

vers, tels que billes de billard, boutons, manches de parapluie, peignes, ronds de serviette, dés à jouer, dessus de brosse, fume-cigarettes, dominos, etc.

En principe, pour obtenir la lactite on mélange la caséine hydratée, additionnée d'une plus ou moins grande quantité d'eau, avec un ou plusieurs des ingrédients ci-après, suivant le but que l'on se propose : acétate de plomb dissous dans de l'acide acétique, alun, borax dissous dans un peu d'eau, sulfate de fer, sulfate de cuivre, savon, gé-

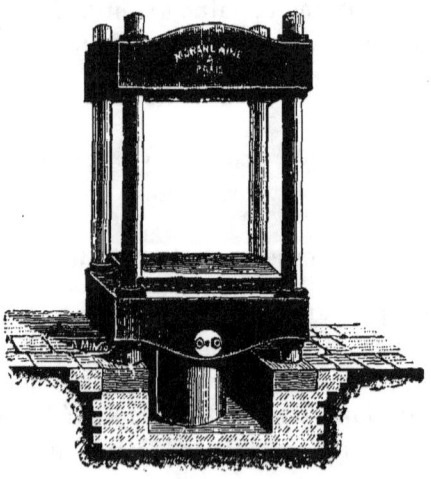

Fig. 126. — Presse hydraulique.

latine, talc, tannin, amidon, matières colorantes minérales ou végétales, etc. Les proportions sont variables suivant la nature et le nombre des produits employés.

On malaxe le tout pendant environ trois quarts d'heure, de façon à obtenir un mélange bien homogène, et cela dans un moulin, un malaxeur spécial. On chauffe légèrement et l'on soutire de temps en temps le liquide qui se sépare. Lorsque la masse a acquis une consistance pâteuse on l'essore, la dessèche, puis quelquefois on la traite par la formaldéhyde. Enfin on la presse, on la met en plaques avec une presse hydraulique (fig. 126), ou encore on la coule dans des récipients à fond plat, où elle se solidifie en couche mince.

Le produit, au lieu d'être mis en plaques, peut être coulé dans des moules pour faire de petits objets d'art. On a vu figurer de ces objets à l'exposition de 1900 provenant de l'usine de Longport par Villers-Cotterets (Aisne).

Ebonite. — Pour obtenir avec la caséine un produit simulant le caoutchouc durci, l'ébonite, on mélange à de la caséine pulvérisée des huiles végétales, des gommes, des résines, de la vaseline, de la glycérine, des corps colorants. On presse dans des moules, puis on sèche.

On peut employer cette matière dans les appareils électriques, par exemple pour les supports isolants, les coupe-circuits à moyenne tension, les commutateurs. Malheureusement les objets se déforment à la longue.

Celluloïd. — On sait que le celluloïd est composé de coton-poudre, de camphre et d'alcool en proportions variables. Malheureusement, ainsi constitué, c'est une substance éminemment inflammable, on en a eu encore l'expérience dans une récente catastrophe.

D'autre part, il est d'un prix de revient assez élevé à cause du camphre qui entre dans sa composition.

Ce produit reçoit un grand nombre d'applications dans la bimbeloterie, l'ébénisterie et la confection d'une foule de petits objets de toilette ou autres, grâce à sa plasticité, à la facilité de le travailler, de le polir, de le tourner, de le limer, de le colorer, de prendre à chaud par moulage et impression toutes les formes, grâce à sa légèreté.

Il simule fort bien l'écaille, l'ivoire, la corne, etc.

Devant le grand usage que l'on en peut faire, on a cherché

à atténuer sa dangereuse inflammabilité, par exemple en substituant au coton-poudre le xanthate de cellulose, ou en ajoutant divers sels tels que le chlorure de calcium, le chlorure de fer dissous dans l'alcool, etc.

Pour en diminuer le prix de revient on peut remplacer le camphre, qui est souvent très cher, par des produits comme la naphtaline, le blanc de Hongrie ou acétanilide, matière en écailles ayant l'apparence de l'acide borique en paillettes, et obtenue à bon marché en chauffant l'aniline avec de l'acide acétique concentré.

La gélatine et la caséine sont également des succédanés du coton-poudre, la caséine surtout, pour laquelle la fabrication du celluloïd constitue un débouché de plus en plus important.

Cependant la substitution complète de la matière albuminoïde du lait à la nitro-cellulose — nom par lequel on désigne encore le coton-poudre — ne paraît pas devoir être conseillée, car le produit alors obtenu a moins de plasticité.

On peut conduire les manipulations de la façon suivante, bien que la méthode ne soit pas parfaite en tous points, en ce qui concerne le côté économique, à cause de l'alcool qu'elle nécessite pour les lavages.

On fait une dissolution de borax à laquelle on ajoute de la caséine. On malaxe puis on débarrasse la matière de l'eau qui l'imprègne par des lavages à l'alcool.

La masse ainsi obtenue est ensuite incorporée au celluloïd proprement dit formé d'un mélange de camphre et de coton-poudre imbibé d'alcool.

On pétrit le tout avec, au besoin, les colorants, les sels métalliques ou autres produits, dans un moulin à meules métalliques puis on lamine la gelée entre deux cylindres. Les feuilles ainsi obtenues sont agglutinées à la presse hydraulique. On détaille ensuite en blocs que l'on fait sécher à l'étuve. On peut également étirer en tubes, en baguettes, etc., suivant les usages auxquels on destine le celluloïd.

Dans la *Revue Universelle*, n° 114, M. Franquet « préconise le mélange intime de la nitro-cellulose avec un caséinate insoluble. Il amène la nitro-cellulose à l'état plastique en l'arrosant avec une dissolution de camphre dans l'alcool (40 à 50 parties de camphre, 50 à 60 d'alcool, et 100 de cellulose nitrée).

« Quant au caséinate insoluble, on le prépare par double décomposition entre un sel soluble et le caséinate de sodium. On obtient ainsi un produit dont l'inflammabilité est fonction de la quantité de caséinate incorporée, et peut être avec celle du celluloïd ordinaire dans le rapport de 1 à 17 ; de plus le prix de revient est inférieur. »

Pour enlever aux composés de celluloïd et de caséine l'odeur du camphre et les rendre plus durs, M. Ensmunger dit qu'il suffit d'immerger la substance dans la formaldéhyde pendant un temps plus ou moins long qui peut varier de quelques heures à quelques jours, suivant l'épaisseur du produit. Quand la formaldéhyde a dissous tout le camphre on retire et fait sécher.

On peut limiter l'action de l'aldéhyde formique à la surface de la matière par une durée d'action plus faible.

Le liquide distillé redonne le camphre et le formol.

Etoffes et papiers. — MM. Cantu, Miglioretti et Maffel ont fait breveter un procédé pour la préparation d'étoffes imperméables. Les tissus sont imprégnés de solutions alcalines de caséine colorées au besoin, puis soumis aux vapeurs de formol. On obtient ainsi des articles ayant l'apparence de peaux tendres, de toiles cirées ou caoutchoutées.

On peut encore employer les dissolutions de caséine

comme mordants pour fixer les couleurs sur les tissus. O. Picquet cite la formule suivante pour l'application du carmin de cochenille ou des poudres métalliques comme l'argentine : Délayer deux cents grammes de caséine dans un litre d'eau froide, puis ajouter peu à peu quarante grammes d'ammoniaque. Si ce produit doit être conservé, ajouter en outre un antiseptique, phénol, sublimé, etc. Après l'emploi appliquer un fer chaud à 80°-100° ou passer à l'étuve.

En substituant à l'ammoniaque une quantité double ou triple d'un lait de chaux à deux cents grammes par litre, on obtient un produit pour l'imperméabilisation des tissus. Pour l'apprêt des étoffes on mélange encore la caséine à la fécule. On l'a presque partout substituée à la dextrine et à l'amidon pour la fabrication des tubes pour filatures et notamment pour les tubes continus.

La caséine est utilisée pour les dentelles et les tissus de valeur, où on la substitue à l'albumine de l'œuf. Il en est de même pour le papier. L'encollage à la caséine du papier couché facilite le glaçage, qui rend les impressions plus nettes. On emploie alors environ treize parties de caséine sèche, une de blanc fixe et cent d'eau à vingt degrés.

En photographie elle sert à émailler les papiers positifs avec, par exemple, la préparation suivante : trente-trois parties de caséine hydratée, quatre de phosphate tribasique de soude et cent d'eau.

On obtient une émulsion photographique en dissolvant la caséine dans une solution d'acide citrique et ajoutant ensuite de la glycérine.

Colles à la caséine. — La matière azotée du lait est une substance agglutinative qui convient très bien pour la confection de colles diverses.

Le procédé le plus simple consiste à évaporer une solution de caséine sèche dans la lessive de potasse ou de soude additionnée d'un antiseptique ; puis, au moment de l'emploi cuire le produit dans de l'eau. Les proportions sont d'environ douze parties de caséine sèche, une et demie de carbonate de soude et cent d'eau à vingt, vingt-cinq degrés, ou encore une partie de chaux vive et dix de caséine en poudre ; le mélange est ensuite additionné d'un peu d'eau au moment de s'en servir.

Pour coller le bois on recommande la préparation suivante : délayer quatre kilogrammes de caséine en poudre dans seize litres d'eau froide, ajouter ensuite huit litres d'eau chaude renfermant trois cents grammes de chaux éteinte. Après une heure et demie à deux heures d'agitation, ajouter soixante grammes d'ammoniaque. Employer immédiatement et presser les parties à coller pendant douze heures.

Lorsqu'on ne dispose pas de caséine on peut se servir de fromage blanc mou. On le met dans une toile et on le malaxe sous l'eau chaude. On étend ensuite à l'air et on laisse sécher. On emploie alors le produit comme la caséine du commerce.

Enfin voici le procédé breveté de Rauppach et Berger : délayer seize parties et demie de caséine diluée dans une lessive de potasse ou de soude dans cent parties d'eau et cuire entre quatre-vingts et cent degrés ; on ajoute alors une solution à un à trois pour cent d'acide borique, puis de l'acide phénique.

Ciments hydrofuges. — Les colles à la caséine, la caséine elle-même, mélangées à de la chaux, à du plâtre, à du ciment, donnent un enduit très résistant à la chaleur, à l'humidité, employé pour recouvrir les murs, pour boucher les fissures des récipients à liquides, assurer l'étanchéité des joints sur les navires. « On sait, dit O. Picquet, que la tradition, dans beaucoup de nos provinces, prétend que la solidité exceptionnelle de certaines maçonneries datant du moyen âge provient de ce que les seigneurs, lorsqu'ils faisaient construire leurs châteaux, exigeaient de leurs serfs l'apport de tout le lait de leurs troupeaux pour en confectionner le mortier destiné à ces constructions. »

Peinture au fromage. — Associée à la chaux ou au ciment hydraulique, la caséine donne encore ce que les Américains appellent *cheese paint*. On peut également préparer cette peinture au fromage avec le lait écrémé coagulé, ou bien tout simplement en délayant la chaux dans le lait. Il y a près de cent ans, le chimiste d'Arcet a donné la recette suivante : cent quarante-quatre grammes de fromage mou bien sec, sept grammes de chaux éteinte, cent grammes de matière colorante, quatre-vingts grammes d'eau. Ce savant se basait sur ce fait que les Indiens emploient le lait pour délayer les couleurs dont ils se servent pour orner les parois de leur cabane.

Pour préparer la peinture au lait on broie et mélange avec un litre de lait écrémé deux cents grammes de chaux tamisée et récemment éteinte ; on ajoute peu à peu cent trente grammes d'huile d'œillette ou autre, et tout en brassant avec une spatule en bois, on additionne de deux kilogrammes et demi de blanc d'Espagne et d'un nouveau litre de lait écrémé. Le produit ainsi obtenu peut servir à peindre en première couche une surface de vingt-cinq mètres carrés.

On peut ajouter également un colorant à la dose de deux pour cent environ, par exemple de l'ocre jaune ou rouge, du noir de fumée, de la terre d'ombre, du bleu à la chaux. En associant diversement ces couleurs on peut obtenir des variantes. Ainsi le bleu et l'ocre jaune donnent du vert, l'ocre jaune et l'ocre rouge la teinte saumonée. Il faut éviter d'employer les couleurs d'origine animale ou végétale, qui seraient attaquées par la chaux. En outre, pour juger du degré de coloration il faut faire un essai préalable, car elle s'atténue par la dessiccation.

Si l'on ajoute aux matières précitées soixante grammes de poix blanche de Bourgogne, soixante grammes de chaux éteinte et soixante centilitres d'huile, on obtient la peinture au lait résineux.

Cette sorte de peinture, qui ne donne aucune odeur et que l'on peut utiliser à l'extérieur, est susceptible de s'appliquer sur d'anciennes peintures sans qu'il soit nécessaire de lessiver. Une peinture très résistante une fois sèche est celle que l'on obtient en mélangeant à parties égales de la caséine en poudre, de la chaux éteinte, de la résine, et en ajoutant une solution de sulfate de zinc ou d'alumine et 5 à 6 0/0 de blanc de Meudon. Disons encore que la caséine est aussi employée pour affermir les pâtes à poteries, pour préparer des agglomérés de liège. Les déchets de liège sont mis en poudre et associés à un lait de chaux, de la caséine, de l'amidon, de la gomme. On moule et dessèche.

2. — Emploi du lait écrémé et de la caséine industrielle en œnologie.

On sait que l'on a conseillé, pour prévenir les diverses maladies du vin — tourne, acescence, pousse, amer, casse, gras, etc. — de réduire à néant, par la pasteurisation ou le collage, les infiniment petits qui, en général, en sont la cause efficiente (fig. 127 à 130).

Si l'action de la chaleur paraît être la plus efficace, par contre elle présente quelquefois l'inconvénient de communiquer le goût de cuit ou de faire contracter au vin une saveur métallique, à tel point qu'on lui préfère souvent un bon collage.

A cet effet on emploie la colle de poisson, le blanc d'œuf ou encore la gélatine. Le second de ces produits altère moins la couleur que la colle, réservée d'ordinaire pour les vins blancs. Quant à la gélatine, son pouvoir décolorant étant plus accentué encore, on l'utilise surtout pour traiter les vins âpres trop chargés en tanin et en couleur que l'on veut vieillir. Ces divers ingrédients, préalablement dissous dans un liquide approprié et versés dans le vin, forment avec l'acide tannique un composé insoluble dont le fin réseau englobe en se précipitant les impuretés solides.

Or, le lait écrémé renferme lui aussi une matière albuminoïde, la caséine, capable également de se solidifier sous l'action de l'alcool et des acides, et c'est cette considération qui a fait naître l'idée de l'utiliser comme clarifiant. Nous devons dire que c'est là une pratique déjà ancienne, bien qu'elle ne soit pas parfaite en tous points. On n'ignore pas en effet que le lait écrémé introduit dans le vin une matière sucrée ainsi qu'une portion de caséine en solution qui ne se coagule que sous l'action combinée de la chaleur et des acides. Il reste par suite dans le vin ainsi traité deux principes nutritifs par excellence, au regard de la vitalité des êtres microbiens, et qui de ce chef pourraient devenir le foyer de troubles ultérieurs.

Enfin, le lait altérant trop la matière colorante, n'est guère utilisé que pour blanchir les vins blancs roux ou les vins rouges déjà fortement endommagés.

On l'emploie à la dose d'un litre par barrique de deux cent vingt-cinq litres que l'on verse directement à froid, puis on agite fortement. Il est à peine besoin de dire que ce lait doit être le plus frais possible.

Quant à la caséine sèche et pure, non seulement elle ne présenterait pas les inconvénients du lait écrémé, mais encore elle aurait quelques avantages sur les clarifiants ordinairement usités.

Ainsi, elle ne communiquerait aucun mauvais goût,

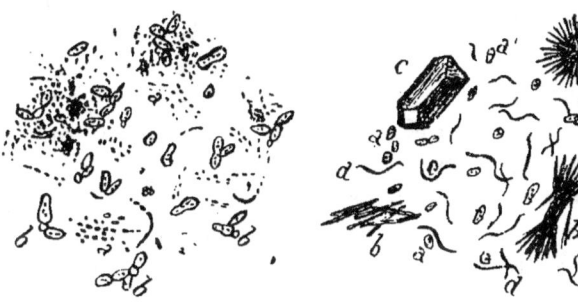

Fig. 127. — Mycoderma.   Fig. 128. — Ferment de la pousse.

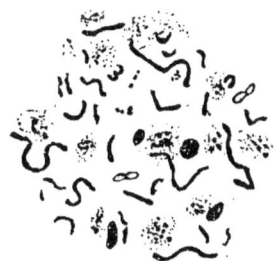

Fig. 129. — Ferment de l'amertume.   Fig. 130. — Ferment de la graisse.

comme cela se produit quelquefois avec la colle ou la gélatine. Employée en excès, elle ne saurait nuire, car s'il est vrai que cet excès n'entre pas en combinaison avec le tannin, il n'en est pas moins précipité par les acides, particularité qui n'a pas lieu quand il s'agit de la colle ou du blanc d'œuf, dont le surplus restant en solution peut compromettre la réussite de l'opération.

La caséine s'emploie seule, sans addition de sel de cuisine ou d'acide tartrique, citrique ou autre. Elle se dissout facilement dans l'eau, surtout lorsque celle-ci est tiède, et n'en exige qu'environ vingt fois son poids. Dissoudre la caséine 8 à 10 heures avant son emploi dans l'eau (1). Enfin, tout en entraînant moins de tannin — elle a de ce fait moins d'action sur le principe colorant, — elle donne des caillots très denses qui s'éliminent facilement, diminuant d'autant les chances de pollution.

M. Müntz a obtenu de très bons résultats en employant des doses de cinq à six grammes par hectolitre pour des vins rouges très louches du midi, et quatre grammes pour les vins blancs. Mais on comprend que ces proportions doivent nécessairement varier suivant l'état du vin, sa qualité, etc., et l'on conseille les chiffres moyens ci-après :

```
Fort collage,    25 gr. par barrique de 225 litres.
           et    12  —              —    100   —
Collage moyen,   15  —              —    225   —
           et     8  —              —    100   —
Léger collage,   10  —              —    225   —
           et     5  —              —    100   —
```

Faire un essai préalable sur une petite quantité de liquide avec des doses variables d'ingrédient.

Le prix de revient d'un pareil traitement ne dépasserait guère cinq centimes par hectolitre.

Un clarifiant quel qu'il soit est d'autant plus efficace que sa dissolution est plus parfaite et par suite sa répartition plus uniforme dans toute la masse du vin, de façon à englober intégralement en se précipitant toutes les matières en suspension. Enfin cette précipitation doit se faire lentement.

(1) Pacottet, *Vinification,* 1904, p. 201 (Encyclopédie agricole de Wery).

Il faut donc se garder de préparer une solution trop concentrée, qui courrait le risque de donner de trop gros flocons entraînés trop vite sur les parois, et auxquels échapperaient pas mal d'impuretés.

Répétons donc que l'on doit employer pour la poudre de caséine au moins vingt fois son poids d'eau tiède. En outre, pour mieux assurer sa dissolution, on la laissera tomber par petites portions divisées dans l'eau, que l'on agitera en même temps avec un petit balai. On évitera ainsi la formation de gros grumeaux difficiles à délayer.

On versera alors, environ une heure et demie après, dans le vin et à plusieurs reprises, tout en brassant la masse, et il ne restera plus qu'à laisser reposer le tout de sept à huit jours avant de soutirer.

Cette méthode de clarification peut être également appliquée avantageusement au cidre et à la bière.

Terminons par une application du lait écrémé au traitement de la vigne. Des essais ont été faits par le Dr Cazeneuve avec une bouillie bordelaise au lait écrémé, en se basant sur ce fait que l'albuminate de chaux insoluble dans l'eau pouvait communiquer ses propriétés adhésives à la liqueur cuprique.

Les proportions étaient les suivantes : deux litres de lait pour deux kilos de sulfate de cuivre et un kilo de chaux vive.

Mais dans des expériences comparatives, cette bouillie lactée a donné seulement un résultat à peu près équivalent à la bouillie sucrée, alors que celles au blanc d'œuf, au sang desséché, ont montré une adhérence remarquable.

3. — Le lait écrémé dans les insecticides.

Le lait écrémé entre aussi quelquefois dans certaines préparations insecticides employées en agriculture.

Il contribue alors par sa caséine à émulsionner et à fixer sur les feuilles, les tiges des arbres et des plantes, les principes nuisibles à la vie des parasites.

C'est ainsi qu'aux Etats-Unis MM. Riley et Comstock, entomologistes de l'Etat, préconisent contre la cochenille de l'oranger des pulvérisations d'une émulsion composée de deux parties de pétrole, une partie de lait ou de savon noir et vingt-sept parties d'eau. On commence par bien mélanger, avec une petite pompe à main, 67 0/0 de pétrole et 33 0/0 de lait. On obtient ainsi une crème plus ou moins épaisse ayant l'apparence du beurre, que l'on peut conserver inaltérable pourvu qu'on la maintienne à l'abri de l'air.

Au moment de l'employer on émulsionne le produit avec 5 à 10 0/0 d'eau.

4. — Autres usages du lait écrémé.

D'après M. Paul Villain un nouveau mode de fabrication des savons de ménage consiste à remplacer dans les lessives comme dans les refontes du savon, l'eau par du lait écrémé ou non, ou toute autre combinaison physique et chimique du lait.

Le lait écrémé est quelquefois employé pour *enrober*, c'est-à-dire envelopper certains produits à conserver à l'abri de l'air. Ainsi, en Alsace, on conserve jusqu'à huit jours la viande et la volaille maintenues dans le lait caillé.

A défaut d'une meilleure utilisation, le lait écrémé étendu d'eau constitue un excellent engrais azoté et phosphaté, qui donne de très bons résultats sur les prairies.

Enfin, la thérapeutique elle-même a parfois recours au lait écrémé. Ainsi le Dr Von Rad, d'Augsbourg, prépare avec la caséine un arsénio-caséinate dont la fabrication en Allemagne aurait pris une certaine importance. En principe, on conduit la préparation de ce produit de la pharmacopée de la façon suivante : Le lait est coagulé de préférence par l'alcool. On ajoute ensuite au précipité un composé à acide cacodylique. Le mélange est maintenu à l'ébullition pendant plusieurs heures. Il se produit un magma de caséine combinée au dérivé arsénié que l'on utilise dans le cas de débilité des organes.

5. — Dénaturation du lait écrémé rendu aux fournisseurs.

Avant d'en finir avec le lait écrémé, nous nous arrêterons un instant encore sur ce que nous pourrions appeler sa *dénaturation*.

Il arrive quelquefois que les sociétaires ou fournisseurs auxquels on rend le lait écrémé sont assez peu scrupuleux pour faire servir ce dernier à un usage que nous n'avons point cité, bien que des plus lucratifs, puisqu'il le fait ressortir à un prix égal à la valeur du lait complet. Nous voulons parler de l'adultération que l'on peut faire subir à ce dernier par l'addition de lait écrémé même.

La fraude, assez difficile à déceler quand la quantité de liquide maigre est faible, peut être dévoilée si l'on ajoute au lait écrémé, avant de le rendre, un révélateur qui, passant en même temps que lui dans le produit normal venant directement de la traite, permet de démasquer du même coup la manœuvre insidieuse par l'emploi d'un réactif approprié.

A cet effet, la phtaléine du phénol ou phénol phtaléine (1), que l'on peut se procurer chez tous les pharmaciens, a donné de bons résultats. C'est une poudre jaunâtre qui se colore en rouge vif en présence d'un produit alcalin. On commence par en peser vingt grammes que

(1) Voir le dosage de l'acidité dans l'*annexe*.

l'on dissout dans un litre d'alcool à soixante, soixante-cinq degrés, puis on verse environ trente centimètres cubes de cette solution par hectolitre de lait à dénaturer.

Pour essayer un lait soupçonné il suffit d'ajouter à une faible portion du produit suspect placé dans un tube à essais ou un verre ordinaire, un peu d'eau de chaux ou de soude, de potasse, etc., qui colorera, s'il y a lieu, la phtaléine en rose plus ou moins foncé, suivant le degré de l'adultération.

A ces doses le réactif ne saurait être nuisible.

On a conseillé aussi l'emploi d'un kilogramme et demi de nitrate, préalablement dissous dans un peu d'eau chaude, par mille litres de lait, produit qui donne avec le réactif brucine une coloration rouge devenant violette par l'addition de chlorure stanneux ou de sulfhydrate d'ammoniaque.

Fig. 131. — Grains de fécule.

La fécule a été aussi préconisée. On la reconnaît très facilement au microscope grâce à l'aspect caractéristique de ses grains (fig. 131) ; mais la matière présente l'inconvénient de tomber au fond des récipients pendant le repos du liquide.

Le chauffage du lait écrémé aux environs de 85° est une sorte de dénaturation indirecte. On trouvera dans l'annexe les caractères chimiques du liquide ainsi traité qui permettent de faire connaître sa présence, même en mélange avec du lait non chauffé.

LIVRE II

LE BABEURRE

Le barattage du lait ou de la crème laisse comme résidu du lait maigre doux ou aigre dans le premier cas, suivant que l'on opère sur le liquide frais ou le lait déjà caillé, et dans le second du babeurre, aigre ou doux également, selon qu'on a laissé ou non mûrir la crème.

Nous renvoyons pour les modes d'emploi du lait maigre doux qui sort de la baratte à ce que nous avons dit jusqu'ici du lait écrémé, dont il diffère peu, pour nous occuper seulement du babeurre proprement dit, c'est-à-dire de la crème débarrassée de la presque totalité de sa matière grasse.

Au point de vue qui nous occupe, nous assimilerons également au babeurre aigre le liquide que laisse le lait baratté à l'état de caillé, bien que celui-ci soit plus dilué que le babeurre proprement dit.

Ce qui doit préoccuper avant tout le producteur au moment du barattage, c'est d'obtenir la plus grande quantité de beurre de sa crème, tout comme au moment de l'écrémage, il a dû s'attacher à réunir dans cette même crème la presque totalité de la matière grasse du lait.

Nous ne croyons donc pas superflu de résumer ici les meilleures conditions à remplir pour arriver à ce résultat.

Les meilleures conditions du barattage de la crème.

La crème fermentée ou non doit être amenée à une température convenable au moment d'être introduite dans la baratte. A ce sujet il est bon de se servir d'un thermomètre (fig. 132) et de ne pas se fier à la sensation de la main.

La température de la salle sera maintenue autant que possible aux environs de 12 degrés en été et de 15 degrés en hiver, et celle de la crème à 12-13 degrés dans le premier cas et 15-16 dans le second. Une crème acide réclame un calorique un peu plus élevé que la douce.

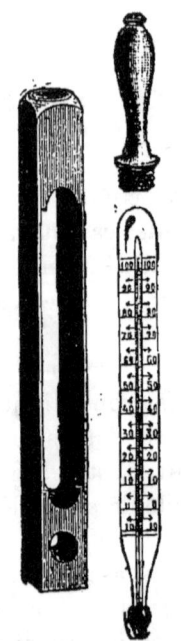

Fig. 132. — Thermomètre de fromagerie (Brehier).

En hiver et en automne, où l'acidification est moins facile à conduire, surtout si on ne dispose pas de caves chauffées (fig. 133), le barattage est difficile, et il est quelquefois nécessaire de laisser l'appareil au repos pendant quelques heures à 20 degrés avant de continuer l'agitation.

Il importe de ne baratter ensemble que des crèmes de même âge et de maturation bien uniforme, sans quoi les parties les plus acides, donnant aussi plus rapidement le beurre, on s'expose à des pertes. C'est la raison pour laquelle il est nécessaire d'agiter la crème chaque jour et plusieurs fois pour arriver à l'homogénéité voulue.

La température de la crème varie d'ailleurs légèrement

suivant le degré d'acidité — 14 à 16° pour une acidité normale (65 degrés à l'acidimètre (1) — et suivant aussi la

Fig. 133. — Poêle à ailettes à vapeur ou à eau chaude pour le chauffage de la salle de maturation de la crème.

facilité avec laquelle l'appareil peut s'échauffer pendant le travail. On sait que durant ce dernier la température peut s'élever de un à deux degrés, de même que l'échauffement est plus prononcé pour une crème douce que pour une sure, l'échauffement se produisant d'ailleurs surtout en été. On tiendra compte de ces faits pour la température à donner à la crème.

Lorsqu'on baratte trop chaud le travail s'exécute plus

(1) Voir l'*annexe*.

rapidement, il est vrai, mais c'est au détriment de la qualité du beurre : il poisse, on dit qu'il est brûlé. Il peut y avoir perte de globules gras. En outre, le délaitage se fait difficilement, la matière enserrant plus de babeurre. Mieux vaut donc baratter plutôt froid.

Il est prudent de ne pas ajouter de l'eau à la crème, ce qui, en délayant le liquide, retarderait l'agglomération des globules, tout en exigeant une plus grande dépense de force.

On plongera donc le récipient à crème dans de l'eau chaude ou froide, suivant le cas. Dans la première hypothèse, il ne faut pas que la température soit trop élevée — ne pas dépasser 30°, — car la caséine collée sur les parois serait coagulée malgré l'agitation.

C'est une mauvaise pratique également que de ne réchauffer qu'une partie seulement de la crème, qu'on est alors porté à amener à une température trop élevée. Introduite ensuite dans le reste de la masse, elle y provoque une coagulation partielle, et on a de la crème caséeuse dans laquelle les flocons de matière azotée englobent les gouttelettes de beurre.

On rincera de même la baratte avec de l'eau à la température convenable, ou l'on emmagasinera celle-ci dans la double paroi, s'il y a lieu.

Il ne faut remplir l'appareil qu'à la moitié ou aux deux tiers : trop de crème atténue l'agitation et le beurre est long à venir. On ne doit pas oublier, quand on a donné quelques tours, de laisser sortir les gaz qui se dégagent par le fosset.

La durée du barattage dépend de plusieurs facteurs, tels que la vitesse d'agitation, la consistance, la richesse, l'acidité, la température de la crème, la saison, la forme de la baratte elle-même et la proportion de la crème qu'elle contient.

En ce qui concerne l'appareil, nous dirons seulement qu'il faut surtout considérer sa simplicité, sa facilité de

Fig. 134. — Baratte à fonds mobiles (Gaulin).

nettoyage et la facilité aussi avec laquelle il permet le délaitage. A nos yeux, le plus pratique est celui dans lequel les deux fonds sont mobiles (fig. 134). Enfin la solidité est à noter.

Pour ce qui regarde la plus ou moins grande rapidité de formation du beurre, elle dépend, en dehors de l'influence de l'appareil lui-même, d'un trop grand nombre de facteurs pour que dans la pratique courante on puisse classer les barattes à ce point de vue. D'ailleurs les constructeurs fournissent sur les meilleures conditions de fonctionnement toutes les indications nécessaires.

La vitesse d'agitation varie suivant les types. Avec la baratte à tonneau (fig. 135), on se base sur cinquante à

Fig. 135. — Baratte tonneau ou baratte normande (Simon frères).

cinquante-cinq tours par minute ; avec la baratte à piston (fig. 136), soixante à soixante-dix coups ; avec la danoise (fig. 137), cent vingt tours du batteur, soit quarante tours de manivelle. On retiendra qu'il est préférable de baratter plus longtemps à basse température que trop accélérer le mouvement, surtout à haute température.

L'expérience en cette matière est le meilleur guide pour arriver à obtenir le beurre dans le temps moyen de trente minutes. Si une première fois pour telle température ce temps est plus court, à l'opération suivante on chauffera moins ; si alors la durée du travail est trop longue, c'est que le degré thermométrique est resté trop en deçà, et dans un troisième barattage on s'en tiendra à une tempé-

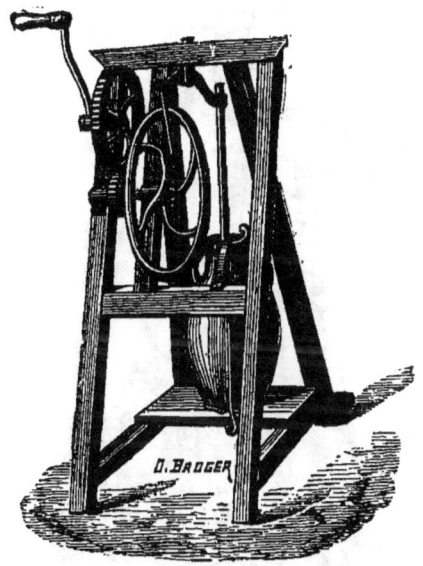

Fig. 136. — Baratte à piston.

rature intermédiaire. Un beurre qui monte trop vite manque de finesse, et de plus la proportion de graisse qui reste dans le babeurre est plus grande. Souvent vers la fin on est obligé de refroidir.

C'est surtout au moment où il commence à devenir granuleux qu'il importe de surveiller le mouvement, car c'est alors que la matière grasse mise à nu devient plus délicate, plus sensible au travail mécanique. Vers la fin on ralentira donc le mouvement pour mieux saisir l'instant où l'on devra s'arrêter, c'est-à-dire quand les grains qui s'attachent à la petite vitre, au thermomètre ou au cou-

276   LE BABEURRE

vercle, sont de la grosseur d'un grain de mil. Agglomérée en masses comme une noisette, par exemple, en *cattons*,

Fig. 137. — Baratte danoise.

comme l'on dit, la matière grasse retient plus de babeurre difficile à éliminer. Le beurre se conserve aussi plus mou.

Le beurre formé, on soutire la *battue* à travers un tamis et on prélève un échantillon du liquide que l'on contrôle au Gerber, par exemple (1). Le babeurre ne doit pas titrer plus de 0,6 0/0 de matière grasse, sinon le barattage s'est opéré dans de mauvaises conditions. Si le lait de beurre renferme une trop grande proportion de globules butyreux qui ont échappé à l'agglomération, il est bon soit d'écrémer le liquide à la centrifuge, soit de le mélanger à un autre lot de crème à traiter pour récupérer la graisse perdue. C'est un contrôle qu'il ne faut jamais négliger. Il nous est arrivé de constater dans certaines opérations défectueuses jusqu'à 3,5 à 4 0/0 de matière grasse.

Pour une cause ou pour une autre, on rencontre quelquefois des difficultés dans le barattage. Ainsi, par exemple, le beurre peut être long à se former. Dans ce cas il faut chercher à réchauffer le liquide vers 20-25° en hiver et au contraire le refroidir en été. On peut se servir à cet effet d'un cylindre à eau chaude ou à glace (fig. 138), ou encore ajouter de la glace pilée à la crème au moment de la baratter.

Fig. 138. — Cylindre à eau chaude et à glace.

Lorsqu'on nettoie la baratte à l'eau de soude ou au savon, il faut rincer parfaitement le tout, car ces produits, en saponifiant la matière grasse, retardent aussi son agglomération.

Le même inconvénient se présente lorsque les vaches mangent en excès des pommes de terre crues, des tourteaux, de sésame en particulier, ou encore lorsqu'elles touchent à la fin de la période de lactation.

La crème mousseuse, provenant d'une mauvaise fer-

(1) Voir le dosage de la matière grasse à l'*annexe*.

mentation ou de toute autre cause, sera barattée à deux ou trois degrés au-dessous et on délaitera à l'eau froide. Si son acidité est trop élevée on lui ajoutera, la veille du barattage, un peu d'eau de soude.

D'après nos observations personnelles, la crème fournit environ 65 0/0 de son poids en babeurre, celui-ci étant pur, c'est-à-dire non dilué par l'eau qui sert à délaiter le beurre dans la baratte. Ce chiffre souffre cependant quelques variations, comme d'ailleurs ceux que nous allons citer, suivant que la crème travaillée est plus ou moins concentrée.

Composition du babeurre. — Nos analyses nous ont donné comme moyenne de composition du babeurre les chiffres suivants :

Extrait sec.	9 gr. 7 0/0 cc.
Matière grasse	0, 6
Sucre et acide.	4, 5
Cendres	0, 75
Caséine	3, 85

On voit que, sauf pour la matière grasse, la composition du babeurre est analogue à celle du lait entier. La densité est supérieure ; elle oscille autour de 1036.

Lorsqu'on laisse surir la crème on l'amène à marquer 65° à l'acidimètre au moment du barattage. L'acidité du babeurre qui en dérive est alors voisine de ce chiffre, le plus souvent un peu plus élevée à cause surtout de la différence de volume.

Usages du babeurre. — Le meilleur usage que l'on puisse faire du babeurre est de le distribuer aux porcs. On estime que la valeur pécuniaire du produit en question est un peu inférieure à celle du lait écrémé. Ainsi, d'après

Fleischmann, dans les pays du Nord, si l'on attribue à ce dernier le chiffre de 3 c,75 par litre, le babeurre ne vaut guère que 2 c,5. En Australie, on a pu lui faire rapporter jusqu'à 2 c,7 par kilo. En France dans certaines laiteries on le mélange aux eaux de lavage et le revend 2 c. 5 le litre.

Il est prudent, ici encore, de stériliser le lait de beurre par la chaleur. Il est vrai que l'action d'une haute température, jointe à celle de la forte dose d'acide du produit, précipite la caséine, qui sous cet état est peut-être moins digestible quoique en fins grumeaux. C'est là toutefois un inconvénient qui ne saurait avoir à cet égard une répercussion bien sensible, car on connaît la puissante faculté d'assimilation des animaux dont nous parlons. Dans tous les cas cette manipulation préalable prévient toute cause de contamination par les agents infectieux. Elle est d'autant plus à recommander que la maturation de la crème est trop souvent abandonnée au hasard de l'ensemencement naturel par les germes d'un air ambiant vicié, ou de récipients dont la propreté laisse à désirer. Dans ce cas, en effet, il peut se produire dans la crème, en dehors de l'acide lactique, des fermentations préjudiciables à la santé des animaux.

Quant au babeurre de crème douce, la stérilisation permet de le conserver plus longtemps; il s'altère en effet plus aisément que celui qui est acide.

L'acide lactique formé pendant la maturation serait d'ailleurs plutôt favorable. Il aiguise l'appétit et augmente la digestibilité des adjuvants de la ration. Aussi à ce point de vue le lait de beurre conviendrait parfaitement, dit Cornevin, à l'alimentation des veaux et des porcelets. Villeroy cite l'exemple de la Flandre, où l'on ne donne du lait doux qu'aux veaux destinés à la boucherie. Ceux que l'on veut conserver sont, dès les premiers jours, nourris au lait de beurre. Il faut remarquer que ce dernier provient du lait caillé ; dans cette région, en effet, on ne baratte pas seulement la crème, mais la totalité du lait après sa coagulation.

Nous pensons cependant qu'il n'est pas prudent d'administrer le babeurre seul aux tout jeunes veaux ou porcelets. Il convient mieux de leur réserver le lait de beurre doux ou peu acide.

Pour des jeunes porcs on cite les mélanges suivants :

Babeurre	2 lit.	500
Farine d'orge.	0 kg.	300
Son	0	300
Issues animales	1	400

ou encore

Babeurre	4 lit.	500
Orge en grains	1 kg.	600
Tourteau	0	150
Viande cuite	0	800

On peut aussi faire du *fromage* de ménage avec le résidu du barattage soit pur soit mélangé à du lait écrémé ou à du lait entier.

Lorsque le lait de beurre est acide on le fait bouillir pendant un quart d'heure environ, puis on le jette sur un linge ou une passoire. La partie solide qui est retenue est alors mise en moule. Cette sorte de fromage acquiert par le temps un goût particulier.

Le liquide restant est mélangé à du son ou des pommes de terre pour être distribué aux oiseaux de la basse-cour ou aux porcs.

Voici, d'autre part, comment M. Ferville décrit (1) la préparation en Amérique d'un fromage composé d'un mélange de lait écrémé et de babeurre.

(1) Ferville, *L'Industrie laitière*, p. 344. Paris, J.-B. Baillière.

« On met dans la cuve à fromage du lait soigneusement écrémé et, après avoir chauffé à 27 degrés, on y ajoute un cinquième de lait de beurre ; en laissant reposer la masse elle devient acide : on porte alors la température à 30 degrés et on verse l'*anti-huffing*, produit alcalin que M. Grosjean, qui a vu pratiquer cette fabrication, croit être du carbonate de potassium, on en ajoute ainsi 60 grammes par 100 kilos de liquide.

« Lorsque le mélange est bien complet, on ajoute la dose voulue de présure et d'annato ; le travail s'accomplit comme dans les conditions ordinaires, sauf qu'il doit marcher beaucoup plus vite et que l'on met en presse le caillé sans attendre l'expulsion parfaite du sérum.

« Avec ce système on obtient, en chiffres ronds, de 500 kilos de lait :

25 kilos de beurre à 2 fr. 50 . . . 62 fr. 50
65 kilos de fromage à 1 fr. 40 . . . 91 fr. »
                                     153 fr. 50

« Ce qui ferait rendre au litre de lait 0 fr. 30 environ. »

M. Emile Thierry (1) a obtenu de bons résultats contre la maladie des jeunes chiens en administrant à ces derniers du petit-lait et du babeurre, qu'ils prennent toujours de préférence à tous autres aliments.

Enfin, terminons en disant que les cures de lait battu sont assez conseillées pour certaines *maladies humaines* des voies digestives.

(1) E. Thierry, *Les Vaches laitières*, Paris, 1905, J.-B. Baillière.

DEUXIÈME PARTIE

LES SOUS-PRODUITS DE LA FROMAGERIE

LE PETIT-LAIT

La fabrication des fromages et l'extraction de la caséine du lait écrémé laissent comme résidu un liquide clair, jaune verdâtre, le lacto-sérum, appelé plus communément petit-lait, ou encore, suivant les régions, lait de fromage, maigre, wei, manetti, etc.

On retrouve dans le sérum la majeure partie des éléments en solution du lait que le réseau de caséine, en se solidifiant, n'a pu englober et entraîner dans le fromage, ainsi qu'une faible portion des éléments en suspension échappés aussi pendant les manipulations ultérieures du coagulum.

Il serait trop long d'étudier ici en particulier le phénomène de la coagulation du lait, les principaux facteurs qui le régissent, dont la connaissance permet de remplir les meilleures conditions de travail compatibles avec les rendements les plus élevés en fromage. Les produits préparés sont en effet si variables comme qualité et par suite comme manipulations exigées, qu'il faudrait pour ainsi dire examiner séparément chaque variété, ce qui serait sortir du cadre que nous nous sommes tracé (1).

(1) Voir quelques détails, 1re partie, liv. I, ch. II, § 1, n° 9, p. 183.

La quantité de petit-lait obtenue varie un peu suivant la nature du fromage fabriqué et la richesse même du liquide mis en œuvre. Si, par exemple, pour le Gruyère on admet qu'en chiffre rond cent kilogrammes de lait donnent dix kilogrammes de fromage frais, il doit rester nécessairement quatre-vingt-dix kilogrammes de petit-lait comme résidu. Mais c'est là un chiffre théorique, car, en tenant compte des pertes par évaporation ou de celles qui se produisent pendant les manipulations, on ne peut guère disposer de plus de quatre-vingt-cinq kilogrammes au maximum, chiffre constaté dans nos observations. Pour les pâtes molles, comme le Camembert, les pertes sont plus élevées, et on peut récupérer au plus soixante-dix kilos de sérum.

Composition du petit-lait. — Si nous envisageons la fabrication ordinaire des fromages en général, le sérum est d'autant plus riche que la pâte a été plus travaillée avant de sortir de la chaudière ou du bac pour être mise en moule.

De ce chef le petit-lait des fromages à pâte cuite ou manipulée, comme le Port-du-Salut, le Gruyère, le Cantal, le Hollande, etc., est plus riche, en matière grasse surtout, que celui des fromages à pâte molle, tels que le Camembert, le Brie, etc., pour lesquels le caillé est coupé par tranches successives et placé dans les moules sans autre manipulation.

Par contre, l'acidité, étant donnée la durée plus longue de la coagulation du lait et de l'égouttage, est plus élevée dans ce dernier cas.

On doit remarquer aussi que le petit-lait provenant du lait pur est un peu plus riche en principe butyreux que celui qui résulte de la coagulation d'un lait en partie écrémé.

Enfin, le sucre de lait ou lactose est en plus forte proportion dans le sérum que dans le lait, car ce principe est tout en solution et se retrouve dans un volume de liquide plus faible. Il est à noter cependant que le petit-lait qui reste à imprégner le caillé a une teneur en lactose plus élevée encore ; ce serait le contraire lorsqu'on emploie un acide comme coagulant.

Voici, d'ailleurs, quelques chiffres qui représentent les moyennes de nombreuses analyses que nous avons eu l'occasion de faire (1) :

ÉLÉMENTS	Gruyère		Port-du-Salut		Emmenthal		Camembert		Lait centrifugé puis coagulé	
	Lait	Petit lait	Lait	Petit lait	Lait	Petit lait	Lait	Petit lait	Lait	Petit lait
Acidité........	18°	11°	19°	12°	18°	11°	19°	21°	18°	11°
Extrait sec.....	12gr.93	7.29	12.96	7.20	12.88	7.25	13.40	7.08	9.80	6.75
Matière grasse..	3.58	0.61	3.51	0.43	3.67	0.56	4.01	0.29	0.16	»
Lactose........	4.81	5.12	4.89	5.23	4.77	5.07	4.92	5.31	4.98	5.16
Sels minéraux..	0.74	0.52	0.76	0.57	0.75	0.54	0.74	0.58	0.78	0.59
Caséine (différence)	3.80	1.04	3.80	1.06	3.69	1.08	3.73	0.90	3.88	1.00

La densité moyenne du petit-lait est de 1027.8.

Pour permettre de comparer les proportions de principes en suspension ou en solution dans le lait entier et dans le petit-lait, nous citerons les résultats de nos expériences.

---

(1) Pour plus de détails voir notre ouvrage *Recherches sur la composition du lait et des produits de la laiterie* (1900).

Gruyère

PRINCIPES	ÉLÉMENTS EN SUSPENSION		ÉLÉMENTS EN SOLUTION	
	Lait	Petit-lait	Lait	Petit-lait
Matière grasse . . .	3,58	0,61	»	»
Sucre	»	»	4,81	5,12
Caséine	3,60	0,64	0,20	0,40
Phosphates . . .	0,25	»	0,10	0,10
Sels solubles . . .	»	»	0,39	0,42

Port-du-Salut

PRINCIPES	ÉLÉMENTS EN SUSPENSION		ÉLÉMENTS EN SOLUTION	
	Lait	Petit-lait	Lait	Petit-lait
Matière grasse . . .	3,51	0,43	»	»
Lactose	»	»	4,89	5,23
Caséine	3,47	0,74	0,33	0,32
Phosphates . . .	0,23	»	0,14	0,15
Sels solubles. . . .	»	»	0,39	0,42

Camembert

PRINCIPES	ÉLÉMENTS EN SUSPENSION		ÉLÉMENTS EN SOLUTION	
	Lait	Petit-lait	Lait	Petit-lait
Matière grasse . . .	4,01	0,29	»	»
Lactose	»	»	4,92	5,31
Caséine	3,53	0,58	0,20	0,32
Phosphates . . .	0,19	»	0,11	0,12
Sels solubles . . .	»	»	0,44	0,46

A part quelques rares exceptions le petit-lait des fromages est destiné à l'alimentation des animaux. Toutefois, lorsqu'il renferme encore un peu de matière grasse, on a tout avantage à extraire celle-ci avant de livrer le liquide au bétail.

CHAPITRE PREMIER

ECRÉMAGE DU PETIT-LAIT

§ I. — Ecrémage par centrifugation.

Les avantages que l'on rencontre dans l'emploi des écrémeuses centrifuges pour le lait entier se retrouvent ici lorsqu'on fait servir ces appareils mécaniques au traitement du petit-lait. Les produits obtenus sont parfaitement doux, les rendements en beurre plus élevés, la qualité de ce dernier est supérieure ; il y a enfin économie de temps, d'ustensiles, d'eau, etc.

Ordinairement le liquide est soumis à la centrifugation immédiatement après l'extraction du caillé. On devra faire en sorte que sa température ne s'élève guère au-dessus de trente-cinq à quarante degrés au moment de son entrée dans le bol. Cent kilos de petit-lait donnent en moyenne cinq cents grammes de beurre. On a même constaté des rendements de douze cents grammes. Tout dépend en effet de la richesse du lait mis en présure et du travail que l'on fait subir au coagulum.

Voici un exemple d'écrémage effectué sous nos yeux avec une écrémeuse Mélotte à bras, du type de quatre cents litres à l'heure (fig. 139). Le petit-lait traité provenait de la fabrication du Gruyère. Il dosait au Gerber 0,5 0/0 de matière grasse, sa densité était de 1027,4 et son acidité de

11°. Il avait à l'entrée du bol une température de 33°, et celle de la salle était de 15°.

Sept cent trente kilogrammes de liquide ont donné vingt-cinq kilogrammes de crème et six cent quatre-vingt-

Fig. 139. — Ecrémeuse Mélotte à bras (Bréhier).

dix-sept kilogrammes de petit-lait maigre de densité 1027,9 et marquant 12° à l'acidimètre. Le Gerber a fourni 0,05 de matière grasse, ce qui correspond à un degré d'écrémage de 90 0/0.

La crème ainsi obtenue fut mise dans un local approprié pour la laisser s'acidifier. Au moment du barattage elle marquait quarante degrés à l'acidimètre. Elle fut portée à la température de seize degrés, puis introduite dans la baratte *Progrès* (fig. 140), placée dans une salle où le thermomètre marquait quatorze degrés. Le beurre formé au bout de quarante minutes pesait trois kilos sept cent cinquante. On recueillit en outre vingt kilogrammes de babeurre de petit-lait dosant encore un dixième pour cent

Fig. 140. — Baratte « Le Progrès ».

de matière grasse au Gerber, et marquant 1027,5 comme densité.

Nous transcrivons ci-dessous les chiffres analytiques trouvés dans une autre expérience :

PRINCIPES	PETIT-LAIT DE GRUYÈRE		BEURRE DE PETIT-LAIT (Composition)	
	Gras	Centrifugé		
	gr.	gr.		gr.
Extrait sec . . .	7,35	7,04	Eau. . . .	15,32 0/0
Matière grasse . .	0,59	0,12	Matière grasse	83,91
Lactose . . .	5,13	5,24	Lactose . .	0,41
Sels minéraux . .	0,52	0,53	Sels minéraux	0,06
Caséine (différence).	1,11	1,15	Caséine, etc..	0,30

§ II. — Ecrémage par le repos

Quand on ne dispose pas d'une écrémeuse on peut laisser le petit-lait au repos pendant vingt-quatre, trente-six

Fig. 141. — Réfrigérant capillaire Lawrence.

ou quarante-huit heures ; après ce laps de temps la presque totalité de la crème est montée à la surface.

L'écueil que l'on doit chercher à éviter ici est une acidification trop rapide du liquide, qui perd alors de ses qualités comme aliment destiné aux animaux, tout en donnant également un beurre moins apprécié, qui se conserve mal et a un goût plus fort. A ce dernier point de vue on ne saurait trop s'élever contre cette pratique qui consiste à laisser le petit-lait dans des tonneaux défoncés ou des cuves en bois jusqu'à huit, dix jours.

Il faut procéder avec le liquide en question comme pour le lait, c'est-à-dire le refroidir (fig. 141) immédiatement le plus possible à sa sortie de la chaudière par un des procédés que nous avons déjà indiqués (1), puis le répartir dans des récipients en métal de préférence et maintenus dans de l'eau froide dans une pièce appropriée (fig. 11).

§ III. — Obtention des brèches

Lorsqu'on ne dispose pas de la quantité d'eau nécessaire pour le refroidissement du petit-lait, l'été surtout, on peut employer le mode opératoire suivant, plus expéditif que le précédent. Il consiste à faire monter la matière grasse à la surface du liquide en chauffant ce dernier aux environs de quatre-vingt-dix degrés, ou mieux par l'action combinée de l'acide et de la chaleur.

La sorte de crème qui se sépare ainsi porte alors le nom de bruchons, brèches.

On acidifie le petit-lait soit avec de l'aisy — liquide spécial qui sert à la préparation de la liqueur de présure dans la fabrication du gruyère, — soit avec de l'acide chlorhydrique, ou encore avec du petit-lait aigre.

Avec un aisy dosant 6 gr. 5 d'acide lactique par litre — 65° à l'acidimètre (2), — la proportion à employer est de 3,5 0/0 environ; si l'aisy titre 8 grammes — 80° à l'acidi-

---

(1) Voir p. 3.
(2) Voir l'Annexe.

mètre — on réduit ce chiffre à 2,5 0/0. En un mot, on amène le contenu de la chaudière à doser 1 gr, 4 à 1 gr.,5 d'acide lactique par litre. On chauffe alors jusqu'à la montée des brèches, c'est-à-dire vers 75-80 degrés.

Quand on emploie l'acide chlorhydrique on verse celui-ci dans le petit-lait lorsque la température a atteint 80° environ, et à raison de vingt-quatre centimètres cubes dilués dans quatre litres de petit-lait pour cent litres de liquide à traiter. On continue ensuite à chauffer jusqu'à 85-88 degrés.

Une fois arrivées à la surface, les brèches sont prélevées avec une écumoire (fig. 142) et versées sur une toile où elles s'égouttent. On les place ensuite dans un récipient et on les laisse s'acidifier. On les baratte lorsqu'elles dosent à l'acidimètre 35 à 40°.

La composition et la proportion de ce produit sont naturellement très variables, non seulement à cause de la quantité de petit-lait qu'on a prélevée avec la matière grasse, que l'on peut

Fig. 142. — Poche en métal perforé.

d'ailleurs séparer par égouttage, mais encore avec la proportion de caséine montée avec cette dernière.

L'obtention des brèches est en effet une manipulation assez délicate quant au calcul de la quantité d'aisy ou d'acide à ajouter. Si par exemple l'acidité est trop faible ou si l'on ne chauffe pas assez, les brèches ne montent qu'imparfaitement, le rendement laisse à désirer. Dans le cas contraire, une partie de la caséine coagulée ou sérai, que renferme encore le petit-lait et qui arrive à la surface, est trop abondante.

Il serait peut-être préférable, d'autre part, d'amener le liquide à un degré d'acidité suffisant pour n'avoir à chauffer qu'à une température de soixante-cinq degrés environ;

la qualité du beurre n'aurait qu'à y gagner, car ce dernier perdrait probablement une partie de son goût de cuit ou de suif qu'il a ordinairement.

Dans tous les cas, on doit s'attacher à obtenir des brèches plutôt fines. Les grosses brèches riches en serai, en fromage, comme disent les praticiens, se barattent difficilement, donnent un beurre renfermant une plus grande proportion aussi de cette matière et ne « rend pas à la poêle », pour employer l'expression des cuisinières.

En général, lorsque l'opération est bien conduite ce procédé d'écrémage enlève au petit-lait la presque totalité de sa matière grasse. On devrait donc s'attendre à obtenir par cette méthode des rendements supérieurs à ceux que fournit l'écrémage centrifuge. Le plus souvent il n'en est rien, à cause d'abord de l'incertitude de recueillir toute la matière butyreuse que contient le liquide, incertitude qui tient, comme nous l'avons dit, aux difficultés que présente la conduite de l'opération, mais en outre aux conditions défectueuses également dans lesquelles se trouvent placés les globules gras pendant le barattage, quand une trop forte proportion de serai vient mettre obstacle à leur réunion.

Ce barattage des brèches se pratique à une température de un degré plus élevée que celle de la crème ordinaire ; de plus, l'agitation doit se prolonger pendant un laps de temps beaucoup plus long aussi ; et comme on cherche à obtenir un grain moins ténu, la matière grasse englobe une partie des grumeaux de caséine que les lavages ne parviendront pas à entraîner complètement. Dans ce cas on obtient alors un produit sans consistance, qui n'a pas assez de corps, qui se conserve mal, qui rend peu, ainsi que nous l'avons fait remarquer ; dans les besoins culinaires il laisse un résidu charbonneux exagéré.

Dans ces conditions il convient donc de modifier un

peu le travail du barattage. Ainsi, on arrête l'appareil dès que l'on voit à la surface une mince couche, une pellicule jaunâtre de fins globules de beurre. On soutire alors le tout dans un récipient ; puis, soit à l'aide d'une pompe (fig. 143), soit encore en opérant d'une certaine hauteur, on projette fortement de l'eau froide dans la masse. L'effet produit de cette façon paraît être purement mécanique : le liquide se trouve brassé, ébranlé ; les pellicules de serai qui emprisonnaient les grumeaux gras se détachent, tombent au fond, et l'on voit alors apparaître à la surface la matière jaune parfaitement dégagée et raffermie. On la prélève avec une écumoire et on la traite comme le beurre ordinaire.

Le beurre de brèches, appelé encore beurre de montagne, grasseïon, beurre de fonte, biffe, second beurre, bretze, beurre blanc, conserve toujours un goût de cuit ; mais bien fabriqué, il n'en est pas moins estimé, vu son prix — 2 francs en moyenne, — comme beurre de cuisine, ou encore par les pâtissiers.

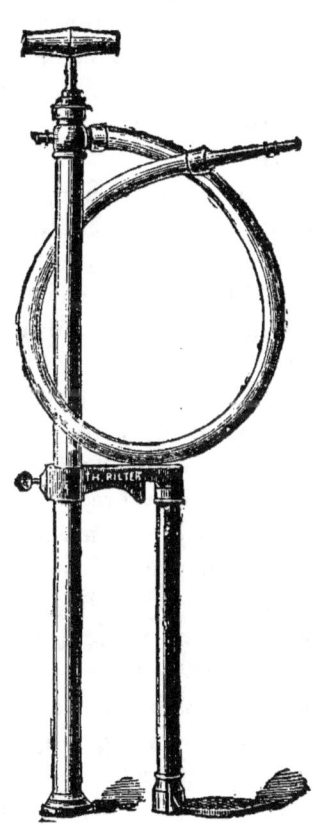

Fig. 143. — Pompe à main (Système Pilter).

On ne doit pas oublier que le procédé d'écrémage qui nous occupe laisse un petit-lait maigre doux, et qu'il peut contribuer, à l'occasion, à enrayer la propagation de certaines maladies, la fièvre aphteuse, par exemple, par suite de la température élevée à laquelle il maintient le liquide.

On ne saurait trop recommander aussi de se garder, comme on le fait quelquefois, de mélanger les brèches avec la crème ordinaire. Mieux vaut faire deux barattages séparés pour obtenir à part deux qualités distinctes de beurre.

Voici un exemple de petit-lait bréché que nous avons suivi : Le liquide traité provenait de la fabrication de l'Emmenthal. Il était resté dans la chaudière après la sortie du caillé et prélèvement de 25 kilogrammes de liquide pour une opération suivante, 676 kilogrammes de petit-lait dosant 11° à l'acidimètre. On ajouta à la masse 35 kilogrammes de petit-lait aigri à 55° d'acidité et 5 kilogrammes d'aisy à 70° d'acidité. Le tout fut amené de la sorte à 13° acidimétriques. On éleva alors la température à 86°, point où les brèches montèrent à la surface. Leur poids fut de 51 kilogrammes, et il resta dans la chaudière 650 kilogrammes de petit-lait maigre.

Les brèches acidifiées et marquant après 20 heures 45 degrés à l'acidimètre, furent barattées dans une baratte *Progrès* (fig. 140). Le grain étant long à se former on fut obligé de réchauffer la masse aux environs de 20 degrés. Le résultat étant obtenu, on projeta alors de l'eau froide à 10 degrés pour faire monter le beurre.

Le poids de ce dernier fut de 3 kg., 221, ce qui correspond à 453 grammes par 100 litres de petit-lait. Le babeurre restant dosait, déduction faite de l'eau ajoutée, 0,88 0/0 de matière grasse au Gerber.

La composition des brèches et du beurre était la suivante :

Brèches.

Matières sèches	18 gr.26 0/0
Matière grasse	8 70
Lactose	3 33
Sels minéraux	0 67
Caséine, etc. (différ.)	5 56

Beurre de brèches.

Eau	15 gr.83 0/0
Lactose	0 36
Matière grasse	83 07
Sels minéraux	0 07
Caséine, etc.	0 67

Voici quelques chiffres sur les rendements moyens de cent kilogrammes de lait travaillés dans la fabrication du gruyère, qui donneront une idée de la proportion des sous-produits dont on peut disposer.

Fromage	9 kg.59
Beurre fin	0 57
Beurre de petit-lait	0 45
Petit-lait maigre	77 57
Babeurre fin }	6 29
Babeurre de petit-lait	
Perte	5 53
	100 kg.00

CHAPITRE DEUXIÈME

LE PETIT-LAIT MAIGRE

Le petit-lait maigre, qu'il provienne du petit-lait gras centrifugé ou bréché, ou encore qu'il constitue le résidu de la fabrication de certains fromages à pâte molle, renferme encore, outre le sucre de lait, une certaine proportion de matière azotée.

Lorsqu'on le destine à l'alimentation des animaux il est préférable de le leur livrer tel quel, et on le vend alors, dans ces conditions, quarante à soixante-dix centimes l'hectolitre.

Sinon, ou si l'on a en vue l'extraction du lactose, que nous étudierons plus loin (1), il y a tout intérêt, et même il est nécessaire, suivant le cas, d'en tirer encore une sorte de fromage, *sérai* ou *serac*, constitué par la caséine en solution qui a échappé à l'action de la présure, et qui se solidifie sous l'influence d'une température voisine de l'ébullition combinée avec celle d'un acide. C'est le *Ziger* des Allemands.

Quelquefois, il est vrai, on opère sur le petit-lait gras, et alors la masse solide qui monte à la surface englobe les brèches, la crème dont nous parlions plus haut. Cent kilos de lait gras travaillés en fromage donnent alors en moyenne cinq kilos de ce produit, que l'on vend environ un franc le kilo.

Mais cette dernière façon de procéder n'est avantageuse que si l'on consomme le fromage ainsi obtenu sur l'exploitation même. Si au contraire on le destine à la vente, il

---

(1) Voir chap. V, § II.

est préférable de prélever d'abord le beurre, qui rapportera ainsi séparément plus que ne le ferait le sérai gras.

Préparation du sérai et de ses dérivés. — Le sérai, séret, sérac, est encore appelé *broute, brousse, ziger, greulh*, etc. On l'obtient de la façon suivante : lorsqu'on a dépouillé le petit-lait de ses brèches on ajoute de nouveau 3 0/0 d'aisy, et on continue de chauffer jusqu'à l'ébullition. Certains fromagers n'ajoutent l'aisy — 5 à 8 0/0 — qu'après que le petit-lait s'est mis à bouillir.

Le sérai, recueilli à l'aide d'une poche percée, d'une passoire, est mis dans un moule garni d'une toile. On peut ainsi le consommer à l'état frais après l'avoir laissé égoutter vingt-quatre heures puis salé, ou le mettre sous presse. Dans ce dernier cas on ne doit pas tarder de le consommer car il prend facilement un goût de savon peu agréable, en même temps qu'il se forme dans sa masse des veines bleuâtres. Il est bon de le saler fortement sur ses faces et de le soigner comme on fait pour le gruyère, dans le cas où l'on veut le conserver longtemps.

Dans certaines circonstances on place cette sorte de fromage, une fois pressé, dans un tonneau où on le laisse vieillir. On ajoute dans ce cas diverses épices, telles que poivre, cumin, clous de girofle, etc.

Ce produit secondaire des fromageries a une certaine importance comme aliment dans les régions montagneuses. Schatzmann dit à ce propos : « Le séré est d'une haute importance pour la nutrition de l'homme, parce qu'il est composé en très grande partie de matières azotées qui contribuent puissamment à la formation du sang. Il n'y a guère d'aliments, pour le même prix, qui contiennent autant d'éléments d'assimilation. »

Nous avons trouvé, pour du sérai tiré du petit-lait gras de gruyère et analysé immédiatement au sortir de la presse, après vingt-quatre heures — pression un peu forte — les chiffres suivants :

Eau	48 gr. 50	0/0
Matière azotée.	25	83
Matière grasse.	23	12
Lactose.	1	83
Cendres.	0	72

Les eaux-mères qui restent après le prélèvement des brèches et du sérai constituent la *recuite,* qui sert de liquide de macération aux caillettes dans la préparation de la liqueur de présure pour gruyère. On l'utilise également pour la fabrication de l'aisy, produit qui est employé à son tour pour débarrasser le petit-lait de ses brèches et de son sérai et l'amener à l'état de recuite même. La recuite est donnée quelquefois aux vaches. Elle n'est pas sans exercer une influence favorable sur la sécrétion du lait, dit-on.

Dans la préparation du *broccio de Corse* on utilise également le petit-lait des fromages. Celui de la veille est mis à bouillir, on ajoute un peu de sel et on y verse alors un mélange de lait de chèvre et de lait de brebis. Le caillé précipité est ensuite ramassé avec une passoire et placé dans un moule d'osier. Livré frais, on vend ce fromage qui est très blanc environ un franc le kilo. En général on le consomme le plus frais possible. Après une vingtaine de jours de dessiccation il peut valoir 1 fr. 80 à 2 fr. le kilo. On ajoute quelquefois de la crème au moment de la préparation.

Le *Mysost* de Suède se prépare d'une façon analogue. On additionne le petit-lait d'un peu de crème puis on chauffe vivement en agitant sans cesse et enlevant au fur et à mesure l'écume qui se forme à la surface.

On concentre ainsi la masse jusqu'à consistance sirupeuse. On en remplit alors des moules rectangulaires de

20 à 30 centimètres de longueur et de 10 à 15 d'épaisseur et garnis d'un linge fin. On met dessus un couvercle que l'on charge de poids. On retourne de temps en temps jusqu'à ce que la pâte soit devenue très consistante. Cette sorte de fromage, de couleur brunâtre, est parsemée de paillettes cristallines de sucre de lait.

En Norvège au lieu de lait de vache on emploie celui de chèvre ou de renne.

La *Ricotta* de Naples, la *brocotte* des Vosges, dérivent encore du petit-lait.

Pour obtenir la première on chauffe ce liquide additionné de babeurre ou encore s'il y a lieu de petit-lait aigri et même de lait entier, jusque vers 80° tout en agitant; on met ensuite la matière coagulée dans des moules.

Nous donnons ci-dessous la composition du même petit-lait de gruyère dont plusieurs portions ont été soumises aux diverses manipulations dont nous avons parlé dans ces deux chapitres :

ÉLÉMENTS	Petit-lait gras	Petit-lait écrémé après 36 heures de repos	Petit-lait centrifugé	Petit-lait brèche	Petit-lait débarrassé des brèches et du sérai
Acidité	12°	13°	12°	13°	13°5
Densité	1027.7	1027.85	1028.2	1027.9	1028
Extrait sec	7g52 %cc	7.03	7.09	6.86	6.61
Matière grasse	0.64	0.27	0.11	0.04	»
Lactose	5.25	5.23	5.31	5 33	5.51
Sels minéraux	0.54	0.54	0.55	0.52	0.53
Caséine (différence)	1.09	0.99	1.12	0.97	0.57

CHAPITRE TROISIÈME

LE PETIT-LAIT DANS LES USAGES DOMESTIQUES

Valeur alimentaire du petit-lait. — Le principe le plus utile dans le petit-lait, au point de vue alimentaire, c'est la matière albuminoïde, la caséine, il en contient environ 1 0/0.

La valeur du liquide en question comme aliment n'est guère qu'un cinquième de celle du lait ; aussi ses usages dans l'économie domestique sont-ils assez restreints.

Schatzmann dit que « le petit-lait est une boisson saine et agréable, qu'emploient comme aliment, en le mélangeant avec du lait ordinaire ou du lait de beurre, les habitants des contrées montagneuses de la Suisse ».

M. Merz (1) raconte que la boisson en question est employée en guise d'eau, sur les Alpes, pour faire le café, ou encore comme vinaigre pour la salade, lorsqu'il est suffisamment acidifié.

Au Chili on fait du « punch de petit-lait ». Réduit à l'état de sirop par évaporation, on le mélange à de la farine de froment, de seigle, pour faire du pain ; on ajoute quelquefois du beurre, des œufs.

Boisson alcoolique de petit-lait. — Le petit-lait contient environ 5 0/0 d'un sucre spécial en dissolution que l'on a songé à transformer en alcool par l'action des levures. Les travaux de Duclaux et de Kayser ont montré que les levures ordinaires brûlent lentement le sucre de lait avec dégagement d'acide carbonique, mais sans provoquer de fermentation alcoolique.

(1) *La Laiterie dans l'Entlebuch.*

Duclaux, Adametz et Kayser ont successivement découvert trois espèces de levures qui peuvent directement transformer le lactose en alcool.

La levure Adametz, la plus grosse, est aussi la plus

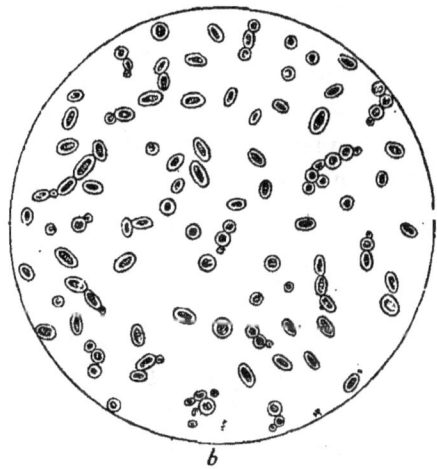

Fig. 144. — Levure de lactose Duclaux.

résistante à la chaleur; elle ne serait tuée, à l'état sec, qu'à une température supérieure à 100°, alors que celle de Duclaux (fig. 144) meurt à 50-60°. Celle de Kayser (voy. fig. 60, p. 86), elle, serait également inférieure à ce point de vue. Par contre, Kayser a trouvé que sa levure résisterait le mieux à un excès d'acidité (1).

Ce savant propose le mode opératoire suivant :

Il importe d'abord que le liquide soit débarrassé de son sérai; puis on neutralise l'acidité avec une solution de potasse. On stérilise alors à une température inférieure à 100° (employer un des pasteurisateurs indiqués) pour ne

(1) *Annales de l'Institut Pasteur*, n° du 25 juillet 1891.

pas communiquer de mauvais goût à la boisson. On filtre ou l'on décante. Pour enrichir le liquide on ajoute environ cinquante grammes de sucre de lait par litre. On pourrait également, dans le même but, concentrer par évaporation, mais l'ébullition aurait l'inconvénient d'amener le liquide vers 100°.

Quand le milieu est redescendu à 20° environ, on ensemence avec la levure en question et en quantité suffisante pour amener rapidement une fermentation régulière.

On peut ainsi obtenir une boisson se rapprochant du

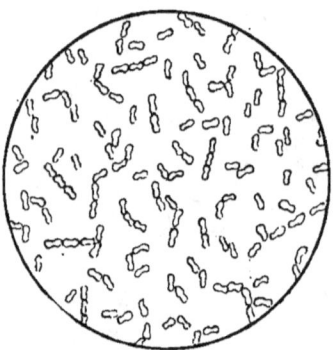

Fig. 145. — Ferment lactique.

cidre et titrant 5 0/0 d'alcool. La liqueur gagne à être mise en bouteille ; elle se conserve d'ailleurs facilement pendant quelques mois.

Préparé dans de bonnes conditions, et vu son faible prix de revient — 10 fr. par hectolitre, — l'auteur croit que ce breuvage alcoolique de petit-lait peut rendre service aux agriculteurs surtout à l'époque des moissons. Il est d'autant plus sain qu'il ne renferme que de l'alcool éthylique pur, et est à ce titre beaucoup moins nuisible que l'eau-de-vie.

On doit procéder à la préparation aussitôt que possible,

pour ne pas laisser au petit-lait le temps de s'aigrir, c'est-à-dire de perdre une partie de son sucre par transformation en acide sous l'influence des ferments lactiques (fig. 145).

Le petit-lait, agent thérapeutique. — Le petit-lait est digestif, diurétique et laxatif. Il combat les bronchites chroniques, les engorgements de la rate, du foie, les eczémas, les inflammations intestinales. Toutefois, à très fortes doses, il peut amener des vomissements et des coliques.

Le Dr Gimbert propose le petit-lait stérilisé, neutralisé et filtré, comme agent thérapeutique propre à combattre les cas de neurasthésie grave, la dyscrasie prétuberculeuse et autres affections analogues.

Le Dr Blondel conseille le petit-lait neutralisé par la soude et filtré à la bougie (fig. 146), sous forme d'injections hypodermiques, pour abaisser la pression sanguine et la température dans des maladies infectieuses diverses, l'infection puerpérale en particulier. Il semble que ce sérum ait une action marquée sur la nutrition en activant les phénomènes d'oxydation et de désassimilation (1).

Associé à l'huile arséniquée, le petit-lait a fourni de bons résultats sous forme d'injections. Il est d'ailleurs souvent employé pour faciliter l'absorption des médicaments.

Le suc de cresson — à la dose de 60 à 150 grammes — mélangé à du petit-lait ou d'autres extraits de plantes de la même famille, cochlearia, cardamine, etc., compose, paraît-il, un excellent antiscorbutique, stimulant, diurétique. Cinq à six grammes de suc frais de chélidoine, additionnés de 700 grammes environ de petit-lait, constituent une boisson excitante, diurétique, précieuse dans les cas d'engorgements, d'hydropisie, de scrofules ; contre la

(1) Congrès international de médecine de Madrid (1903).

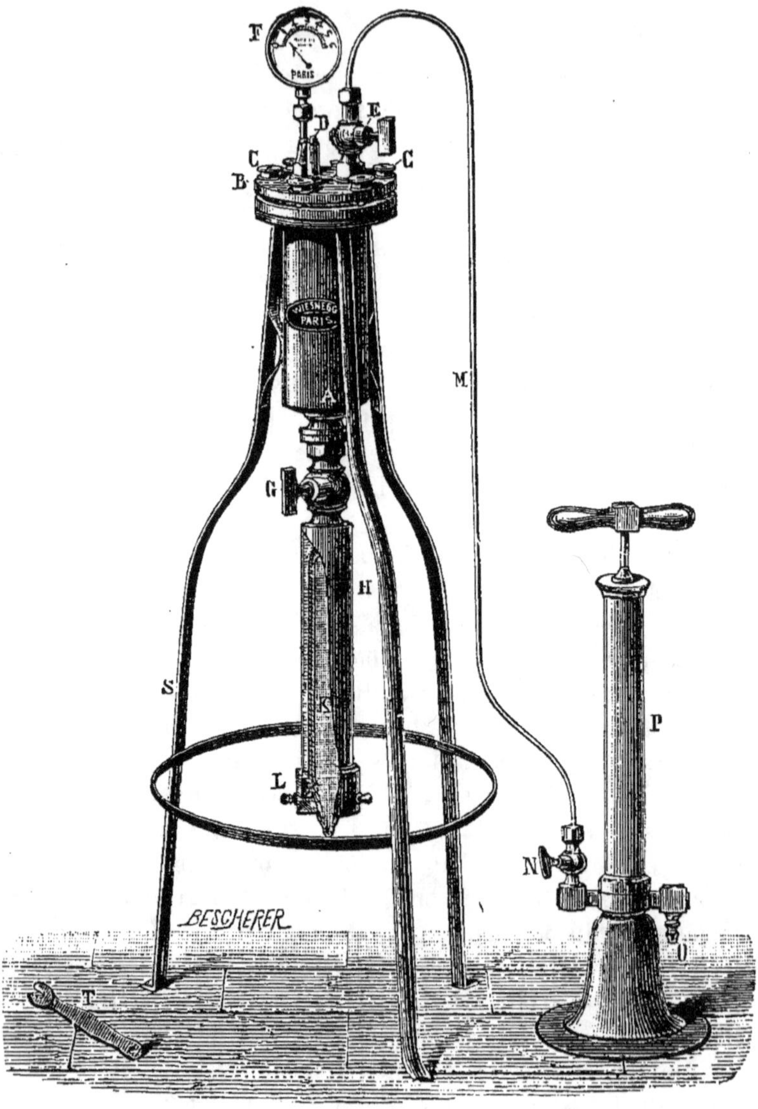

Fig. 146. — Bougie filtrante Chamberland.

K, bougie poreuse enfermée dans le manchon métallique H, vissé au récipient métallique épais A contenant le liquide à stériliser refoulé par la pompe à air de compression P.

goutte, les dartres, etc. Les quantités ci-dessus doivent être prises à plusieurs doses dans la journée.

De même, le suc de fumeterre, qui est tonique, dépuratif, antiscorbutique et légèrement vermifuge, a donné de bons résultats mélangé au petit lait à la dose de 60 à 100 grammes dans le traitement des maladies des viscères, des scrofules, dartres, etc.

En Suisse et dans le Tyrol l'on traite la dyspepsie et la phtisie pulmonaire par l'emploi du petit-lait. Ce genre de cure paraît surtout efficace chez les gros mangeurs atteints d'affections de l'estomac.

Les malades prennent un verre de cent vingt grammes de ce breuvage matin et soir, puis ils augmentent graduellement la dose jusqu'à prendre dans la journée quatre ou cinq verrées de 120 grammes chacune. On va quelquefois jusqu'à dix verrées (1). Ils sont soumis pendant toute la durée du traitement à un régime végétal presque absolu et à des promenades réglées.

CHAPITRE QUATRIÈME

EMPLOI DU PETIT-LAIT DANS L'ALIMENTATION DES ANIMAUX

Le petit-lait des fromages est en général destiné aux animaux de la ferme. Mais étant données sa richesse en eau et sa faible teneur en matière grasse, il importe de lui adjoindre, comme au lait centrifugé, et *a fortiori*, des aliments solides concentrés.

Nous avons dit qu'au point de vue pécuniaire il est toujours préférable de l'écrémer avant de le faire passer par

(1) Voy. Manquat, *Traité de thérapeutique*, t. I, p. 1028-1029.

le corps des animaux, sauf cependant le cas où on le destine aux veaux.

Le petit-lait gras, c'est-à-dire celui qui provient des fromages cuits à caillé travaillé, est revendu aux fournisseurs de 0 fr. 50 à 1 fr. l'hectolitre. En Allemagne on estime que si la coopérative peut vendre le petit-lait à ses associés 0 fr. 92 à 1 fr. 23 l'hectolitre, la restitution est plus avantageuse que l'élevage des porcs.

Lorsqu'on n'utilise pas le petit-lait dans la fromagerie on doit l'entreposer dans un local bien ventilé, suffisamment isolé de la pièce où est traité le lait. Il en est de même si on l'écrème au repos.

On peut le tenir à la disposition des intéressés, par exemple au dehors sous un hangar placé à l'est.

§ I. — L'ALIMENTATION DES PORCS

Dans certaines régions, on croit que la viande qui résulte de l'alimentation au petit-lait prend un goût prononcé désagréable et une odeur spéciale.

M. Morot, dans une enquête qu'il fit en Espagne pour vérifier jusqu'à quel point est fondée une pareille assertion, formulée entre autres par les charcutiers espagnols, conclut que la viande *asuéradée* — on désigne sous le nom d'*asuérados* les porcs nourris au petit-lait et autres résidus des fromageries — a bien les caractères particuliers qu'on lui reproche, mais que cette infériorité quant à la qualité est due plutôt aux mauvaises conditions hygiéniques dans lesquelles sont placés les animaux qui vivent en général au milieu des miasmes qui résultent de la décomposition des détritus des aliments, qu'à l'ingestion même de ces derniers.

Il est fort probable qu'avec des porcheries parfaitement

entretenues, en ne distribuant aux porcs que du petit-lait frais et sans excès, de façon à ce qu'ils puissent l'utiliser presque entièrement, les inconvénients signalés plus haut disparaîtraient en grande partie.

Engraissement au petit-lait seul. — En Normandie on donne couramment 28 à 40 litres de petit-lait par jour, suivant l'âge et le poids de l'animal, et ce liquide ressort dans ces conditions à 1 cent. 5 environ par litre.

M. Mac Carthy utilise le petit-lait que lui laisse la fabrication du fromage de Hollande. Pendant une période d'engraissement qui dura cinq mois, le petit-lait écrémé provenant de 30.846 litres de lait servit à élever quatorze porcs achetés en deux séries à l'âge de deux mois, au prix de 25 fr. la pièce, et vendus deux mois après 49 fr. en moyenne, soit avec une plus-value totale de 336 fr.

Si nous admettons que la quantité de petit-lait obtenue représente les soixante-quinze centièmes du lait entier, cette somme de 336 fr. constitue la valeur donnée aux 23.134 litres de liquide consommés, soit 1 c. 1/4 par litre.

La saveur aigrelette ne déplaît pas aux animaux, comme nous l'avons dit, mais une trop forte acidité pourrait, dit-on, à la longue amener le rachitisme.

Adjuvants divers. — Les adjuvants solides présentent encore ici de nombreux avantages au point de vue de la bonne utilisation du produit en question (1).

Wolff dit que le son et l'avoine concassée paraissent gagner en pouvoir nutritif par une addition de petit-lait.

De même, Heiden conclut de ses expériences que le petit-lait exerce une action favorable sur la digestibilité du maïs, de l'orge, des pois, des pommes de terre.

(1) Voy. R. Dumont, *Manuel pratique de l'alimentation du bétail*. Paris, 1903, p. 335.

On a constaté, d'autre part, dans des essais comparatifs, un accroissement de poids vif de 50 kilogrammes en 116 jours avec du petit-lait seul, en 147 jours avec des grains seulement, et en 79 jours en associant les grains au petit-lait.

L'orge et le maïs surtout sont, au point de vue de l'accroissement de poids, les meilleures adjuvants à ajouter au petit-lait (Heiden).

Nous avons dit plus haut en parlant du lait écrémé que douze kilogrammes de petit-lait équivalent, pour l'augmentation de poids, à un kilogramme d'orge, de maïs, de tourteau, de froment, etc.

Enfin voici les conclusions des expérimentateurs de la station agronomique de l'Université du Wisconsin, d'après le journal l'*Industrie laitière* :

« L'essai de l'alimentation des porcs avec du petit-lait seul n'a pas été heureux.

« Pour les porcs nourris avec de la farine et des sons additionnés d'eau, il a fallu 552 livres de mélange pour 100 livres de surpoids.

« Le petit-lait additionné au mélange de farine et de sons a produit une économie notable sur la quantité du mélange farineux nécessaire pour obtenir une réelle augmentation de poids.

« En substituant partiellement le petit-lait au mélange farineux on a trouvé que 760 livres de petit-lait économisaient 100 livres de farine et de sons mélangés.

« Les sons, la farine de pois, les farines oléagineuses ou autres aliments similaires, peuvent être mélangés au petit-lait pour les animaux en croissance.

« Les grains peuvent être donnés en tout temps, à la condition d'augmenter la quantité à mesure que les animaux approchent de la fin de la période d'engraissement. »

Voici, à présent, quelques exemples d'engraissement :

Nous empruntons à la brochure d'un praticien les données suivantes (1). Le petit-lait provenant de la fabrication du Mont-d'Or est amené dans des auges spéciales en bois garnies intérieurement de cuivre étamé. Au bout de deux à trois jours on enlève la crème pour faire du beurre et on donne le liquide maigre aux porcs. Pour un travail quotidien d'environ 3000 litres de lait, une population de 130 à 140 porcs d'engrais peut être entretenue. On les achète presque après le sevrage, et l'engraissement peut durer 140 à 150 jours au plus.

On ajoute au petit-lait maigre de la *farine d'orge ou de maïs*. Quelquefois on concasse le maïs et on le fait cuire. On administre jusqu'à 30 l. de petit-lait par tête.

Cette alimentation n'est pas sans inconvénient au point de vue de l'hygiène des animaux, dit l'auteur, mais avec quelques précautions on peut éviter les cas de mortalité.

Pouriau cite un exemple d'engraissement chez M. Bailleux, à Maison-du-Val (Meuse), avec le petit-lait que laisse la fabrication des fromages façon Brie.

Les gorets, sevrés à six semaines, reçoivent pendant les quinze jours suivants, et deux fois par jour, du petit-lait et un quart de litre de *farine d'orge*. On diminue peu à peu cette dernière, et à l'âge de deux mois les élèves ne boivent plus que du petit-lait, jusqu'à trente litres.

Les porcs pèsent, à 6 ou 9 mois, 125 kilogrammes en moyenne.

M. Rigaux donne le compte suivant d'une porcherie.

Chaque porc coûtait en moyenne 36 fr. Les 50 ont donné, à la vente, un poids total de 5950 kilos à 111 fr. 50 les 100 kilos, après avoir consommé 173.600 kilogrammes de petit-lait et quarante-huit balles de *farine* à 18 fr. les 100 kilos.

(1) Etienbled, *Le Mont-d'Or*, J. Mersch, Paris.

Le litre de petit-lait est ainsi ressorti à deux centimes. Chez M. Lahalle-Geoffroy, à Bonnet (Meuse), on engraisse les jeunes porcs avec le petit-lait provenant du fromage façon Coulommiers.

A 68 gorets achetés à 8 à 10 semaines 37 fr. 50 en moyenne on donna, par tête et par jour pendant huit mois : petit-lait, de 15 à 30 litres jusqu'à quatre mois, et à volonté les quatre autres mois; *pommes de terre*, pendant les quatre premiers mois seulement, 250 grammes ; *orge* moulue, pendant les quatre mois suivants, 250 grammes ; *riz cuit*, pendant les deux derniers mois d'été seulement, 500 grammes.

Sur les 68 gorets — dont un vingtième sont morts — on a réalisé à la vente 4100 francs de bénéfice avec, il est vrai, le prix très avantageux de 114 fr. les 100 kilos.

Il résulte des essais faits à l'Ecole de Mamirolle que dans l'engraissement des porcs la farine de cocotier serait plus avantageuse que celle de maïs.

Sept porcs reçurent pendant quarante-quatre jours du petit-lait et de la *farine de cocotier ;* puis on substitua pendant les vingt-trois jours suivants la *farine de maïs* à la première. Le prix d'achat de la farine de cocotier étant de quinze francs les cent kilos et celle de maïs vingt-deux francs, et en admettant un franc pour le prix du kilogramme de poids vif, le petit-lait est ressorti avec le premier adjuvant à 0 fr. 026 et à 0 fr. 0156 seulement avec le maïs.

Dans une deuxième expérience effectuée exclusivement avec du *maïs*, dix porcs ont donné par jour un accroissement moyen de 648 grammes, la ration comprenant par tête 25 kilogrammes de petit-lait et 950 grammes de farine de maïs. Le litre d'aliment liquide a produit 0 fr. 0175.

Lorsque les porcheries sont dans le voisinage des brasseries ou des distilleries qui produisent de la *levure*, on peut donner avantageusement les déchets aux porcs en les mélangeant à des pommes de terre et à du petit-lait. Pour prévenir tout accident avec ce mode d'alimentation, il est nécessaire au préalable de tuer la levure par la cuisson. En outre, cette préparation avec d'autres excipients masque l'amertume inhérente à ce résidu industriel, et qui pourrait faire naître quelque répugnance chez les animaux.

Lorsqu'on ne doit pas distribuer immédiatement la levure, il est bon, en attendant la cuisson, de la conserver en vase clos, à basse température, pour éviter qu'elle ne fermente.

On conseille encore pour l'alimentation des porcelets le mélange suivant :

Petit-lait.	6 litres
Viande cuite	1 kg. 5
Farine d'orge	1 kg.
Carottes	2 kg.

Ajoutons que beaucoup d'industriels se basent pour le paiement du lait sur ce qu'il peut rapporter en beurre ou en fromage, et ne comptent comme bénéfice que ce que leur fournit l'engraissement des animaux. De ce chef il arrive souvent que quand la fruitière n'a pas de porcherie le lait se vend moins cher par adjudication.

§ II. — L'ALIMENTATION DES VEAUX, BŒUFS, VACHES, ETC.

Nous avons dit que pour les veaux il est préférable de ne pas écrémer le petit-lait. Il importe aussi de le leur servir parfaitement doux, et il s'ensuit que le résidu liquide de certains fromages à pâte molle, comme le camembert, le brie, qui est toujours plus ou moins acide, ne peut convenir.

En outre, l'aliment en question ne doit être administré qu'aux veaux d'élevage. On commence à le substituer au lait entier dès que le jeune animal a quinze jours, et de telle sorte que la substitution soit complète lorsque le veau entre dans son deuxième mois.

On ajoute à la ration, comme adjuvant, un ou plusieurs des produits que nous avons déjà indiqués.

On peut également donner le petit lait aux poulains et aux bœufs. Quant aux vaches, on ne doit point le faire entrer dans leur ration, à moins que ce ne soient des bêtes à l'engraissement, le petit lait communiquant une certaine acidité au lait.

CHAPITRE CINQUIÈME

UTILISATION INDUSTRIELLE DU PETIT-LAIT

On peut retirer directement du petit-lait le lactose ou, après transformation préalable de celui-ci, de l'alcool, ou encore de l'acide lactique.

§ I. — Alcool de petit-lait

Nous avons dit comment, grâce à certaines levures spéciales, on pouvait faire subir au lactose la fermentation alcoolique (p. 300). On comprend qu'il soit ensuite possible de récupérer par distillation l'alcool formé.

Si l'on veut faire agir les levures ordinaires, il est nécessaire, au préalable, de transformer le sucre de lait en deux produits directement fermentescibles, le glucose et le galactose. On emploie habituellement à cet effet l'acide sulfurique. En outre, pour obtenir un plus fort rendement on additionne le petit lait de mélasse de betterave.

On acidifie avec 2 gr. 5 environ d'acide sulfurique par litre. On chauffe à l'ébullition, et, après avoir débarrassé des nitrates, etc., il ne reste plus qu'à ensemencer avec de la levure et à laisser fermenter.

Les vinasses que laisse la distillation peuvent être consommées sans inconvénient par les animaux, si l'on en croit les résultats obtenus en Westphalie.

L'Ingénieur Bochet dit avoir imaginé un procédé assez simple qui permet d'extraire du petit-lait de l'alcool ou du vinaigre par la fermentation du lactose, avec des rendements de 23 litres d'alcool bon goût à 90° ou 175 litres de très fort vinaigre.

§ II. — Extraction du sucre de lait

L'analyse chimique décèle environ 5 p. 100 de lactose dans le petit-lait. Ce sucre particulier reçoit quelques applications en médecine ou dans les arts. Dans certains cas il peut y avoir intérêt à l'extraire dans la fromagerie même. Il faut pour cela que le combustible soit à bon compte, comme dans les régions montagneuses de l'Est ou la Suisse, ou bien que l'on puisse disposer d'une certaine quantité de liquide permettant d'employer des appareils perfectionnés.

M. Merz, dans la monographie que nous avons déjà citée, nous raconte comment un vacher de Marbach, en Suisse, dut au hasard d'avoir le premier obtenu le sucre de lait.

« La tradition rapporte qu'un vacher de Marbach aurait, il y a environ un siècle, suspendu dans un endroit de sa hutte où il allait rarement de la recuite dans un drap à fromage, afin que le petit-lait s'en égouttât et que la recuite séchât. Longtemps après il remarqua qu'à la place du petit-lait écoulé il se trouvait de beaux grains de cristaux blancs qui avaient un goût sucré. Le vacher recueillit avec soin ces petits grains et les porta à un pharmacien auquel il décrivit leur origine. Après analyse, le pharmacien lui déclara que ce sable sucré était quelque chose de précieux qui certainement se vendrait fort bien comme médicament. Là-dessus le vacher concentra le petit-lait par cuisson, nettoya ou lava le sucre en sable obtenu et le vendit en tablettes. »

Le sucre de lait, ajoute l'auteur, était cependant connu depuis longtemps : Bartoletti l'avait découvert dès 1619 ; mais ce n'est qu'à la fin du siècle dernier qu'on se mit à le préparer en grand.

En général, on obtient par un premier traitement du petit-lait un produit brunâtre, granuleux, plus ou moins impur, le *sucre en sable*, qui demande à être ensuite raffiné. Comme ce sont, outre les sels minéraux, surtout les matières albuminoïdes qui forment la majeure partie des impuretés du produit que laisse déposer le liquide par une première évaporation, il importe, avant tout, d'agir sur le petit-lait débarrassé des brèches et du serai et déféqué après neutralisation de l'acide lactique, dont la présence gêne très sensiblement la formation du précipité.

Il va sans dire que l'on doit opérer le plus tôt possible, de façon à ne pas perdre une partie du sucre par acidification. En outre l'acide lactique peut amener l'interversion du lactose par le chauffage.

Ordinairement, dans les fruitières des hautes régions montagneuses, c'est à midi que l'on commence la concentration du liquide dans la chaudière même d'où l'on vient de sortir le fromage (gruyère). Le feu est poussé très avant dans la soirée, pendant que tout le personnel passe la veillée autour du foyer. Le lendemain on rallume le feu et l'on continue l'évaporation jusqu'à ce que le sirop tombe en feuille de la cuiller, ce qui correspond à une réduction du volume au tiers ou au quart.

Par refroidissement le sucre se dépose, et il surnage au-dessus de la partie solidifiée un liquide d'aspect huileux dont on ne peut plus retirer par la cuisson et le refroidissement qu'une très faible quantité de lactose. Il est préférable de transvaser le sirop dans des vases peu profonds tenus au frais, où on le laisse 48 heures.

D'après M. Merz, dans les fruitières des montagnes de la Suisse, l'évaporation demande de seize à vingt-deux heures, et les appareils de chauffage sont si primitifs — ou plutôt étaient si primitifs, car son étude date d'une vingtaine d'années — qu'on brûle généralement quatre stères de bois pour obtenir cent kilogrammes de sucre en sable.

Il faut viser à obtenir un sable à grains moyens. Trop fin, à l'état de boue, comme l'on dit, il expose à des pertes pendant le lavage ; trop gros, il englobe des impuretés qui le déprécient.

Ce sable obtenu de la sorte peut être purifié en partie sur les lieux mêmes. On le transporte à cet effet dans des bacs de faible hauteur — trente centimètres environ, — où on l'arrose d'eau aussi froide que possible — pour ne pas trop dissoudre de sucre, — tout en brassant la masse.

On laisse reposer, puis on décante, et l'on recommence de la sorte deux ou trois fois la même opération pendant quelques jours, de façon à obtenir un produit destiné aux raffineurs le plus pur possible.

Ce sont ordinairement des femmes qui sont chargées de ce lavage du sucre en sable.

En dernier lieu celui-ci est laissé au frais dans un grand bac pendant une dizaine de jours avec de l'eau froide.

Après avoir décanté on peut évaporer l'eau des derniers

lavages qui a dissous un peu de sucre en l'ajoutant au petit lait frais. Les eaux des deux premiers lavages chargées d'impuretés sont données aux porcs.

En 1886, le sucre en sable se vendait 96 francs le quintal, mais depuis les prix ont baissé.

En Suisse, on estime que le lait provenant de vaches élevées dans la montagne donne plus de sucre que celui de la plaine. Il en serait de même du lait produit en été, comparativement à celui du printemps, quand les animaux broutent des herbes plus tendres.

Ces procédés d'extraction assez primitifs peuvent être perfectionnés. Ainsi, par une défécation préalable on obtient une matière plus pure.

Le Dr Eugling propose, par exemple, d'ajouter 50 à 100 grammes de craie lavée par 100 litres de petit-lait. On évapore à moitié du volume tout en agitant. Il se précipite de la sorte la plus grande partie des substances albuminoïdes, et une portion des sels solubles est insolubilisée. Après concentration le liquide est transvasé et on laisse au repos : les matières solides formées par l'albumine et des composés phosphatés se déposent. Ces résidus solides sont placés dans des toiles que l'on fait égoutter dans le petit-lait clair, ou bien on introduit le dépôt dans une caisse à double fond où le liquide filtre à travers le drap inférieur. Les écumes de défécation peuvent servir pour l'alimentation des porcs.

Il ne reste plus qu'à continuer la concentration. Après refroidissement on retire de 1,5 à 2 0/0 de sucre purifié.

Aujourd'hui dans la grande industrie on concentre dans des chaudières à vide. On laisse refroidir puis on turbine. Le liquide qui reste est concentré, puis turbiné à nouveau, etc.

Raffinage. — Le sucre brut est envoyé au raffineur.

Mais on peut encore le raffiner à la fromagerie même, car cette opération n'exige pas d'appareils bien compliqués. Ainsi on peut opérer de la façon suivante :

Un tiers de sucre en sable est ajouté à deux tiers d'eau à 60 degrés. On agite tout en chauffant. Quand le mélange bout on ajoute un ou plusieurs clarifiants, comme du noir animal fin, du sulfate d'alumine, de l'alun, du sulfate de magnésie, de l'acide acétique, de la craie, de l'acide phosphorique, etc. Sous l'action de la température favorable et des agents clarifiants, les matières albuminoïdes sont précipitées, de même que l'alumine hydratée, suivant le cas.

On filtre soit sur du noir animal, soit sur du feutre, soit avec un filtre presse. On pousse ensuite la concentration de la liqueur limpide jusqu'à ce que le sirop tombant de la cuiller s'étale en feuille.

On le fait alors passer dans des bacs de un mètre de profondeur, en bois, doublés de tôle de cuivre. On suspend à l'intérieur, à l'aide de tringles transversales, des baguettes de bois non rabotées ne touchant pas le fond. Pour hâter la cristallisation il faut tremper celles-ci dans des dissolutions sur le point de cristalliser ; on les fait sécher ensuite, de façon à transporter dans le liquide en sursaturation des cristaux de lactose. De même, ce dernier étant insoluble dans l'alcool, il est conseillé d'ajouter au début 4 à 5 0/0 de ce produit à 90°.

Vers la fin de la cristallisation, pour provoquer une nouvelle précipitation, on peut en ajouter de nouveau.

L'inconvénient de cette pratique, c'est que par la distillation on ne récupère que 60 0/0 environ de l'alcool employé.

Par refroidissement, le sucre se dépose soit sur les baguettes — *sucre en grappes*, préféré au second, — soit sur les parois des bacs — *sucre en plaques ou en tranches*.

Pour avoir de gros cristaux et un beau produit, il est nécessaire que le refroidissement régulier soit lent et dure de quatre à cinq jours, et que le sirop soit à l'abri de toute agitation.

On soutire les eaux-mères lorsque la sorte de croûte qui se forme à la surface menace de se briser en s'affaissant. On enlève les cristaux, qu'on laisse égoutter, puis on sèche au soleil.

Le fond des bacs est tapissé de sucre en poudre qui, pétri avec de l'eau, sert à fabriquer des tablettes dont la valeur est moindre que celle des cristaux.

Il est préférable de laisser ce sucre en poudre avec les eaux-mères pour, avec une nouvelle quantité de sucre en sable et les cristaux défectueux, former une seconde cuite.

Aujourd'hui, comme nous l'avons fait remarquer, la grande industrie emploie des appareils plus compliqués pour extraire le lactose qui donnent un produit parfaitement purifié. Par exemple elle met en œuvre les filtres-presses pour débarrasser le liquide des produits de défécation ; la concentration se fait dans un vide partiel avec des chaudières appropriées, comme celles que l'on emploie pour la préparation du lait condensé (fig. 147).

Après cristallisation, la cuite est passée à la turbine, qui essore les cristaux, et l'on obtient ainsi des sucres de premier, deuxième, troisième jet, que l'on sèche à l'étuve à 80°.

Par le raffinage ordinaire on retire en général 55 à 60 parties de sucre raffiné pour cent parties de sucre en sable traité, ce qui donnerait, en rapportant ces rendements au petit-lait, 1 kg. 5 à 2 kg. pour 100 litres de ce dernier, qui eux-mêmes représentent environ 117 kilos de lait entier travaillé.

Avec les procédés industriels perfectionnés de l'outillage moderne, on peut arriver à 3 à 4 0/0 d'un produit en cristaux transparents parfaitement incolores.

Quant aux frais de fabrication, ils s'élèvent en moyenne à un franc par kilo de sucre.

Le prix de vente est très variable. Les cristaux de premier choix valent quelquefois 3 fr. 50 le kilo, mais en moyenne on ne peut guère compter sur plus de 1 fr. 35,

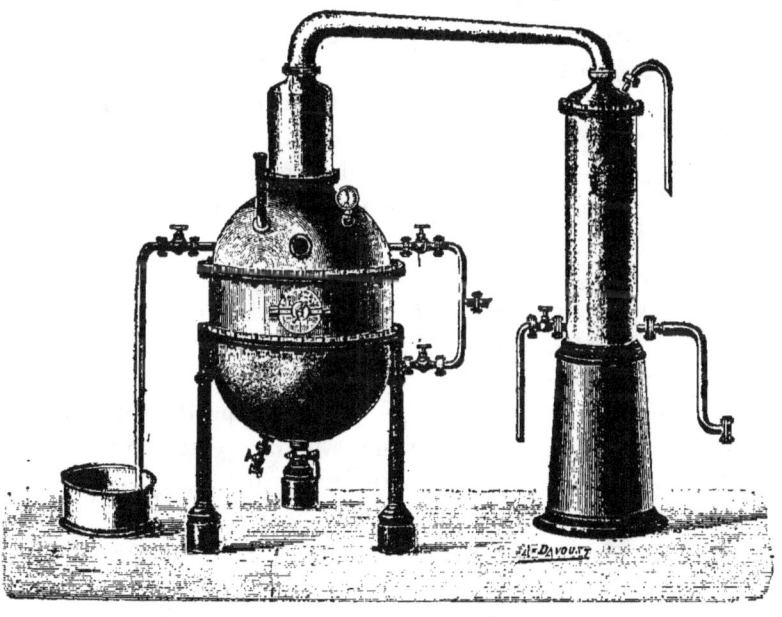

Fig. 147. — Chaudière à vide pour le sucre de lait (Gaulin)

bien qu'au détail le public paye 6 fr. le kilo de sucre de lait chez le marchand de produits chimiques.

Ce serait donc un bénéfice net de 0 fr. 35 par kilo. Mais ce ne sont là que des chiffres approximatifs, car leur évaluation dépend de facteurs très variables.

C'est la Suisse, particulièrement les cantons de Lucerne et de Berne, qui pendant longtemps a fourni le sucre de lait nécessaire à la consommation, et c'était l'Italie et le s

États-Unis qui constituaient les plus importants débouchés.

Mais aujourd'hui il existe dans ces derniers pays des usines fabriquant journellement de grandes quantités de lactose raffiné, ce qui a fait baisser considérablement les cours des marchés (1).

Le sucre de lait ne figure pas à l'exportation. Voici quelques chiffres relatifs à l'importation.

En 1897 on en a introduit en France 38.143 kilos d'une valeur de 59.122 fr. ; en 1898, 41.652 kilos, représentant 56.230, et en 1899, 58.726 kilos cotés 79.280 fr.

Usages. — Le lactose reçoit des applications en pharmacie et en médecine. Comme il n'absorbe pas l'humidité de l'air il y aurait avantage à l'introduire dans les poudres composées à la place du sucre de canne. Il entre dans la composition des *pilules de Vallet* à titre d'agent de conservation du carbonate ferreux et dans celle des granules médicinaux du Codex (Andouard).

Il entre aussi avec avantage dans la composition de certains aliments destinés aux nourrissons et aux enfants. On prétend, par exemple, qu'une addition de 10 0/0 de lactose au lait stérilisé rend ce dernier plus digestible. Il produit de bons effets dans les maladies inflammatoires, sous les climats chauds.

Dans la médecine homéopathique il est utilisé pour diluer les remèdes.

Au point de vue chimique, le lactose a pour formule $C^{12}H^{22}O^{11} + H^2O$. Il établit le passage entre les glucoses et les saccharoses. Il réduit la liqueur de Fehling.

Moins soluble que le sucre ordinaire, il a une saveur plus faible. Il est soluble dans deux parties d'eau bouil-

---

(1) M. le comte de Madre, à Maintenon (Eure-et-Loire), a établi une usine où l'on extrait le sucre de lait.

lante et six d'eau froide. Sa dissolution dévie à droite la lumière polarisée. Il peut se dédoubler en certaines circonstances en glucose et galactose. Des levures particulières (1) peuvent lui faire subir la fermentation alcoolique :

$$C^{12}H^{22}O^{11} + H^2O = 4C^2H^6O + 4CO^2$$
Sucre de lait Alcool Anhydride carbonique

c'est la base de la fabrication du koumys, etc.

On trouve le sucre de lait dans le commerce sous forme de poudre blanche ou en beaux prismes orthorombiques.

§ III. — L'ACIDE LACTIQUE

Nous avons déjà dit, à plusieurs reprises, que le lactose ou sucre de lait peut se transformer en acide sous l'influence des ferments lactiques (2).

$$C^{12}H^{22}O^{11} + H^2O = 4C^3H^6O^3$$
Lactose Acide lactique

On met à contribution cette propriété pour obtenir l'acide en question.

A cet effet on abandonne à l'air du petit-lait additionné de sucre et de vieux fromage, ce dernier fournissant surtout la matière azotée nécessaire à la vitalité des bactéries. On ajoute en outre de la craie pulvérisée, un lait de chaux, qui sature l'acide formé.

On maintient autant que possible au voisinage de 32 degrés et au bout d'un certain temps on recueille le lactate de chaux formé. On le lave, on le traite par l'acide

(1) Voir pages 86 et 301.
(2) Voir p. 302, fig. 145.

sulfurique étendu qui lui enlève la chaux pour donner du sulfate de chaux insoluble, et on concentre le liquide qui contient l'acide plus ou moins pur.

Quelquefois on traite le lactate de chaux par le sulfate de zinc et on fait cristalliser le lactate de zinc ainsi produit que l'on décompose par l'hydrogène sulfuré ou encore que l'on attaque par l'acide oxalique.

Fabrication industrielle. — M. Georges Jacquemin, directeur de l'Institut de recherches scientifiques et industrielles de Malzéville, près Nancy, a le premier fait connaître un mode opératoire de fabrication industrielle en partant du petit-lait, procédé breveté qu'il décrit dans son important ouvrage *Les Fermentations rationnelles* (1).

Duclaux avait déjà signalé (2) que la préparation du lactate de chaux et celle de l'acide lactique généralement suivies est loin d'être rationnelle, en ce que l'on obtient un produit plus ou moins pur et avec des rendements imparfaits.

En effet, si les ferments lactiques, qui sont les agents de transformation du glucose, ont besoin aussi de matières azotées et salines pour seconder leur vitalité, il ne faut pas que la somme de ces principes nutritifs introduits sous forme de fromage avarié ou de lait soit hors de proportion avec les quantités nécessaires aux êtres microbiens utiles, ce qui gênerait la marche de la préparation.

D'autre part, les matières ainsi ajoutées ont l'inconvénient d'amener aussi dans le milieu de nombreux ferments étrangers qui joints à ceux que peut apporter l'air ou d'autres causes de contamination donnent naissance simultanément à des fermentations alcoolique, acétique, pro-

(1) G. Jacquemin, *Les fermentations rationnelles,* 1900.
(2) *Encyclopédie chimique*, Frémy, Paris, veuve Ch. Dunod.

pionique et butyrique, ce qui est la cause de la faiblesse du rendement.

En outre, il faut assurer une quantité suffisante d'oxygène aux bactéries lactiques qui sont aérobies, et faciliter au contraire l'expulsion de l'anhydride carbonique produit, dont la présence gêne les agents en question au profit des microbes anaérobies, en particulier du vibrion butyrique (fig. 148) (1), sinon on obtient un mélange d'acide lactique et d'acide butyrique, ou même un produit formé presque exclusivement de ce dernier acide, si la fermentation se prolonge trop.

Or le petit-lait des fromages se prête très bien à la fabrication de l'acide lactique car il contient du sucre et des matières salines et albuminoïdes en quantité suffisante, en outre, il est déjà peuplé de bactéries lactiques (fig. 145). Toutefois pour plus de sûreté il est préférable d'employer les cultures pures de ces bactéries que M. Jacquemin obtient dans son laboratoire. Bien que l'auteur ne décrive pas spécialement les manipulations à faire subir au petit-lait en particulier, il paraît prudent, pour retirer tout le bénéfice de sa méthode, d'opérer sur le liquide débarrassé de la matière grasse et stérilisé. A ce sujet, il est à remarquer que pour certains fromages à pâte cuite le sérum est souvent porté vers 60 degrés pendant la préparation du caillé et qu'il est bon de profiter de cette température acquise.

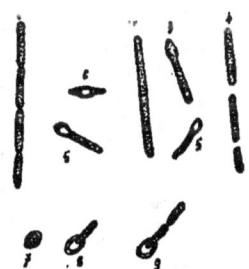

Fig. 148. — Bacillus butyricus. 1200/1.

Le liquide, après avoir été refroidi vers 45 degrés, est

---

(1) Voy. Macé (de Nancy), *Traité de bactériologie*. Paris, 1904, p. 1037.

versé dans des foudres ou des cuves de fermentation où on l'ensemence avec la culture pure, en même temps que l'on ajoute du carbonate de chaux destiné à neutraliser le milieu au fur et à mesure de la production de l'acide, et qui donne ainsi du lactate de chaux. L'activité du ferment serait

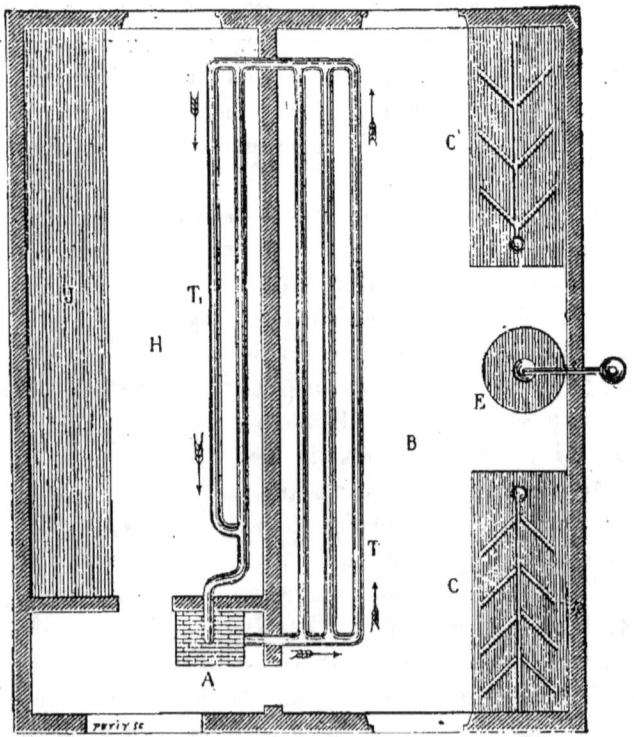

Fig. 149. — Installation d'un thermosiphon.
A, chaudière ; — TT, tuyaux de circulation de l'eau dans le sens des flèches.

en effet arrêtée ou au moins entravée par la réaction acide du substratum qui doit donc rester constamment neutre.

Il importe encore que la culture employée soit exempte de vibrions butyriques. Pour plus de sûreté, M. Jacquemin ajoute, par hectolitre de liquide, un gramme d'acide fluorhydrique, ou une quantité correspondante de fluorure soluble, ou encore de l'acide phénique, ou tout autre antiseptique ayant la propriété d'empêcher l'évolution des bactéries étrangères en respectant le ferment lactique.

Cela fait, il suffit de maintenir dans la masse une température voisine de 45° soit à l'aide de serpentins de vapeur noyés dans le liquide, soit en chauffant la salle avec un thermo-siphon (fig. 149) ou par tout autre procédé. L'important est de surveiller le milieu en travail à l'aide d'un thermomètre qui plonge assez avant dans le petit-lait.

Les foudres peuvent être laissés ouverts, mais il est préférable de placer à l'orifice un linge humide à mailles très serrées qui, tout en permettant la libre circulation des

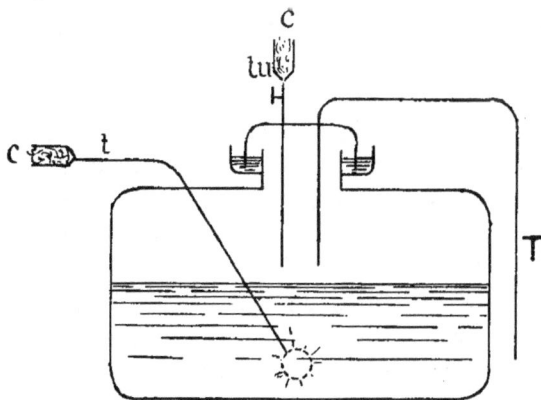

Fig. 150. — Figure théorique d'une cuve.
T, tube à gaz acide carbonique ; — tu, tube amenant l'air, t, tube à injection d'air ; — C, coton.

gaz, air et anhydride carbonique, retient les poussières extérieures.

L'auteur recommande un système spécial de bonde hydraulique plus sûr au point de vue de l'infection par les agents étrangers, et dont voici le principe (fig. 150).

ROLET. — Industrie laitière. 19

On renverse sur l'orifice un couvercle dont les bords plongent dans une petite cuvette circulaire qui entoure l'ouverture. Ce couvercle est traversé par un premier tube qui se recourbe extérieurement en descendant le long des parois. Ce tube sert au dégagement de l'anhydride carbonique. Un deuxième traverse encore le couvercle et vient aboutir à l'intérieur, un peu au-dessus de la surface du petit-lait. C'est par lui que pénètre l'air qui apporte l'oxygène nécessaire aux ferments, air qui, au préalable, est obligé de traverser un tampon de coton stérilisé qui est engagé dans l'extrémité extérieure du tube. Ce dernier est d'ailleurs, au début, fermé par un robinet qui empêche le gaz carbonique de sortir par cette voie et l'oblige de s'engager dans le premier tube siphon. Une fois l'écoulement de ce gaz plus lourd que l'air établi on ouvre le robinet pour laisser pénétrer l'air.

Enfin, un troisième tube qui traverse la paroi de la cuve sert à injecter de l'air dans la masse au moins deux fois par jour. Son extrémité, terminée en pomme d'arrosoir ou ramifiée en tubes perforés, vient plonger jusqu'au fond du liquide. Ici encore l'air insufflé passe d'abord sur de la ouate stérilisée.

Lorsque les conditions de température indiquées sont remplies la fermentation est terminée au bout de cinq à six jours. On s'en rend compte d'ailleurs en vérifiant si le gaz carbonique se dégage ou non du premier tube dont on plonge à cet effet l'extrémité inférieure dans un petit récipient contenant de l'eau. On ferme, au préalable, le robinet du second tube.

On retire alors le lactate de chaux, mais comme la précipitation peut en être gênée par un excès de matières albuminoïdes on coagule celles-ci par du tanin, par exemple. On filtre pour séparer le dépôt et, par évaporation, on obtient des cristaux de lactate de chaux qui, quoique de premier jet, dit l'auteur, sont absolument inodores. On traite ensuite le lactate comme il a été dit plus haut.

Usages. — L'acide lactique est un liquide incolore, de consistance sirupeuse, à saveur acide, soluble dans l'eau et dans l'alcool. Il perd de l'eau à 100°. Cet acide monobasique donne des sels solubles dans l'eau qui cristallisent facilement. En pharmacie on l'utilise surtout pour solubiliser le phosphate de chaux sous forme de sirop de lactophosphate de chaux, et le mettre à la portée des jeunes enfants et des personnes dont le développement du squelette et de certains tissus est retardé.

Le lactate de fer est employé contre la chlorose et l'anémie; le lactate de quinine est un fébrifuge. L'acide lactique est administré aux nourrissons pour combattre la diarrhée infectieuse, et aux grandes personnes.

M. Jacquemin a fait connaître en outre de nombreux usages de ce dérivé du petit-lait des fromageries. C'est ainsi qu'il dit que l'acide lactique est plus favorable que l'acide tartrique dans l'alimentation et, en outre, meilleur marché, puisque « le prix de revient, à moyenne concentration et en grande fabrication, n'aurait pas atteint 0 fr. 50 le kilo, ce qui a mis l'acide dilué destiné à remplacer le vinaigre au prix d'environ 0 fr. 10 le litre ».

Il peut donc être substitué avantageusement à ce dernier ou employé en mélange avec lui, car il a longtemps passé comme favorable à la digestion, pour la préparation des conserves végétales, comme les cornichons.

Au point de vue hygiénique, également, il serait d'un emploi tout aussi recommandable pour relever l'acidité des vins du midi, par exemple, à la place de l'acide tartrique employé couramment. Dans le même ordre d'idées le lactate de chaux mis à la cuve comme clarifiant des vins pourrait être substitué au plâtre.

Dans la préparation de certaines boissons fermentées, comme la Cervoise ou vin d'orge — genre de bière, — l'acide lactique additionné au moût d'orge se comporte comme l'acide tartrique et protège l'action de la levure contre les ferments concurrents.

Le Dr Lange a montré aussi que dans la préparation de la levure artificielle pour distilleries, l'acidification produite par les fermentations secondaires peut être remplacée par l'addition d'acide lactique au moût de culture de la levure.

L'acide lactique du commerce n'est pas pur et renferme en général une dose d'acide butyrique inférieure à 5 pour 100. Jusqu'à ces derniers temps l'acide butyrique et les autres acides volatils de la série grasse produits par les fermentations secondaires étaient regardés comme de puissants antiseptiques. Or il n'en serait rien. On savait déjà par les travaux de Juslin et Hayduck que de faibles quantités de ces antiseptiques avaient une action stimulante sur les cellules de la levure ; mais les expériences auxquelles s'est livrée l'Union des distillateurs allemands ont montré que l'on pouvait augmenter sans crainte les quantités de ces antiseptiques, leur action destructive sur les organismes qui troublent la fermentation présentant un avantage de beaucoup supérieur à l'inconvénient résultant de la diminution d'activité des cellules de levure.

Dans certaines expériences conduites pour montrer le chiffre auquel pouvait s'élever la proportion d'acide butyrique sans nuire à l'action de l'acide lactique, on put ajouter à ce dernier jusqu'à 30 pour 100 d'acide butyrique, et même la levure fut rendue ainsi plus résistante aux causes d'infection. Une levure artificielle préparée de cette façon est restée plus pure qu'une autre acidifiée au moyen d'acide lactique pur, et s'est montrée supérieure à cette dernière en produisant une meilleure fermentation, et en donnant par suite un rendement en alcool plus élevé.

Ce procédé, breveté en Allemagne depuis 1900, est utile surtout dans les distilleries exposées à de fréquentes contaminations soit du fait de la mauvaise installation, soit de la défectuosité des matières premières.

On peut également employer l'acide lactique pour coaguler le lait dans l'extraction de la caséine.

M. Jacquemin signale encore comme utilisation future de cet acide la dissolution des colles de poisson employées à la clarification des vins, bières et autres boissons fermentées. Il revendique également les applications des lactates en général (bilactates de soude et de potasse) aux mêmes usages que les tartrates et bitartrates, et les applications des lactates métalliques tels que ceux d'alumine, de fer, de chrome, de zinc, de plomb, de mercure pour le mordançage des tissus en général. Pour la substitution de l'acide lactique à l'acide benzoïque ou autres acides organiques servant à la transformation de certaines couleurs dérivées du goudron de houille ; pour renforcer l'action de la jusée dans le tannage des peaux avant la mise en fosse avec l'extrait de chêne ou de sumac, pour faire disparaître toute trace de chaux laissée dans les cellules.

Ajoutons qu'en photographie on prépare des plaques positives au lactate d'argent.

L'acide lactique contre le noir des fromages. —

M. Hez a conseillé de combattre le noir des fromages à pâte molle avec une solution d'acide lactique à 7 0/0.

Le petit-lait qui résulte de la fabrication des fromages à pâte molle, comme le Camembert, le Coulommiers, etc., a une acidité parfois très élevée, à cause de la lenteur de la coagulation et de l'égouttage dans une atmosphère de

18 à 19°. Ce petit-lait convenablement concentré pourrait être aussi utilement employé.

Un premier traitement doit être donné au moment de saler, et ensuite le répéter plus tard à la cave, si le besoin s'en fait sentir.

Le petit-lait employé comme engrais. — De même que le lait écrémé, le petit-lait peut servir d'engrais, lorsqu'on ne peut l'employer d'une façon plus profitable. On le répand sur les composts et les fumiers, etc.

Enfin disons que dans la préparation du lait de chaux pour badigeon le petit-lait substitué à l'eau donne un produit très avantageux ne s'écaillant pas, et qui est tout désigné pour blanchir les locaux des laiteries.

TROISIÈME PARTIE

LAITS INVENDUS, DÉCHETS ET RÉSIDUS DIVERS

Laits invendus, etc. — Dans le commerce du lait en nature, il peut arriver que l'on ne puisse écouler tout le liquide. En été, comme il s'altèrerait rapidement, mieux vaut passer les *excédents* à la centrifuge pour fabriquer du beurre et du fromage blanc avec le lait écrémé, fromage blanc que l'on vend ainsi frais ou salé comme fromage demi-sel, que l'on peut alors conserver quelques jours (1).

Dans la saison chaude, les *laits invendus* qui le soir rentrent au dépôt sont souvent coagulés en partie, mais on peut ainsi directement les baratter.

Dans la fabrication de certains fromages à pâte molle, la durée de la coagulation du lait mis en présure demande quelquefois deux heures à deux heures et demie. Lorsqu'on opère sur du lait entier, du lait non écrémé, une partie de la matière grasse monte à la surface du liquide, maintenu au repos dans un aussi long intervalle. Il n'est pas prudent de faire ainsi servir la couche supérieure formée à la fabrication du fromage, qui alors aurait une tendance à rancir et ne serait pas homogène ni d'un aspect

(1) Voir p. 157.

uniforme à cause de cet excès même de matière butyreuse.

Avant de mettre en moule on enlèvera donc la *crème de la surface* à l'aide d'une cuiller percée de trous (fig. 20).

Il est assez rare que la crème ainsi obtenue soit en quantité suffisante pour pouvoir être barattée à part, mais on pourra toujours la mélanger à la crème ordinaire ou mieux à celle de petit-lait.

Connaissant la quantité de crème que l'on est ainsi forcé de prélever, il serait peut-être préférable d'écrémer en partie le liquide avant de le mettre en présure.

Les *déchets des fromages* provenant de l'ébarbage, du grattage des pains au sortir des moules, sont riches en matière azotée et en principe gras, et conviennent très bien pour les animaux, à moins qu'ils ne soient trop salés ; mais on peut toujours leur faire perdre une partie du sel en les laissant tremper dans l'eau. Dans tous les cas, il faut les employer au plus tôt et ne pas les laisser moisir. A ce dernier point de vue, il n'est pas prudent de distribuer aux animaux les râclures ou autres résidus provenant du traitement en cave des fromages à moisissure externe ou à surface plus ou moins altérée, résidus qui doivent être traités par le feu ou envoyés à l'égout.

Eaux résiduaires. — Les eaux de lavage des ustensiles de la laiterie, les eaux d'égout, sont souvent très riches en matières azotées et en sucre de lait, et les dégagements de gaz putrides provenant de leur décomposition peuvent nuire considérablement à la bonne marche des manipulations, tant dans la préparation du beurre que dans la fabrication des fromages.

Le sol des locaux devra donc être disposé de façon à permettre un écoulement facile et une expulsion rapide des *eaux résiduaires*. On ménagera une ou même deux pentes, suivant la disposition de la bouche d'égout, pente à la fois longitudinale et transversale de deux à trois centimètres par mètre et limitée par des rigoles.

Ces dernières aboutiront à une bouche d'égout à l'ouverture de laquelle on disposera une grille siphoïde empêchant le retour dans la pièce de tout gaz nuisible.

Il importe aussi de ne pas laisser les eaux résiduaires se déverser à l'air libre dans les ruisseaux du voisinage, où, par leur décomposition, elles attireraient les plaintes des voisins. D'autre part, il faut disposer les choses de telle façon que ces résidus ne puissent infecter l'eau qui sert aux usages ordinaires de la laiterie. Le mieux est de les conduire par un canal en tuyaux en terre cuite à pente suffisante, dans un réservoir creusé dans le sol loin des bâtiments. Ce pourra être un puits perdu ou encore un cloaque étanche, dans le cas où l'on voudrait utiliser les eaux d'égout pour l'arrosage des prairies, sur lesquelles elles produisent de très bons effets.

On sait que l'acide lactique qui résulte de la décomposition du sucre de lait exerce une action corrosive très marquée sur les matériaux qui constituent le dallage des locaux. Les pierres calcaires particulièrement attaquées doivent être rejetées. Le produit qui paraît avoir donné les meilleurs résultats est un mélange de ciment et de sable siliceux appliqué en couche de huit à dix centimètres. On recommande aussi les planelles en basalte artificiel de Passavant-Iselin (Bâle), composées de bitume d'asphalte, de soufre, de résine et de pierre ponce en poudre.

Ces carreaux sont posés sur un bétonnage à la chaux ou au ciment. Les jointoiements se font avec un lut en ciment spécial résistant aux acides. L'asphalte résiste bien également, mais il a l'inconvénient d'être plus cher que le ciment et en outre, en cas de réparation, d'exiger un ouvrier spécial. Enfin il faut l'éloigner des entours des foyers, car la chaleur le ramollit.

On peut appliquer au liquide qui nous occupe le procédé mis en œuvre dans les environs de certaines grandes villes pour l'épuration des eaux d'égout par les microbes du sol, comme cela se pratique aux environs de Paris, à Achères, Gennevilliers, Méry-Pierrelaye, Carrières-Treil, etc.

Pour tirer le meilleur parti possible des irrigations ; pour que la nitrification des matières azotées dont elle est le but principal puisse s'effectuer dans les conditions les plus favorables, il faut autant que possible déverser les eaux résiduaires sur des terres sablonneuses et calcaires. En outre, on doit pouvoir faire pénétrer l'eau dans la masse du sol par un système de drainage approprié, au lieu de la laisser circuler à la surface du champ seulement.

Si la quantité de liquide dont on dispose était trop considérable, il faudrait disposer d'au moins deux parcelles de terrain, l'une étant pour ainsi dire au repos, pour donner aux ferments du sol le temps de mieux agir.

D'après Kœnig et Oppermann, un hectare peut utiliser par an 875 kilos d'azote. En admettant que les eaux résiduaires des laiteries dosent en chiffre rond un pour dix mille d'azote, une production journalière de dix mètres cubes d'eau d'égout représente par an 365 kilos d'azote, ce qui exigerait une surface d'irrigation de 41 à 42 ares.

Il faut, en outre, tenir compte que le sol n'exerce pas son pouvoir absorbant sur l'azote nitrique formé, et que par suite la végétation doit être en état de l'utiliser immédiatement. Enfin, en hiver l'action d'un champ d'irrigation est à peu près nulle. Les cultures qui conviennent le mieux sont les herbages et les plantes racines (1).

Les travaux de certains savants, tels que Hiram Mills

(1) Aux environs de Paris on estime que l'irrigation normale correspond à 1000 mètres cubes par hectare et par « mouille ». Elle dure six à huit heures au plus, et ne revient que tous les deux jours sur la même parcelle de terre même nue d'emblavure.

aux États-Unis, Calmette en France, Dunbar et Thumm en Allemagne, Bibdin et Cameron en Angleterre, etc., ont conduit à employer diverses méthodes pour l'épuration artificielle des eaux résiduaires de certaines industries.

Dans les procédés purement chimiques on précipite la plus grande partie des impuretés organiques à l'aide de réactifs particuliers. Les dépôts recueillis et passés aux filtres-presses peuvent ensuite servir d'engrais.

Les eaux ainsi traitées sont alors beaucoup moins putrescibles et peuvent être dans cet état déversées sans danger dans les cours d'eau, fleuves, rivières.

Pour les laiteries on doit naturellement rejeter les désinfectants odorants de l'intérieur des locaux. Oppermann dit que le lait de chaux ne convient même pas parce qu'en présence des matières en putréfaction il se développe une détestable odeur de triméthylamine (celle de la saumure de hareng).

Müller tolère au plus l'emploi de la lessive de manganèse, ou mieux encore le sulfate de fer brut en solution.

Les procédés biologiques d'épuration mettent à contribution l'activité vitale des bactéries. On sait que parmi ces dernières les unes ont besoin de l'oxygène de l'air (*aérobies*) pour transformer les matières organiques, tandis que les autres sont au contraire gênées par la présence de cet oxygène (*anaérobies*). En général ce sont les anaérobies qui commencent le travail de destruction et les aérobies qui l'achèvent. Mais quelquefois les secondes seules sont mises à contribution dans la méthode d'épuration dont nous parlons, si on leur assure une quantité d'air suffisante.

Dans ce procédé d'épuration par les microbes aérobies, on commence par déverser les eaux dans des bassins d'oxydation remplis de lits successifs de matières inertes, telles que gravier, mâchefer, coke, scories, briques, de

336 LAITS INVENDUS, DÉCHETS ET RÉSIDUS DIVERS

plus en plus divisées à mesure que l'on se rapproche de la surface, et constituant des lits aérobies occupant la hauteur du bassin, soit un mètre environ. Le tout repose sur un système de drains qui permet de vider le réservoir à chaque opération. Ce dernier peut communiquer avec un semblable placé en contre-bas qui parachève son effet.

L'eau est versée en couche mince et uniformément, soit par le haut à l'aide de caniveaux en éventail, soit encore

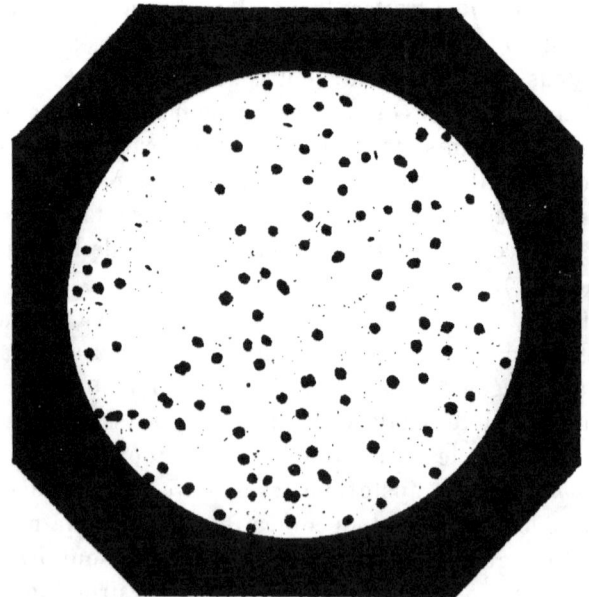

Fig. 151. — Nitrosomonas, d'après Winogradsky.

par la partie inférieure. Elle n'y séjourne pas plus de une à trois heures selon que l'on peut plus ou moins facilement aérer.

Au début il est bon d'ensemencer le lit de ferments nitrificateurs (fig. 151 et 152) avec un peu de délayure de terre ; de plus on favorise la vitalité de ces agents microbiens en ajoutant du carbonate de chaux.

Avec deux bassins on peut ne faire séjourner l'eau que dix minutes. On laisse, bien entendu, un certain intervalle entre deux remplissages successifs. Il est préférable de faire arriver l'eau alternativement par le haut et par le bas, de façon à retarder l'encrassement des pores de la matière filtrante, ce qui diminue notablement le temps

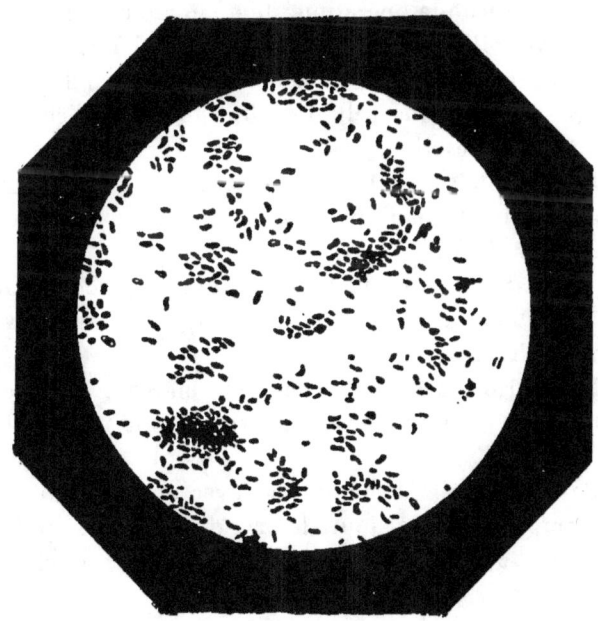

Fig. 152. — Nitrobacter, d'après Winogradsky.

nécessaire à l'oxydation de la matière organique. D'ailleurs il convient de laver de temps en temps le produit qui constitue le lit oxydant dans un courant d'eau ordinaire, pendant que l'on retourne la masse placée à cet effet, par exemple, dans une gouttière. On dégage ainsi les pores de la boue qui les obstrue.

MM. Kattein et Schooss ont épuré à Hambourg des eaux de laiterie par le procédé biologique aérobie par oxydation continue et par oxydation intermittente. Voici ce que dit sur ce sujet M. Kayser (1), à qui d'ailleurs nous empruntons la plupart de ces renseignements :

« Les eaux à épurer furent déversées deux fois par jour sur du mâchefer, avec quatre heures de contact ; la période d'aération entre les deux traitements fut de deux heures et, après la seconde opération, de quatorze heures.

« L'oxydabilité a pu être amenée de 80 à 93 0/0 ; les matières grasses ont disparu dans la proportion de 90 0/0, le sucre de lait dans celle de 80 à 100 0/0 ; l'eau était devenue imputrescible.

« Les résultats par oxydation continue, c'est-à-dire en laissant tomber l'eau d'une façon continue sur le mâchefer ont été aussi favorables. »

Voici les considérations économiques des procédés biologiques d'épuration, en citant toujours notre savant maître M. Kayser :

« La scorie devient le meilleur marché, comme le montrent les quelques chiffres pris dans le mémoire de M. Dunbar.

« Par mètre cube d'eau épurée, avec un seul contact et deux remplissages par jour, le prix de revient est pour la scorie de 2 centimes 54, pour le coke de 4 centimes 45 et pour le gravier de 4 centimes 65. »

Résidus du Gerber. — Le procédé Gerber est très usité aujourd'hui pour le dosage rapide de la matière grasse du lait (2). Chaque essai exige 11 centimètres cubes de lait, 10 d'acide sulfurique et 1 d'alcool amylique.

---

(1) *L'Agriculture nouvelle*, 1903, n° 647.
(2) Voir l'annexe.

Lorsqu'on opère journellement sur un grand nombre d'échantillons, on se trouve bientôt en présence d'un certain volume d'un résidu très acide renfermant tous les éléments du lait plus ou moins modifiés, il est vrai, par l'action de l'acide, sauf cependant la matière grasse.

Le plus souvent ce produit reste inutilisé, car on se contente de le déverser en pure perte dans un endroit écarté où le sol est nu, c'est-à-dire non cultivé, car l'acide aurait vite fait d'y détruire toute trace de végétation.

Comme l'indique M. Maréchal (1), on pourrait cependant en tirer meilleur parti. Il conseille à cet effet de creuser une fosse dont on recouvre le fond d'une couche de chaux vive d'environ 10 centimètres, sur laquelle on met une égale hauteur de cendres de charbon du générateur. C'est dans cette fosse que l'on viendra verser le liquide résiduaire du Gerber.

L'acide solubilise une partie des matières minérales des cendres, puis le surplus se transforme en sulfate de chaux.

Après avoir répété cette opération un certain nombre de fois, on obtient un engrais complexe renfermant du plâtre, des sulfates alcalins et des matières organiques, et que l'on peut employer quand la neutralisation de l'acide est complète.

Au lieu de cendres on peut d'ailleurs utiliser les phosphates minéraux, des scories, des écailles d'huître, en un mot faire servir l'acide sulfurique à transformer les phosphates en superphosphates, beaucoup plus assimilables.

(1) Maréchal, *L'Industrie laitière belge.*

ANNEXE

DOSAGE DE LA MATIÈRE GRASSE DU LAIT

Nous avons montré à plusieurs reprises l'importance qu'il y a pour l'insdustriel de savoir déterminer la proportion de matière grasse du lait ou des liquides qui en dérivent. Nous ne décrirons pas ici, bien entendu, les différentes méthodes d'analyse scientifique, toujours délicates, et qui, par conséquent, ne peuvent être mises pratiquement à contribution que dans les laboratoires bien organisés. Mais nous recommandons, pour le cas particulier qui nous occupe, le *procédé Gerber* (1), d'une application commode, expéditive et d'une exactitude très suffisante, car elle diffère peu des résultats donnés par l'analyse chimique.

Acido-butyrométrie. — La méthode est basée sur la dissolution des éléments du lait, sauf la matière grasse, dans de l'acide sulfurique pur du commerce, de densité 1,820 à 1,825, en présence d'une petite quantité d'alcool amylique chimiquement pur, bouillant à 132°, et sur la

---

(1) Dr N. Gerber, *Traité pratique du contrôle du lait et de ses produits* (Traduction française de C. Pélichet). Berne, Wyss.

séparation de la matière grasse par la force centrifuge. Voici d'ailleurs le mode opératoire :

10 centimètres cubes d'acide sulfurique, prélevés avec une burette spéciale (fig. 153) ou une pipette ordinaire à acide (fig. 154), sont introduits dans un tube de verre de forme particulière ou butyromètre (fig. 155), à une seule ouverture, dont la partie amincie est graduée de 0 à 90 ; chaque division correspondant à 0,1 0/0 de matière grasse dans le liquide examiné. Entre deux grandes divisions il y en a 10 soit 1 0/0. Supposons que dans la lecture, faite comme nous l'indiquerons plus loin, on compte trois grandes divisions, puis, au-dessus de la dernière, huit petites, le taux de matière grasse est alors de $3^{gr},8$ 0/0 de lait. S'il y a une demi-division on ajoute cinq centièmes soit $3^{gr},85$. Les tubes sont placés en nombre voulu, suivant celui des dosages à effectuer, sur leur support spécial, ou mieux encore dans un verre à pied de forme conique de préférence, qui les tient inclinés, et on les remplit tous d'acide. Il faut aspirer avec précaution l'acide dans la pipette, l'extrémité de celle-ci doit toujours tremper dans le liquide, et s'arrêter lorsque ce dernier arrive dans la boule.

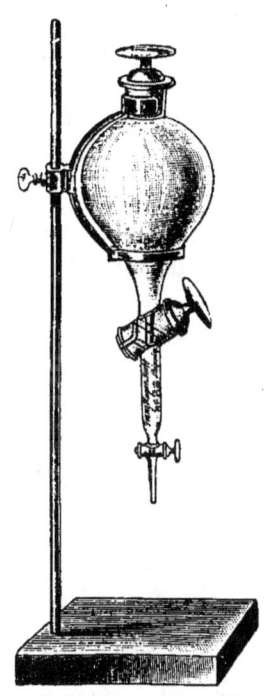

Fig. 153. — Burette automatique à acide sulfurique Gerber.

On ajoute ensuite dans chacun d'eux, avec une deuxième pipette, onze centimètres cubes du lait à vérifier, préalablement bien mélangé, et que l'on fait couler lentement à la surface de l'acide, en maintenant le bec de la pipette contre la paroi interne du butyromètre. Enfin, on additionne de un centimètre cube d'alcool amylique.

Ces diverses manipulations doivent être conduites aussi

Fig. 154. — Pipette à acide.

rapidement que possible. Lorsqu'on opère sur un grand nombre d'échantillons, pour accélérer le travail un premier opérateur est chargé de mettre l'acide, et un second le suit immédiatement qui introduit le lait. Ce dernier doit avoir la précaution d'agiter toujours modérément

Fig. 155. — Butyromètre Gerber.

le liquide au préalable, et à chaque nouvel échantillon de rincer le verre et la pipette avec le lait même. Comme l'alcool est à odeur désagréable, il est préférable de le tenir dans un flacon long et étroit dans lequel la pipette se remplit d'elle-même sans qu'il soit besoin d'aspirer. Enfin, le premier opérateur vient terminer par l'alcool.

Dans tous les cas, ce réactif ne doit pas séjourner plus d'un quart d'heure dans l'appareil avant d'achever complètement le dosage.

Il vaut mieux donc ne l'introduire immédiatement que dans le nombre de tubes qui vont être portés aussitôt au bain chaud, et qui correspond à celui que peut recevoir à la fois l'appareil centrifuge, soit deux, quatre, six, etc., suivant le modèle. En d'autres termes, il est préférable qu'il n'y ait dans le bain qu'un lot de tubes correspondant à celui qui est en train de tourner dans la centrifuge, pendant qu'un troisième est en préparation. D'ailleurs, si on verse le lait avec précaution, comme nous l'avons dit, à la surface de l'acide, il surnage celui-ci ; il n'y a pas de mélange et par conséquent pas d'action de l'acide, ce que l'on constate par l'absence de couleur brune dans le plan de séparation des deux liquides, coloration provenant en grande partie de la caramélisation du sucre de lait par l'acide sulfurique et de la dissolution de la caséine.

Il est bon aussi de ranger les flacons dans lesquels on vient de puiser les échantillons dans un ordre déterminé correspondant à celui des butyromètres, pour pouvoir facilement les identifier. Chacun des tubes porte en effet un numéro, mais que l'on ne peut lire que lorsque le butyromètre est prêt à être porté au bain, c'est-à-dire lorsqu'on l'a enlevé de son support. A ce sujet il serait désirable que le numéro en question fût gravé sur la panse même et non sur la pointe inférieure de l'appareil.

Le butyromètre contenant tous les produits est bouché avec un bouchon sec de caoutchouc, que l'on introduit profondément dans le col ; puis on prend son numéro, que l'on écrit en regard de l'échantillon qu'il contient.

On agite alors vigoureusement en faisant en sorte que l'acide clair qui remplit la portion amincie du tube descende bien dans la panse, ce qu'indique sa coloration brune. La caséine est d'abord coagulée, puis elle se redissout. On cesse d'agiter quand on ne voit plus aucun flocon solide blanc emprisonnant les globules gras. Quand on remplit le butyromètre en commençant par le lait, l'acide plus lourd le chasse ensuite mais aussi le coagule, de sorte qu'il peut rester dans la partie amincie et la pointe des caillots difficile à dissoudre.

La combinaison de l'eau et de l'acide élève à tel point la température qu'on est obligé de tenir le tube par ses deux extrémités, ou encore de l'envelopper d'un linge.

Fig. 156. — Bain-marie pour les butyromètres.

Dans tous les cas, il faut bien serrer le bouchon que la dilatation des gaz peut faire sauter en entraînant des gouttelettes de liquide corrosif, contre lesquelles il faut se garantir. D'ailleurs, il ne faut employer que des bouchons bien secs et surtout tenir le tube bien droit au moment de le boucher, pour ne pas mouiller le col et le bouchon lui-même avec l'alcool amylique, avant la fermeture complète, ce qui faciliterait son glissement.

On maintient dans de l'eau chauffée à 60°-70° (fig. 156) pendant quelques minutes, puis on porte dans l'appareil centrifuge spécial (fig. 157) (1) en plaçant les tubes bien symétriquement par rapport au même diamètre pour équilibrer parfaitement le tout. Quatre à cinq minutes de rotation suffisent pour amener une séparation complète de la solution butyreuse. On remet alors de nouveau quelques instants au bain-marie, puis, plaçant le tube verticalement, la pointe en haut (fig. 158), on lit très rapi-

---

(1) La centrifuge « Rapido » avec tirage à courroie permet d'obtenir une vitesse sensiblement supérieure à celle que donne la traction à corde. Gerber, *Contrôle*, etc., p. 50,

dement le nombre de divisions occupées par la colonne de graisse fondue, de couleur plus ou moins jaunâtre, et cela en tirant sur le bouchon à droite et à gauche, de façon que la base de cette dernière coïncide parfaitement avec une grande division, et on s'arrête dans la lecture à la dernière graduation correspondant au point le plus bas du ménisque concave, qui limite la partie supérieure de la colonne. Il peut arriver que la solution butyro-

Fig. 157. — Centrifuge « Rapide » Gerber.

Fig. 158. — Lecture de la colonne butyro-alcoolique.

alcoolique ne soit pas très limpide ; on remarque parfois des bulles d'air ou un léger trouble à la base lorsqu'on emploie de l'alcool qui n'est pas très pur, lorsque le liquide n'a pas été assez agité ou chauffé. Il suffit, en général, après avoir agité, de returbiner une deuxième fois pour obtenir une limpidité parfaite.

Un point à observer c'est, au début, d'enfoncer suffisamment le bouchon de façon que le liquide occupe la plus grande partie de la portion amincie du tube. On n'est pas alors obligé, pour la lecture, de faire monter la couche huileuse, qui, dans le cas contraire, se réunit dans la partie renflée inférieure. Le bouchon soulevé par saccades projette la matière grasse contre les parois, ce qui fausse la lecture.

Le résultat étant noté, on vide le butyromètre encore chaud dans un récipient en verre ou en poterie vernissée, puis on le rince à l'eau de soude chaude et enfin à l'eau froide. Les bouchons imprégnés d'acide sont traités de la même façon, essuyés, puis mis à sécher à l'ombre.

Lorsqu'on opère sur un liquide pauvre en graisse, lait écrémé, babeurre, petit-lait, une fois la dissolution effectuée, il ne faut pas placer immédiatement les butyromètres dans le bain, mais les agiter doucement d'abord, ensuite plus énergiquement pendant deux à trois minutes.

Ce traitement a pour effet de réunir les petits globules gras épars dans la masse. On favorise ainsi l'action de la force centrifuge. En outre, il est nécessaire de centrifuger à deux ou trois reprises successives après avoir laissé quelques minutes au bain.

Au lieu de s'arrêter dans la lecture des divisions au point le plus bas du ménisque concave supérieur de la colonne butyro-alcoolique, comme on le fait pour le lait entier, on ira jusqu'au milieu de ce ménisque.

Nous avons dit les précautions qu'il y a à prendre lorsqu'on mesure l'acide. Ajoutons que la pipette des laboratoires employée (fig. 154) est généralement celle à un trait, c'est-à-dire que le volume de liquide est limité par un trait tracé sur la tige de l'appareil un peu au-dessus de la panse. On aspire le liquide jusqu'à l'amener au-dessus de ce trait, puis on bouche immédiatement l'ouverture supérieure de la pipette avec l'extrémité de l'index en serrant fortement, de façon que l'air ne puisse pénétrer et faire écouler le liquide. On soulève alors lentement le doigt pour laisser tomber l'excédent qui dépasse le trait, et on serre de nouveau fortement quand le niveau du lait correspond à ce même trait placé à la hauteur de l'œil. On approche alors la pipette du butyromètre et on la vide lentement.

Il est préférable, avons-nous encore dit, de disposer les tubes, pendant les manipulations, dans un verre conique et non sur leur support spécial où ils sont placés trop verticalement, ce qui, pour les débutants surtout, ne facilite guère les manipulations lorsque le bec de la pipette n'est pas suffisamment long. En outre, le support en bois est vite détérioré par les gouttes d'acide.

Les produits, acide, alcool, liqueur à doser, doivent être mesurés autant que possible vers 15 degrés C. Il est nécessaire, par conséquent, de placer un thermomètre dans la salle.

L'acide sulfurique doit garder toujours la même densité que nous avons indiquée, or, comme il absorbe facilement la vapeur d'eau de l'air qui le dilue, il faut le conserver dans un flacon bien bouché avec un bouchon en caoutchouc, ou mieux en verre, à l'émeri. D'ailleurs, on peut vérifier avec un densimètre spécial, en opérant à 15 degrés C., si son poids spécifique de 1,820 à 1,825 n'a pas varié.

Voici une autre méthode de contrôle, un peu plus délicate, il est vrai, mais qui n'exige pas d'instrument particulier. Elle est basée sur les poids atomiques de l'acide sulfurique et de la soude, et analogue, d'ailleurs, à celle que nous indiquons (page 353) pour le titrage de l'eau de soude de l'acidimètre. On y verra qu'un centimètre cube d'acide sulfurique normal renferme $0^{gr},049$ d'acide pur, et nécessite pour sa neutralisation 9 centimètres cubes d'eau de soude, soit 90 divisions de la burette graduée.

D'autre part, le litre d'acide sulfurique dit pur du commerce, pour l'appareil Gerber, pèse 1 kg. 820 à 1 kg. 825. Prenons 1 kg. 825, ce qui correspond à 1 gr. 825 par centimètre cube. La table des densités de cet acide nous indique que ce poids spécifique correspond à 91 pour cent seulement d'acide pur, de sorte que 1 gr. de cet acide ne contient que :

$$1,825 \times \frac{91}{100} = 1 \text{ gr. } 66 \text{ d'acide pur.}$$

Puisqu'un poids de 0 gr. 049 de ce dernier exige 90 divisions de l'acidimètre, 1 gr. 66 en demandera $\frac{90 \times 1,66}{0,049}$; soit 3048 divisions, dix de ces dernières formant un centimètre cube.

On ne saurait penser employer ainsi pour le titrage 304 cmc. d'eau de soude, mais on peut diluer l'acide sulfurique essayé et réduire sa force au centième par exemple. A cet effet, on en prélève 10 cmc. avec la pipette ordinaire que l'on verse dans une carafe jaugée d'un litre et à moitié pleine d'eau, que l'on complète ensuite avec l'eau jusqu'au trait marqué sur le goulot qui limite les 1000 centimètres cubes. On mélange parfaitement le tout et on en mesure un centimètre cube avec la pipette à alcool, que l'on introduit dans un verre bien propre ou dans le tube à essais avec huit à dix gouttes de phénolphtaléine. On verse alors peu à peu l'eau de l'acidimètre jusqu'à ce que le liquide prenne une coloration rose foncé persistante. Dans ces conditions, on devra ajouter 30 divisions, soit 3 centimètres cubes. Si on s'écartait trop en deçà de ce chiffre, c'est que, nécessitant moins d'alcali, l'acide serait trop faible et il faudrait le renforcer avec de l'acide concentré. S'il en demandait davantage, il serait au contraire trop fort, on devrait alors y ajouter de l'eau pure en ayant soin de verser toujours lentement l'acide dans l'eau et en agitant avec une baguette de verre.

Il faut, avant tout, éviter dans ces manipulations, les projections de gouttelettes d'acide qui sont très corrosives. Au besoin on les neutralisera avec de l'eau de cristaux, de l'ammoniaque, etc.

Quant à l'alcool amylique, il doit être clair comme de l'eau, avoir une densité de 0,815 à 15 degrés, et bouillir à 128-130° centigrades.

Pour vérifier sa pureté, on en introduit 1 cent. cube dans le butyromètre, avec 11 cent. cubes d'eau, et 10 d'acide sulfurique. On agite puis turbine 2 à 3 minutes. Après 24 heures de repos, on ne doit remarquer aucune trace huileuse.

DOSAGE DE L'ACIDITÉ

Nous avons dit que le lactose, ou sucre spécial que renferme le lait, se transforme sous l'influence des êtres microbiens, surtout lorsque ces derniers sont favorisés par une chaleur convenable, en acide lactique, qui dans certains cas peut être utile, comme dans la maturation de la crème, mais dont le plus souvent l'excès est à redouter, par exemple dans la mise en présure du lait, dans la pasteurisation et la stérilisation, dans l'alimentation des animaux par les sous-produits, etc. Il importe donc essentiellement de savoir apprécier le degré d'acidité des divers liquides que nous avons examinés dans le cours de cet ouvrage, et susceptibles de s'aigrir.

A cet effet, le procédé de beaucoup le plus préférable consiste dans l'emploi des liqueurs acidimétriques des laboratoires avec lesquelles on sature l'acide du produit examiné, en présence d'un révélateur qui se colore sous

Rolet. — Industrie laitière.

350 DOSAGE DE L'ACIDITÉ

l'action de l'alcali ajouté lorsque celui-ci a neutralisé tout l'acide.

Divers appareils ont été imaginés dans ce but. Nous décrirons l'acidimètre Dornic (fig. 159).

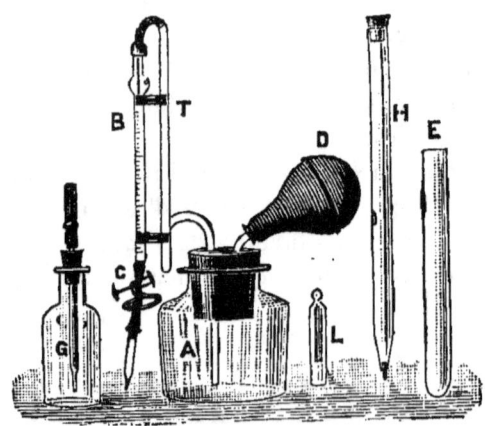

Fig. 159. — Acidimètre à burette automatique Dornic (Langlet).

A, réservoir à eau de soude ; B, burette automatique divisée en degrés ; H, pipette automatique de 10 centimètres cubes ; E, tube à essais ; G, flacon à phénolphtaléine ; L, couleur type rose chair.

La partie principale de ce petit appareil est une burette automatique B graduée, dont chaque division mesure un dixième de centimètre cube d'eau de soude, qui correspond à la saturation de un milligramme d'acide calculé en acide lactique. On la remplit par simple pression d'une poire en caoutchouc qui fait monter dans la burette le liquide alcalin contenu dans le flacon, dans le bouchon duquel elle se trouve fixée. Quand on abandonne la poire, l'excédent de liquide reflue dans le réservoir sous l'influence de la pression atmosphérique qui s'exerce par une petite ouverture percée dans l'ampoule supérieure de la burette. L'appareil se met donc de lui-même au zéro de la graduation.

Voici maintenant le mode opératoire :

On prélève dix centimètres cubes de l'échantillon à examiner, soit à l'aide d'une pipette ordinaire des laboratoires, soit en se servant de la pipette spéciale qui accompagne l'appareil H et mieux à la portée des laitiers. Elle fonctionne aussi automatiquement. C'est un tube cylindrique fermé à sa partie inférieure par un petit bouchon de verre conique libre travaillé à l'émeri et pouvant obstruer parfaitement l'orifice. A une certaine hauteur qui limite le volume de dix centimètres cubes se trouve une ouverture pratiquée dans la paroi. Il suffit de plonger la pipette dans le liquide, et elle se remplit jusqu'à l'orifice, puis de la vider dans le tube à essais E, en appuyant la pointe de l'obturateur inférieur contre la paroi de ce tube.

On ajoute alors quatre ou cinq gouttes du révélateur, qui est une solution alcoolique de phénolphtaléine contenue dans un flacon spécial G, et il ne reste plus qu'à verser peu à peu l'eau de soude, en desserrant les mâchoires de la pince qui ferme le tube en caoutchouc, adapté à l'extrémité inférieure de la burette. On arrête de temps en temps pour agiter le lait en renversant le tube sens dessus dessous, après l'avoir bouché avec le pouce, et le dosage est terminé quand le lait a pris la coloration type rose chair, indiquée par le papier témoin L qui accompagne l'acidimètre. Si la coloration était trop foncée, il faudrait recommencer le dosage.

Le nombre de divisions d'eau de soude versée indiqué par la burette représente le degré d'acidité.

On trouve ainsi qu'un bon lait dose 18° en moyenne, avec des extrêmes de 16° et 20°. Quelques laits naturellement acides marquent 22°, tandis que certains laits alcalins titrent 14°.

Pour avoir, par la stérilisation, du lait de bonne qualité, il ne faut pas qu'il marque plus de 21°. Le lait caille à l'ébullition lorsqu'il titre 27°, et enfin il se coagule à la température ordinaire entre 70 et 80°.

La crème, pour être barattée, doit avoir atteint 62 à 65°. L'aisy marque 70° en moyenne, et la présure pour gruyère 40 à 45°.

Les réactifs sont fournis avec l'appareil (1) ; mais dans les grandes laiteries, où l'on fait journellement de nombreux essais, il peut y avoir intérêt à savoir les préparer, sans compter, comme nous avons eu l'occasion de le constater bien des fois, que le titre de l'eau de soude fournie n'est pas toujours exact. Les manipulations, quoique du ressort du laboratoire, n'exigent qu'un peu d'habitude et ne nécessitent qu'un matériel restreint, facile à se procurer. Voici donc à ce sujet quelques indications.

Eau de soude. — Le volume de chaque division de l'acidimètre étant de un dixième de centimètre cube, et correspondant à un milligramme d'acide lactique, il s'ensuit que le litre d'eau de soude renferme, en alcali, la quantité nécessaire pour neutraliser dix grammes d'acide lactique.

Or, les poids atomiques de l'acide lactique et de la soude hydratée nous indiquent que pour neutraliser 90 gr. du premier corps, il en faut 40 du second ; par conséquent, les dix grammes d'acide lactique seront saturés par 10 gr. $\times \dfrac{40}{90} = 4$ gr. 444 de soude.

On obtiendra donc l'eau de soude en dissolvant dans l'eau 4 gr. 444 de soude caustique, et en complétant au litre. Il faut employer de l'eau distillée ou de l'eau de condensation des machines à vapeur.

(1) Chez M. Langlet, rue de Savoie, à Paris, par exemple.

Mais il vaut mieux, pour éviter toute pesée délicate, employer une quantité approximative de lessive de soude ou de morceaux de soude, quitte à corriger après titrage la trop grande force ou la faiblesse de l'eau ainsi obtenue.

Cette vérification s'applique à un volume déterminé qui doit saturer exactement l'acidité correspondante pour laquelle il est préparé. En d'autres termes, il faudrait prendre, en principe, par exemple, dix milligrammes d'acide lactique et constater si ces dix milligrammes sont bien neutralisés par dix divisions de l'acidimètre. Si cela était, c'est que la liqueur serait exacte et n'exigerait plus aucune modification ; mais dans la plupart des cas il faut ou plus de dix divisions ou moins. Dans la première hypothèse, le liquide est trop faible, il n'est pas assez concentré en alcali, et on en ajoutera de nouveau ; on additionnera d'eau pure, au contraire, dans la seconde. Puis on recommencera un nouveau titrage, et ainsi de suite.

Par ce procédé les manipulations sont souvent fort longues avant d'atteindre le degré exact de concentration.

Voici une méthode simple et rapide que nous faisions suivre à nos élèves.

Supposons que l'on ait à préparer dix litres de liquide : ajouter de la lessive de soude pure en quantité plus que suffisante, si cela est possible, en se basant sur une préparation antérieure, par exemple ; bien agiter, puis remplir l'acidimètre pour procéder au titrage.

A cet effet, au lieu d'acide lactique, il est préférable d'employer de l'acide sulfurique normal décime, plus facile à se procurer. On sait que 5 centimètres cubes de ce réactif contiennent 24 mgr. 5 d'acide pur, qui exigent 20 milligrammes de soude pour être saturés.

On en déduit donc que si l'eau que nous venons de préparer a le titre exigé, si elle contient bien par litre 4 gr. 444

ROLET. — Industrie laitière. 20.

de soude, il en faudra exactement $\dfrac{1000 \text{ cc.} \times 0{,}02}{4.444}$, c'est-à-dire 4 cc. 5 ou 45 divisions de l'acidimètre, pour neutraliser les 5 cc. d'acide sulfurique.

On opérera dans un verre ordinaire parfaitement propre, dans lequel on introduira l'acide mesuré avec une pipette spéciale de 5 cc., puis quatre ou cinq gouttes de phénolphtaléine.

Si dans cet essai il ne faut, par exemple, que 30 divisions, 3 cc., pour arriver à la coloration rose type, c'est, ainsi que nous l'avons dit plus haut, qu'il faut ajouter de l'eau pure aux dix litres préparés pour les diluer.

Pour être sûr d'ajouter exactement la quantité nécessaire sans plus de tâtonnements, on raisonnera comme il suit : si j'avais versé 45 divisions, c'est que la quantité de lessive ajoutée convenait bien pour les dix litres d'eau dans l'hypothèse où je n'en aurais versé qu'une, c'est que naturellement la lessive convenait pour un volume d'eau quarante-cinq fois plus fort, soit 10 l. $\times$ 45 ; enfin, puisque le titrage a donné 30 divisions, c'est que, par rapport au second cas, elle serait trente fois plus faible, et théoriquement je devrais employer un volume d'eau trente fois plus petit, ou $\dfrac{10 \text{ l.} \times 45}{30}$, soit 15 l. Le poids de soude convient donc pour 15 l., et je n'ai plus qu'à compléter avec 5 litres d'eau.

En d'autres termes, il suffit de multiplier le volume d'eau employé par le nombre fixe 45 et diviser le produit obtenu par le nombre de divisions trouvé au titrage, pour avoir le volume d'eau total convenable.

Il peut se présenter le cas contraire, c'est-à-dire que l'on ait affaire à un liquide trop faible. Un raisonnement semblable ferait connaître, cette fois-ci, la quantité de soude qui manque. Mais il est préférable d'opérer sur une solution plus concentrée qu'il ne faut — ce qui est toujours possible, au moins après une première préparation, — car il est plus facile de mesurer de l'eau que de peser de la soude ou de mesurer le volume de lessive, toujours sirupeuse, dont il faudrait d'ailleurs tenir exactement compte au début.

L'eau de soude ainsi préparée se conserve longtemps, à condition de la tenir dans des flacons en verre bien propres et cachetés à la cire.

Quant à la *phtaléine*, on la prépare en dissolvant environ 2 grammes de poudre de phénolphtaléine dans 100 centimètres cubes d'alcool à 70° environ — l'alcool à brûler dénaturé convient parfaitement, — dans lequel elle doit se dissoudre complètement.

DÉTERMINATION DE LA DENSITÉ

On peut facilement vérifier la densité des liquides de la laiterie, lait, lait écrémé, en se servant de densimètres spéciaux ou lacto-densimètres, qui donnent les résultats avec une approximation suffisante.

Il faut cependant, au préalable, faire contrôler l'appareil — par exemple au laboratoire d'essais du Conservatoire des arts et métiers, à Paris (1), — car il en est de très mal construits.

Il faut choisir ceux qui ont des divisions assez espacées et qui portent eux-mêmes le thermomètre, par exemple le thermolactodensimètre Dornic (fig. 160).

La tige de l'appareil présente des traits rouges ou degrés, et des traits noirs ou demi-degrés. Les degrés sont désignés par deux chiffres qui vont croissant à mesure que l'on se

(1) Conservatoire des Arts et Métiers, 292, rue Saint-Martin.

rapproche du bas de la tige, puisque le densimètre s'enfonce d'autant moins que le liquide est plus lourd. Ces deux chiffres correspondent aux deux derniers du nombre qui, dans l'appellation courante, sert à désigner le poids du litre de liquide. Ainsi, 31 représente 1031, 28, 1028, autrement dit le liquide examiné pèse par litre, dans ces deux cas, 1031 gr. et 1028 grammes.

Le lait à essayer, après avoir été ramené à une température voisine de 15° et agité modérément pour le rendre homogène, est introduit dans une éprouvette (fig. 161), en ayant soin d'incliner celle-ci de façon à verser le liquide sur la paroi, pour éviter la formation de mousse qui gênerait la lecture.

L'éprouvette étant pleine aux trois quarts, on y plonge l'appareil jusqu'à la graduation 30 environ, puis on achève de remplir jusqu'au bord supérieur du vase. Pour aller plus rapidement, quand on a un grand nombre d'essais à faire, il est bon de placer l'éprouvette dans une assiette creuse ou tout autre récipient plat, ce qui dispense de se soucier de la mousse formée et des portions de liquide qui peuvent déborder. Avec cette précaution il est commode de remplir l'éprouvette aussi vite que l'on veut, presque entièrement, ce qui, en outre, a l'avantage, quand on introduit le densimètre, de chasser la mousse qui se

Fig. 160. — Thermo-lactodensimètre Dornic.

déverse avec le lait en excès, et qui gêne toujours la lecture. On donne un léger coup pour faire descendre le densimètre de 1 à 2 degrés seulement et mouiller la tige; une immersion plus profonde chargerait celle-ci de liquide dont le poids fausserait les résultats. Il est préférable de laver au préalable l'appareil avec un peu d'alcool qui humecte légèrement un linge, pour enlever toute trace de matière grasse qui nuirait au contact intime du verre et du liquide.

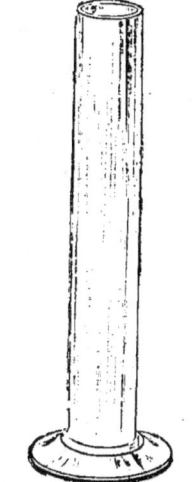

Fig. 161. — Éprouvette en verre pour les essais (Gaulin).

Dans le même but, il ne faut saisir le densimètre que par le haut de la tige. Lorsqu'on opère sur plusieurs échantillons, il est préférable d'avoir deux éprouvettes et deux densimètres, pendant que l'un des appareils prend sa position d'équilibre, on fait la lecture de l'autre.

L'aréomètre étant immobile, on lit à quelle division de l'échelle correspond le sommet du ménisque d'affleurement du liquide avec la tige, et cela en plaçant l'œil bien au niveau de la surface libre du lait. Il ne reste plus qu'à noter la température, et cela le plus rapidement possible.

Dans ce but, pour éviter tout tâtonnement, on s'arrange de façon à avoir devant soit l'échelle noire des demi-degrés ; c'est exactement au-dessous que se trouve le thermomètre. On soulève alors rapidement l'appareil en laissant le réservoir dans le liquide, tandis qu'avec le pouce on efface la couche laiteuse qui cache la colonne mercurielle. Il faut avoir soin, pendant cette lecture, de ne pas porter les doigts sur les boules inférieures du densimètre remplies de mercure, servant à la fois de lest et de réservoir thermométrique. D'ailleurs, il ne faut sortir hors du liquide que l'extrémité supérieure de la colonne mercurielle, juste assez pour constater le degré, et cela encore en abaissant l'œil au niveau de celle-ci.

Si le thermomètre marque exactement 15°, on conserve précisément pour la densité le chiffre lu, soit 33 par exemple, ce qui correspond, par conséquent, à 1033. Si la température est supérieure à 15°, on ajoute à la densité lue 0°,2 par degré thermométrique en plus de 15. Soit une température de 17° : on aura donc à ajouter à 1033 deux fois 0,2, soit 0,4, ce qui donne 1033+0,4 ou 1033,4. Lorsque la température est inférieure à 15°, c'est le contraire qu'il faut faire. Soit un degré thermométrique de 11°5, qui diffère de 15° de 3°5 : c'est donc $0,2 \times 3,5$ ou soit 0,7 que j'ai à retrancher de 1033, et la densité réelle du lait est de $1033 - 0,7 = 1032,3$. Il faut faire en sorte de ne point confondre les degrés de densité avec les degrés du thermomètre, ni surtout, dans les corrections, retrancher ou ajouter les dixièmes du chiffre correctif du chiffre des unités de la densité ; par exemple, dans le dernier cas que nous venons de citer, il ne faudrait pas écrire $1033 - 7 = 1026$, ce qui serait une très grave erreur.

La densité moyenne d'un mélange de laits est de 1031,5.

Les corrections se comprennent aisément, puisque au-dessus de 15° le liquide étant plus chaud, plus dilaté, le densimètre s'enfonce trop ; il marque au contraire un chiffre trop fort pour les températures inférieures à 15°.

Il faut avoir soin de ne jamais opérer au-dessous de 10° ou au-dessus de 20, sans quoi les corrections ne seraient plus exactes. Le coefficient de dilatation du lait n'est pas représenté par un nombre constant : il croît avec la température et avec la proportion de matières sèches. Enfin l'aréomètre se dilate lui-même ; la température est moins uniformément répartie dans toute la masse du liquide, les couches en contact avec les parois de l'éprouvette se refroidissant plus vite quand la température est plus élevée.

Voici d'ailleurs les tables de correction pour le lait entier et pour le lait écrémé qui donnent immédiatement la densité vraie et dispensent de tout calcul.

Table de correction de la densité pour le lait entier

DENSITÉ LUE	TEMPÉRATURE DU LAIT									
	10	11	12	13	14	15	16	17	18	19	20
1020	19,3	19,4	19,5	19,6	19,8	20	20,1	20,3	20,5	20,7	20,9
1021	20,3	20,4	20,5	20,6	20,8	21	21,2	21,4	21,6	21,8	22
1022	21,3	21,4	21,5	21,6	21,8	22	22,2	22,4	22,6	22,8	23
1023	22,3	22,4	22,5	22,6	22,8	23	23,2	23,4	23,6	23,8	24
1024	23,3	23,4	23,5	23,6	23,8	24	24,2	24,4	24,6	24,8	25
1025	24,2	24,3	24,5	24,6	24,8	25	25,2	25,4	25,6	25,8	26
1026	25,2	25,3	25,5	25,6	25,8	26	26,2	26,4	26,6	26,9	27,1
1027	26,2	26,3	26,5	26,6	26,8	27	27,2	27,4	27,6	27,9	28,2
1028	27,1	27,2	27,4	27,6	27,8	28	28,2	28,4	28,6	28,9	29,2
1029	28,1	28,2	28,4	28,6	28,8	29	29,2	29,4	29,6	29,9	30,2
1030	29	29,2	29,4	29,6	29,8	30	30,2	30,4	30,6	30,9	31,2
1031	30	30,2	30,4	30,6	30,8	31	31,2	31,4	31,7	32	32,3
1032	31	31,2	31,4	31,6	31,8	32	32,2	32,4	32,7	33	33,3
1033	32	32,2	32,4	32,6	32,8	33	33,2	33,4	33,7	34	34,3
1034	32,9	33,1	33,4	33,5	33,8	34	34,2	34,4	34,7	35	35,3
1035	33,8	34	34,2	34,4	34,7	35	35,2	35,4	35,7	36	36,3

La première colonne verticale à gauche porte les diverses densités lues. On suit la colonne horizontale correspondant à la densité à corriger jusqu'à ce que l'on arrive en face de la température du lait portée dans la première colonne horizontale d'en haut. Le nombre où l'on s'est arrêté est la densité cherchée exprimée par les deux derniers chiffres seulement. Ainsi, un lait écrémé marque au densimètre 1035 à 11°, sa vraie densité est 1034.3 à 15°.

Table de correction de la densité pour le lait écrémé

DENSITÉ LUE	TEMPÉRATURE DU LAIT										
	10	11	12	13	14	15	16	17	18	19	20
1025	24,3	24,4	24,5	24,6	24,8	25	25,1	25,2	25,4	25,6	25,9
1026	25,3	25,4	25,5	25,6	25,8	26	26,1	26,3	26,5	26,7	26,9
1027	26,3	26,4	26,5	26,6	26,8	27	27,1	27,3	27,5	27,7	27,9
1028	27,3	27,4	27,5	27,6	27,8	28	28,1	28,3	28,5	28,7	28,9
1029	28,3	28,4	28,5	28,6	28,8	29	29,1	29,3	29,5	29,7	29,9
1030	29,3	29,4	29,5	29,6	29,8	30	30,1	30,3	30,5	30,7	30,9
1031	30,3	30,4	30,5	30,6	30,8	31	31,2	31,4	31,6	31,8	32
1032	31,3	31,4	31,5	31,6	31,8	32	32,2	32,4	32,6	32,8	33
1033	32,3	32,4	32,5	32,6	32,8	33	33,2	33,4	33,6	33,8	34
1034	33,3	33,4	33,5	33,6	33,8	34	34,2	34,4	34,6	34,8	35
1035	34,2	34,3	34,4	34,6	34,8	35	35,2	35,4	35,6	35,8	36
1036	35,2	35,3	35,4	35,6	35,8	36	36,2	36,4	36,6	36,9	37,1
1037	36,2	36,3	36,4	36,6	36,8	37	37,2	37,4	37,6	37,9	38,2
1038	37,2	37,3	37,4	37,6	37,8	38	38,2	38,4	38,6	38,9	39,2
1039	38,2	38,3	38,4	38,6	38,8	39	39,2	39,4	39,6	39,9	40,2
1040	39,1	39,2	39,4	39,6	39,8	40	40,2	40,4	40,6	40,9	41,2

POUR RECONNAITRE LE LAIT CHAUFFÉ

Nous avons dit qu'il importe de chauffer le lait écrémé au moins à 85° pour prévenir toute altération et par suite des accidents dans l'élevage des animaux. D'un autre côté, il peut être utile de savoir si dans certaines circonstances le lait écrémé chauffé n'a pas servi à frauder du lait frais entier. Voici donc quelques procédés qui permettent de vérifier ces pratiques, procédés qui, bien que du ressort du laboratoire, peuvent cependant être mis à profit dans les laiteries avec un peu d'habitude.

La plupart des méthodes reposent sur ce fait que du lait qui a été chauffé à une certaine température a perdu la plus grande partie de son oxygène, qui ne peut plus agir sur le réactif ajouté. Ce dernier se colore au contraire quand il y a excès d'oxygène : c'est le cas du lait cru que l'on additionne d'eau oxygénée. Comme on ajoute aussi au lait suspect de la même eau oxygénée, il est fort probable que la température élevée à laquelle on a porté le liquide a tué un ferment particulier, une oxydase, qui jouirait de la propriété de décomposer l'eau en question, dont l'oxygène libre viendrait alors agir sur le réactif si le gaz était en quantité suffisante.

Dans le mode opératoire conseillé par *Storch*, une ou deux gouttes d'eau oxygénée médicinale sont versées dans environ 10 centimètres cubes de lait. On agite et on ajoute ensuite 2 à 3 centimètres cubes d'une solution à 2 0/0 de paraphényldiamine. Si le lait examiné contient au moins 5 0/0 de lait chauffé à 80°, il ne se produit aucune coloration, à la condition que le réactif employé soit bien frais. Ce n'est qu'au bout de quelques heures seulement que le liquide peut prendre une teinte bleue.

Si le lait n'a pas été chauffé une coloration bleu grisâtre apparaît instantanément qui, après trente à quarante-cinq secondes, passe au bleu indigo.

II. Leffmann additionne le lait d'une solution *fraîchement* préparée de diamidobenzol et de quelques gouttes d'eau oxygénée, ce qui donne avec le lait non chauffé écrémé ou entier, et même aigri, une coloration bleue intense. La coloration n'apparaît pas si le liquide examiné a été chauffé au delà de 76° 5. Au lieu du diamidobenzol on peut employer l'amidol dont on se sert comme développateur en photographie. Si le réactif n'est pas frais, il colore aussi bien le lait bouilli que le lait non chauffé.

J. E. Saul emploie un centimètre cube d'une solution à un pour cent de sulfate d'orthométhylaminophénol qu'il verse dans dix centimètres cubes de lait avec une goutte d'eau oxygénée. Le lait cru devient rouge foncé. L'addition à du lait bouilli de un pour cent de ce dernier peut être ainsi décelée. Les antiseptiques ni les acides n'entravent la réaction. Mais un excès d'eau oxygénée est à éviter, car elle diminue ou même détruit la coloration.

Le méthol des photographes ou isomère para du réactif ci-dessus donne une coloration café au lait.

Les méthodes de *Du Roi* et *Kohler*, du Dr *Ledé*, utilisent l'action de l'iode sur l'amidon. D'après Du Roi et Köhler, on peut ainsi reconnaître une addition de deux pour cent au moins de lait chauffé à 80 degrés. On ajoute à cinquante centimètres cubes du lait à essayer un centimètre cube d'eau oxygénée à un pour cent. On agite, puis on prélève deux à trois centimètres cubes du mélange, que l'on introduit dans un tube à essais contenant à peu près la même quantité d'empois ioduré — solution obtenue en ajoutant deux à trois grammes d'iodure de potassium dissous dans quelques centimètres cubes d'eau, à l'empois produit par la coction de un à trois grammes d'amidon dans cent centimètres cubes d'eau. — Les laits chauffés à

80 degrés ne donnent pas de coloration, tandis qu'au-dessus de cette température le liquide prend une couleur bleue très intense. Avec un mélange des deux laits la coloration se produit plus ou moins rapidement.

Le procédé *Arnold* met en œuvre la teinture obtenue avec le bois de gaïac, qui est préférable à celle de résine, seule ou additionnée d'ammoniaque ou d'huile de fenouil. On ajoute au lait à peu près 10 0/0 de ladite teinture et on agite fort. Le lait non bouilli ou non chauffé à 80° donne immédiatement une coloration bleue qui s'accentue pour faiblir ensuite graduellement, tandis que le lait qui a été chauffé à plus de 80 degrés présente une couleur jaune sale. Le réactif peut se conserver longtemps dans un flacon bien bouché. Il faut le préparer au moins huit jours à l'avance. La teinture récente, la teinture bouillie ou soumise à l'action d'un acide ne donne rien.

Dupouy mélange des volumes égaux de lait et d'une solution aqueuse à 1 0/0 de gaïacol cristallisé, puis il ajoute une goutte d'eau oxygénée. En quelques instants le lait cru se colore en rouge grenat, tandis que le lait bouilli ou pasteurisé à 80 degrés ne donne rien.

Enfin, *Mullié* dissout cinq grammes de gaïacol dans dix grammes d'alcool absolu, puis il ajoute une goutte de cette solution dans un à deux centimètres cubes de lait chargé d'une goutte d'eau oxygénée. On obtient immédiatement une coloration rouge brique avec le lait frais cru. Avec le lait acide l'apparition de la couleur n'est qu'un peu retardée. On arrive au même résultat avec le sérum du lait et aussi avec la crème. Le lait cuit ne donne rien.

L'auteur a pu ainsi déceler cinq parties de lait cru dans quatre-vingt-quinze de lait bouilli. Dix gouttes de formaline ajoutées à cinq cents centimètres cubes de lait donnèrent une réaction moins nette, mais encore caractéristique.

Nous terminerons en disant qu'il importe, dans tous ces

essais, de faire au préalable une expérience sur du lait *frais, cru*, pour voir si l'on obtient bien la réaction caractéristique, et de ne procéder qu'ensuite à l'examen du lait suspect.

DE LA CONDUITE DES AUTOCLAVES

Les autoclaves sont des appareils qui servent à stériliser le lait, c'est-à-dire à le chauffer vers 110°. Ils sont basés sur le principe de la marmite de Papin.

On sait que pour qu'un liquide se mette à bouillir il faut que la tension des bulles de vapeur qui se forment dans sa masse soit au moins égale à la pression que le liquide supporte qui, en général, est la pression de l'atmosphère. On en a déduit qu'un même liquide bout à une température fixe pour des conditions identiques. C'est ainsi que la température à laquelle bout l'eau sous la pression atmosphérique correspondant à 760 mm. de mercure a été prise pour le point 100 du thermomètre centigrade.

Une deuxième loi de l'ébullition dit que la température du liquide reste la même tant que dure l'ébullition, la chaleur fournie étant employée à le vaporiser.

Donc, si, par exemple, on prend le lait, qui bout à 101°,5, il est impossible, dans les conditions ordinaires, de le chauffer au-dessus de cette température, tout au moins jusqu'à un certain degré de concentration. Mais, d'après la relation indiquée, existant entre la pression et la température d'ébullition, on peut abaisser cette dernière et cela, par exemple, en enfermant le liquide dans un espace clos dans lequel on fait un vide partiel. C'est ce que nous avons vu pour la fabrication du lait condensé (1).

(1) Voy. page 103.

Au contraire, si l'on peut empêcher la formation de bulles de vapeur dans la masse du liquide en faisant naître une pression quelconque dans l'atmosphère ambiante, pression supérieure à la pression normale de 760 mm., on en retardera son point d'ébullition, malgré la chaleur fournie, puisque, dans le sein du liquide, la vapeur devra acquérir une force élastique égale à celle qui lui est opposée. De sorte que si cette dernière va croissant, on pourra, pour ainsi dire, retarder indéfiniment l'ébullition du lait et l'amener à la température que l'on désire.

C'est ce que Papin a montré le premier pour l'eau avec une marmite spéciale qui a conservé son nom. Il suffit de la chauffer dans cette chaudière parfaitement close ; la vapeur formée à la surface ne pouvant s'échapper acquiert une force expansive et une densité de plus en plus grandes, à mesure que la température s'élève et s'oppose à l'ébullition du liquide malgré un calorique supérieur à 100 degrés.

Les théories pasteuriennes ont amené les savants à se servir de la marmite de Papin modifiée sous la forme d'autoclave plus appropriée à leurs besoins, pour la stérilisation des milieux de culture des microbes, c'est-à-dire pour les porter à des températures supérieures à leur point d'ébullition et capables d'anéantir toute leur flore bactérienne.

L'autoclave est ensuite passé des laboratoires dans le domaine de l'industrie, par exemple pour la préparation des conserves alimentaires, et enfin, plus tard, pour traiter le lait, quand on se fut aperçu que ce dernier pouvait nous gratifier de quelques représentants plus ou moins nocifs du monde microbien.

Nous n'avons pas à parler ici de la différence qui peut bien exister, à des points de vue divers, entre le lait simplement bouilli et le lait stérilisé ; d'autant que la question est toujours fort controversée quoique sans cesse approfondie, surtout en ce qui concerne la digestibilité de l'aliment. Nous décrirons seulement l'autoclave et son fonctionnement.

L'appareil se compose, en principe, d'un récipient métallique résistant, ordinairement cylindrique (fig. 59), pouvant supporter une pression de 1 à 2 kg. par centimètre carré (le plus souvent 1 kg., correspondant à une température de 120°, suffit).

Un couvercle en assure la fermeture complète à l'aide de boulons à vis et d'écrous de serrage. D'ailleurs, pour faciliter la parfaite herméticité et empêcher tout dégagement de vapeur, on interpose entre le couvercle et la chaudière une couronne en plomb, en caoutchouc, ou encore de l'étoupe.

Le couvercle présente diverses ouvertures munies d'appareils qui permettent de suivre la marche de la température et celle de la pression : thermomètre, manomètre, soupape de sûreté, robinet d'échappement, etc.

Le manomètre porte quelquefois les températures correspondant aux pressions (thermomanomètre). Le chiffre 0 correspond à 100°, 1 atmosphère à 120°, 2 atmosphères à 134°.

Certains autoclaves ont des manomètres sur lesquels sont marqués, à la place de ces chiffres, des signes conventionnels dont la signification n'est donnée par les constructeurs qu'aux acheteurs, et qu'il faut parfaitement connaître.

Souvent, un trait rouge, marqué sur le cadran, indique la limite de pression qu'il ne faut pas dépasser. Cette dernière correspond d'ailleurs également à la limite d'action de la soupape de sûreté. Il n'est pas prudent de charger celle-ci à moins que la chaudière n'ait été éprouvée à une pression bien supérieure.

Suivant les types d'autoclaves la partie inférieure du

stérilisateur est pourvue d'un nombre variable de robinets, clapets, soupapes, tubes, etc., pour la vapeur, l'eau, le trop-plein, la décharge, etc.

A l'intérieur se trouve un panier métallique perforé dans lequel sont disposés les récipients à lait. Parfois ce panier est remplacé par un plateau que l'on peut arrêter à différentes hauteurs (fig. 68).

Enfin, la chaudière est quelquefois munie extérieurement d'une enveloppe en bois maintenue par des cercles métalliques, ou en feutre, qui la protège contre la déperdition de calorique.

Les autoclaves sont soit à vapeur sèche soit à eau. Dans ce dernier cas on met au fond du récipient une certaine quantité de ce liquide que l'on chauffe ensuite à l'aide d'un foyer extérieur. On a donc ici un ensemble complet comprenant à lui seul à la fois le foyer, la chaudière et le stérilisateur proprement dit, ce qui est un avantage pour les petites exploitations. Parfois encore l'eau emplit la plus grande partie de la chaudière et les récipients à lait baignent alors dans le liquide. Avec ce dispositif l'appareil est chauffé, le plus souvent, par un serpentin de vapeur, cette dernière étant produite par un générateur séparé, comme dans les autoclaves à vapeur sèche (fig. 68).

Suivant l'importance du travail les stérilisateurs à feu nu sont chauffés au bois, au charbon, au coke — il est bon de disposer d'un foyer permettant de brûler indifféremment, à l'occasion, l'un ou l'autre de ces combustibles, — au pétrole, à l'alcool, au gaz. Le chauffage au gaz, à l'alcool, au pétrole et surtout à la vapeur, sont beaucoup plus faciles à conduire et par suite l'élévation de la température est plus régulière.

Il est de petits autoclaves employés à demeure par les consommateurs eux-mêmes, ou encore par les pharmaciens, les médecins, qui ne peuvent stériliser qu'une ou deux bouteilles de lait à la fois, mais qui sont très commodes. Ils sont à eau et sont chauffés en général par le gaz. Dans ce cas, comme le couvercle est le plus souvent complètement indépendant, deux index placés l'un sur la tranche du couvercle lui-même, l'autre sur la partie supérieure de la marmite, doivent être mis en regard l'un de l'autre au moment de la fermeture, sinon les écrous n'entrent pas exactement dans les encoches correspondantes et l'herméticité n'est pas assurée.

Pour faire fonctionner un autoclave à vapeur sèche on commence par introduire dans le panier les flacons ou les boîtes à lait. On rabat alors le couvercle. Lorsque celui-ci est trop lourd on le manœuvre avec un palan suspendu à une potence, que le couvercle soit à charnière ou encore qu'il se soulève complètement, guidé par des glissières. On serre ensuite les écrous. A cet effet les boulons à vis fixés tout autour de la chaudière sont articulés et se relèvent verticalement pour venir s'emboîter dans les encoches ménagées dans le rebord du couvercle. Les écrous sont, d'ailleurs, pourvus d'oreilles, de manettes, qui facilitent le serrage.

A défaut, on se sert pour les manœuvrer d'une clef spéciale. Ajoutons que le serrage doit être conduit bien uniformément pour chaque écrou.

Cela fait, on vérifie si la soupape de sûreté fonctionne parfaitement, et, au besoin, si son contre-poids est au point voulu, sur le levier, correspondant à la température que l'on désire atteindre et maintenir constante. On s'assure, en outre, que le robinet d'échappement est ouvert, de même que celui du manomètre, s'il y en a un.

On admet alors la vapeur. Lorsqu'elle commence à sortir par le robinet d'échappement on ferme celui-ci. Il faut, en effet, chasser l'air intérieur avant d'assurer l'occlusion complète, sans quoi ce dernier et la vapeur formeraient un mélange gazeux dont la tension, suivant la température, ne concorderait pas avec les tables de Regnault qui se rapportent à la vapeur d'eau seule, et d'après lesquelles le manomètre a été gradué. La température indiquée par ce dernier serait alors bien supérieure à celle du mélange d'air et de vapeur contenu dans l'autoclave. En outre, à l'égalité de pression ne correspondrait pas toujours l'égalité de température qui pourrait être différente en divers points, et de ce fait la stérilisation serait aléatoire.

Il faut mettre environ 15 à 20 minutes avant d'atteindre la température de 115 degrés nécessaire pour assurer la stérilisation complète. Un chauffage trop précipité ne laisse pas au lait un temps suffisant pour se mettre en équilibre de température avec le milieu ambiant, et les dilatations inégales qui en résultent peuvent amener la rupture des flacons. L'idéal serait de maintenir ceux-ci en état d'agitation continue, de façon à mieux répartir le calorique dans toute la masse du liquide qui agirait en outre plus efficacement au regard des microbes.

Quand le thermomètre et le manomètre ont atteint le degré voulu on conduit la chauffe de façon à conserver cette température pendant un temps suffisant. On connaît les fâcheux effets d'une trop haute température sur le lait. Mieux vaut augmenter la durée d'action du calorique porté à un degré moins élevé, à 104-105 degrés, par exemple, pendant trois quarts d'heure à une heure, plutôt qu'à 115-110 degrés durant vingt à trente minutes.

Le point choisi varie d'ailleurs avec la qualité du lait, son acidité, la saison, etc., c'est dire qu'il peut changer suivant les circonstances. Ces sortes de manipulations demandent donc des ouvriers intelligents très bien exercés à la pratique de la stérilisation.

Ainsi on diminuera l'arrivée de la vapeur de façon à ce que l'aiguille du manomètre reste fixe, ce à quoi on arrive assez facilement avec un peu d'habitude. On s'aidera, au besoin, du robinet purgeur qui, très légèrement ouvert, laissera sortir un jet d'eau de condensation mêlé de vapeur. Mieux vaut encore régler la soupape de sûreté qui se soulèvera d'elle-même au moment voulu et assurera ainsi la constance de la pression intérieure. A cet effet certains appareils sont munis d'une valve, d'une soupape régulatrice spéciale.

La stérilisation étant terminée, on ferme complètement l'arrivée de la vapeur et, s'il y a lieu, les autres robinets qu'on avait pu ouvrir pour en faire sortir l'excès. On laisse ainsi tomber la pression d'elle-même. C'est là un point important. Il ne faut pas, en effet, se hâter d'ouvrir le robinet d'échappement, ce qui amènerait une brusque dépression dans la chaudière, capable de faire éclater les flacons. Si ces derniers n'étaient fermés que par un tampon d'ouate, comme on le fait quelquefois dans la stérilisation familiale avec les petits autoclaves, le liquide se mettrait brusquement à bouillir et s'épancherait en grande partie à l'extérieur du vase.

On n'ouvrira le robinet d'échappement que lorsque l'aiguille du manomètre sera revenue sur le zéro. On enlève alors le couvercle et on sort le panier, ou, plus simplement, les flacons, surtout si on a à compléter leur fermeture. Comme le verre est encore très chaud on se sert d'un gant spécial. Si l'on veut ouvrir un flacon hermétiquement bouché, il ne faut le faire que lorsqu'il est tout à fait refroidi, sans quoi la brusque dépression qui se produirait à la surface du lait amènerait la vapeur à le chasser violemment hors de la bouteille.

La conduite des opérations est la même quand la vapeur destinée au chauffage du lait est produite par l'eau introduite dans le fond de l'autoclave. On s'assure, au préalable, si cette dernière est en quantité suffisante. Il n'en faut pas trop mettre, ce qui prolongerait outre mesure la durée de chauffe et occasionnerait une dépense inutile de combustible.

Lorsqu'on chauffe au gaz, il faut avoir soin de placer l'allumette enflammée sur la rampe, sur les orifices de sortie de celui-ci, avant de tourner le robinet; dans le cas contraire le mélange d'air et de gaz détone à l'approche de la flamme, ce qui peut occasionner des accidents.

Quand on emploie le bois, le coke, le charbon, il est moins commode de régler l'intensité du foyer, principalement lorsqu'on a atteint la température voulue. C'est surtout dans ce cas qu'il importe de bien régler la soupape de sûreté.

Dans certains appareils les flacons baignent complètement dans l'eau. La mise en marche est alors un peu plus longue, quoique facile. Ce dispositif est d'ailleurs employé pour quelques systèmes spéciaux de fermeture des flacons (fig. 162) et les constructeurs donnent toujours tous les renseignements nécessaires pour assurer le bon fonctionnement de leur autoclave.

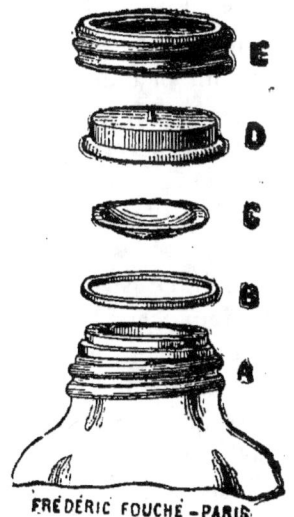

Fig. 162. — Flacon à bouchage pneumatique.

On sait qu'il faut refroidir énergiquement et rapidement les récipients à lait que l'on vient ainsi de stériliser. On peut, dans ce but, introduire le panier qui les contient dans un bac d'eau tiède que l'on remplace peu à peu, en la faisant arriver par le bas, par de l'eau froide. On a conseillé également la pulvérisation.

Certains dispositifs permettent aussi d'amener l'eau

dans l'autoclave même à l'aide d'une vanne appropriée, d'un robinet de trop-plein, etc. (fig. 68).

Quand on ne veut chauffer le lait que dans un courant de vapeur sans pression, on ne fait que rabattre le couvercle de l'autoclave sans serrer les écrous et en laissant ouvert le robinet d'échappement.

Dans ce cas on emploie souvent de préférence les étuves indépendantes dites à chaleur sèche, sortes d'armoires à compartiments, pourvues de portes fermant hermétiquement et dans lesquelles les flacons à lait sont rangés sur des étagères métalliques perforées. Bien que la vapeur puisse s'échapper de l'étuve il ne s'établit pas moins à l'intérieur une légère pression qui porte la température du lait un peu au-dessus de 100 degrés. D'ailleurs, on peut faire sortir la vapeur par un tube qui s'ouvre sous l'eau, ce qui permet d'élever le calorique à 103-104 degrés (fig. 66 et 67, p. 91-92). Au sujet de la température de stérilisation il est bon de faire remarquer, qu'il s'agisse d'autoclaves, d'étuves, ou d'autres appareils analogues, que le degré indiqué par le thermomètre ou le manomètre n'est pas toujours celui qu'atteint la masse entière du lait au centre des flacons, à moins que ces derniers ne soient tenus constamment en agitation. A ce point de vue l'emploi de petits récipients est à conseiller.

Les flacons employés sont en verre recuit, c'est-à-dire soumis à deux ou trois cuissons successives. Le goulot ne doit pas faire de coude brusque, et on ne doit jamais les remplir complètement, à moins d'employer des appareils à expansion, les boîtes peuvent être remplies entièrement. On ne doit obturer à la soudure l'ouverture qui a servi à les remplir qu'au début du chauffage, lorsque celui-ci en a chassé l'air.

Les systèmes de fermeture des flacons sont très variables. Le plus simple est celui dit à canette de bière (fig. 56). Le système à ressort, les bouchons automatiques, etc., laissent dégager l'air et le gaz du lait pendant le chauffage. Il faut choisir de préférence les dispositifs qui n'exigent pas de manipulation spéciale pour assurer l'occlusion complète du goulot, après que les gaz ont été expulsés.

Disons qu'en prévision de la casse il faut majorer le nombre des flacons.

En terminant nous rappellerons que la conduite d'un autoclave est chose très délicate à laquelle il n'est pas trop d'apporter toute son attention, tant au point de vue de la qualité du lait traité qu'en ce qui concerne la propre sécurité de ceux qui en ont la charge.

A ce dernier point de vue nous ferons remarquer que l'on ne doit, sous aucun prétexte, abandonner un autoclave qui est sous pression. Il faut, au contraire, surveiller attentivement le thermomètre et le manomètre et s'assurer de leur concordance, surtout avec le chauffage au gaz, car il peut se produire des variations de pression de ce dernier qui amènent des changements de température, et si la soupape fonctionne mal il peut y avoir explosion. Il en est de même avec les combustibles ordinaires.

Il faut toujours attendre, avant d'ouvrir l'appareil, qu'il ne se dégage plus de vapeur par le robinet d'échappement, de même qu'il ne faut le fermer que lorsqu'on a arrêté l'arrivée de la vapeur. Enfin, on doit se garder de toucher aux écrous de serrage quand l'appareil est en pression.

LE SUCRE EN LAITERIE (1).

Extrait de la loi du 28 janvier 1903 relative au régime des sucres.

. . . .

Art. 4. — Les sucres destinés à entrer dans la préparation de produits alimentaires en vue de l'exportation pourront être reçus et travaillés en franchise des droits dans des établissements spécialement affectés à cette fabrication. Ces établissements, érigés en entrepôts réels, seront soumis à la surveillance permanente des employés des contributions indirectes; les frais de cette surveillance seront à la charge des fabricants. Des décrets détermineront les conditions d'agencement des fabriques, les obligations à remplir par les fabricants et, d'une manière générale, toutes les mesures d'application du présent article. Les contraventions aux dispositions de ces décrets seront passibles des peines édictées par l'article 3 de la loi du 30 décembre 1873.

. . . .

Décret du 26 juin 1903 déterminant les conditions d'application des dispositions de l'article 4 de la loi du 28 janvier 1903 relative au régime des sucres.

Vu l'article 4 de la loi du 28 janvier 1903,
Le Président de la République décrète :
Art. 1er. — Toute personne qui désire bénéficier des dispositions contenues dans l'article 4 de la loi du 28 janvier 1903 est tenue d'en faire la déclaration par écrit au bureau de la

(1) Voir p. 101.

régie des contributions indirectes, un mois au moins avant le commencement des opérations. Cette déclaration est accompagnée d'un plan présentant les divers bâtiments, locaux et cours dont se compose l'établissement, avec l'indication de toutes les issues extérieures.

Art. 2. — L'établissement et ses dépendances doivent être isolés de tout autre bâtiment et clos par des murs de deux mètres de hauteur au moins.

L'établissement ne doit avoir qu'une seule porte habituellement ouverte. Les autres portes doivent être placées sous le scellé des employés et ne peuvent être ouvertes qu'en leur présence. Tous les jours et fenêtres doivent être garnis d'un treillis de fer à mailles de cinq centimètres au plus.

Aucune introduction ne peut avoir lieu, aucune sortie ne peut être effectuée que de jour, c'est-à-dire dans les intervalles de temps déterminés par l'article 26 de la loi du 28 avril 1816.

Art. 3. — L'industriel est tenu de mettre gratuitement à la disposition de l'administration un local convenable de douze mètres carrés au moins, garni de chaises, de tables avec tiroir fermant à clef et d'un poêle et d'une cheminée, pour servir de bureau aux employés.

Ce local doit être situé dans l'enceinte de l'usine, aussi près que possible de la porte habituellement ouverte.

L'entretien, le chauffage et l'éclairage de ce local sont effectués gratuitement par l'industriel ou à ses frais par les soins des employés.

Art. 4. — Peuvent être reçus dans l'établissement :

1º Des sucres bruts ou raffinés non libérés d'impôt ;

2º Des sucres raffinés introduits à la décharge des comptes d'admission temporaire ;

3º Des glucoses non libérés d'impôt.

Les sucres et glucoses expédiés en suspension du paiement des droits doivent être accompagnés d'acquits-à-caution.

Les chargements doivent être représentés intacts et sont soumis à la vérification des employés.

Avant le commencement des opérations, l'industriel doit

souscrire entre les mains de l'agent de la régie désigné à cet effet, lequel fixe le montant du crédit concédé, un engagement cautionné portant garantie des droits sur les sucres et les glucoses introduits dans l'établissement.

Un engagement complémentaire est exigé avant l'introduction de quantités supérieures à celles fixées dans la concession primitive de crédit.

Art. 5. — Les sorties ne peuvent être effectuées qu'à destination de l'étranger et sous le lien d'acquits-à-caution délivrés après reconnaissance et pesée des produits par le service attaché à l'établissement ; les acquits doivent énoncer le numéro la marque, le poids brut et net des divers produits y contenus, ainsi que les quantités de sucre exprimé en raffiné et de glucose entrées dans leur fabrication.

Les marchandises doivent être placées dans des colis revêtus du plomb de la régie ; les frais de plombage sont remboursés par le fabricant au taux fixé par arrêté du Ministre des finances.

Le défaut de rapport de certificat de décharge dans les délais réglementaires entraîne le paiement du double droit sur les quantités de sucre et de glucose représentées par les produits expédiés.

Art. 6. — Sur un registre mis à sa disposition, le fabricant doit indiquer au fur et à mesure des opérations :

1º La quantité de sucre et de glucose employée dans ses préparations ;

2º Le poids de ces préparations et la quantité correspondante de sucre et de glucose, par 100 kilogrammes.

Ce registre doit être représenté à toute réquisition des employés qui en relèvent les indications à la fin de chaque journée.

Art. 7. — Il est ouvert à chaque industriel :

1º Un compte de magasin des sucres et des glucoses en nature ;

2º Un compte de produits fabriqués.

Le compte de magasin est tenu en poids effectif ; il présente distinctement pour les sucres et les glucoses

Aux entrées :

1º Les quantités introduites dans l'établissement ;

2º Les quantités reconnues en excédent, à la suite des inventaires ;

Aux sorties :

1º Les quantités employées à la fabrication d'après les déclarations faites par l'industriel sur le registre prévu à l'article 6 du présent décret.

2º Les manquants que font apparaître les inventaires.

Les employés peuvent, à des époques indéterminées, arrêter la situation du compte du magasin, et, à cet effet, vérifier par la pesée les quantités existantes.

Les excédents et les manquants que la vérification fait apparaître sont réglés, en ce qui concerne les sucres, dans les conditions prévues par l'article 19 du décret du 1er septembre 1852 et, en ce qui concerne les glucoses, dans les conditions prévues par l'article 36 de l'ordonnance du 29 août 1846.

Le compte des produits fabriqués est tenu en sucre exprimé en raffiné et, pour les glucoses, en poids effectif ; il comprend :

Aux entrées :

1º Les quantités de sucre et de glucose mises en fabrication d'après les déclarations de l'industriel et inscrites aux sorties du compte de magasin ;

2º Les quantités reconnues en excédent, à la suite de l'inventaire annuel.

Aux sorties :

1º Les quantités de sucre et de glucose représentées par les produits expédiés à l'étranger et mentionnées aux acquits régulièrement déchargés ;

2º Les manquants que fait ressortir la balance annuelle du compte.

Un inventaire annuel des produits achevés et en cours de fabrication existant dans l'établissement est dressé à l'époque déterminée par l'administration. La quantité de sucre et de glucose représentée par les produits est évaluée d'après la richesse attribuée par l'industriel à chaque espèce de matières dans ses déclarations de fabrication et dans ses déclarations de sortie.

Les excédents que fait ressortir l'inventaire sont ajoutés aux charges. Les manquants sont alloués de plein droit, s'ils ne dépassent pas 10 p. 100. Les manquants supérieurs à 10 p. 100 sont en totalité soumis aux doubles droits.

Lors de chaque inventaire, l'industriel est tenu de remettre aux employés chargés de la surveillance une déclaration signée de lui et indiquant, pour chaque atelier ou magasin, la quantité de matières y contenues et le poids de sucre raffiné et de glucose qu'elles représentent.

Art. 8. — Pour la pesée des produits lors des inventaires, ainsi que pour la vérification des chargements à l'arrivée ou au départ, les industriels doivent fournir les ouvriers, de même que les poids, balances et autres ustensiles nécessaires.

Art. 9. — Les industriels remboursent au Trésor les frais de surveillance de leurs établissements.

La somme exigée à titre de remboursement desdits frais ne doit pas dépasser la dépense réellement effectuée par la régie ; elle est réglée à la fin de chaque année, par le ministre des finances, d'après le traitement des employés chargés de la surveillance.

Elle est exigible à l'expiration du mois qui suit la notification faite à l'industriel de la décision du ministre des finances, et le recouvrement en est poursuivi par voie de contrainte, et conformément aux dispositions applicables en matière de contributions indirectes.

LE SUCRE DANS L'ALIMENTATION DU BÉTAIL (1)

Extrait de la loi du 28 janvier 1903, relative au régime des sucres

Art. 1er.....

Est autorisé, pour l'emploi aux usages agricoles, dans les conditions qui auront été déterminées par décret, l'expédition en franchise de mélasses épuisées n'ayant pas plus de cinquante pour cent de richesse saccharine absolue.

Extrait de la loi du 8 juin 1904 exonérant les sucres destinés à l'alimentation du bétail (2)

Art. 1er. — Sont exempts de tous droits les sucres cristallisés polarisant moins de 95 degrés saccharimétriques et les sirops provenant du turbinage, qui, après avoir été dénaturés dans l'établissement où ils ont été fabriqués, seront utilisés à l'alimentation du bétail.

Un décret déterminera les conditions d'application de cette mesure en fixant notamment ces formalités à la circulation des produits dénaturés et les justifications à fournir par les destinataires.

Des décrets, rendus après avis du comité consultatif des arts et manufactures, détermineront les modes de dénaturation à employer.

Etc.....

(1) Voir pages 232 et 251.
(2) *Journal Officiel* du 7 juillet 1904.

ERRATA

Page 12, fig. 8, *au lieu de* réfrigérant Lawrence, *lire* réfrigérant cylindrique Schmidt.

Page 82, fig. 58, *au lieu de* réfrigérant cylindrique Schmidt, *lire* réfrigérant Lawrence.

Page 157, avant-dernier paragraphe, une transposition d'impression en dénature tout à fait le sens. *Le rétablir ainsi* : Quelquefois on n'utilise pas immédiatement les fromages maigres au sortir du moule et on les sèche au four. Ils acquièrent ainsi souvent une grande dureté (fromages à la cognée). On lave les moules à grande eau, puis on les sèche au soleil après les avoir accrochés aux chevilles d'un dispositif spécial (fig. 100).

Page 158, fig. 100, *au lieu de* des fromages, *lire* des moules à fromages.

Page 277, fig. 138, *au lieu de* et à glace, *lire* ou à glace.

TABLE DES FIGURES

Acide lactique (cuve pour préparer l'), 325.
Acidimètre Dornic, 350.
Acido-neutralisateur Gaulin, 211.
« Alexandra » (Ecrémeuse), 43.
Appareil à chevilles pour le séchage des moules à fromages, 158.
— à concentrer le lait dans le vide, 105.
— à condenser le lait à l'air libre, 108, 109.
— à stériliser le lait (Hignette), 91.
— Campbell pour la poudre de lait, 120, 122.
— d'extraction de Soxhlet pour la matière grasse, 60.
— Gaulin à homogénéiser le lait, 90.
— Gerber pour le dosage de la matière grasse du lait, 341, 342, 344, 345.
— Just-Hatmaker pour la poudre de lait, 125.
— pour gruyère, 174.
— Timpé pour stériliser le lait, 92.
Autoclave Borde, 93.
Autoclaves, 85, 93.
Bactéries, formes principales, 11.
Bagnolet, 15.

Bain-marie pour butyromètres, 344.
— pour flacons, 96, 102.
Barattes, 273, 274, 275, 276, 288.
Bassin réfrigérant en ciment moulé, 14.
Biberons pour veaux, 215, 216.
Bougie filtrante Chamberland, 304.
Bouteille à canette, 78.
Brassoirs à caillé, 140.
Broyeur à cylindres pour caséine, 145.
Burette automatique à acide sulfurique, 341.
Burmeister (écrémeuse), 28, 30, 45, 52.
Butyromètre Gerber, 342.
Calorifère pour caves à fromages, 193, 271.
Cartouche Schleicher, 59.
Cave d'affinage pour fromages, 167.
Centrifuge « Rapid », 345.
Cercle à gruyère, 177.
Chaudière à bain-marie, 102.
— à concentrer le lait dans le vide, 105.
— à gruyère, 175.
— pour cuire les aliments du bétail, 225.
— pour sucre de lait, 319.

TABLE DES FIGURES

Clayon et claie en bois pour fromages, 166, 171.
Compteur de tours pour écrémeuses, 47.
Crémeuse Cooley, 18.
— du pays flamand, 13.
— Fouchier, 17.
— Girard, 19.
— « La Bretonne », 20.
— Reimers, 16.
— Swartz. 10.
Crémeuses à froid en vase clos, 17.
Cuve pour préparer l'acide lactique, 325.
Cuves à fromages, 169, 170.
Cylindre à eau chaude ou à glace pour barattes, 277.
Disques polarisateurs, 32, 33, 37.
Dornic (acidimètre), 350.
Ecrémeuse « Alexandra », 43.
— Burmeister, 28, 30, 45, 52.
— « Globe », 35.
— « La Couronne », 4, 5.
— « La Parfaite », 34, 42.
— « Laval », 29, 41, 44.
— Mélotte, 33, 36, 50, 287.
Ecumoire à dresser les fromages, 154.
Emulseur de Laval, 205.
Eprouvette, pour lactodensimètre, 357.
Fécule (grains de), 268.
Ferments aérobies du lait, 8.
— anaérobies du lait, 9.
— de la caséine, 8, 9.
— des maladies du vin, 263.
— nitrificateurs, 336, 337.
Filtre Chamberland, p. 304.
Fjord (pasteurisateur), 81.
Flacon à lait stérilisé à bouchage pneumatique, 371.
Gerber, 341, 342, 344, 345.
« Globe » (écrémeuse), 35.
Globules gras du lait, 6.
Grains de fécule, 268.
Gyromètre Klepp, 50.

Haloir pour fromages, 164.
Intermédiaire automatique, 40, 41.
La Couronne (écrémeuse), 4, 5.
Lactodensimètre, 356.
La Parfaite (écrémeuse), 34, 42.
« Laval » (écrémeuse), 29, 41, 44.
Lecture du butyromètre Gerber, 345.
Levure de bière, 87.
Levure de lactose de Kayser, 86.
— de Duclaux, 301.
Manège à chien pour écrémeuse, 46.
Manèges à cheval pour écrémeuse, 45.
« Mélotte » (écrémeuse), 33, 36, 50, 287.
Microbes du lait, 8, 9, 302, 323.
Moules pour fromage blanc, 155, 156 ; — bondon, 162 ; — bric, 165 ; — livarot, 172 ; — gruyère, 177 ; — Leyde, 179.
Moulin à caillé, 143, 144.
— à caséine, 145.
— à sel, 158.
Nettoyeur centrifuge, 51.
Nitrobacter, 337.
Nitrosomonas, 336.
Pasteurisateur Fjord, 81 ; — Hignette, 53 ; — horizontal avec élévation automatique, 57 ; — pour lait écrémé, 210 ; — régénérateur, 71.
Penicillium glaucum, 163.
Pipette à acide, 342.
Poêle à ailettes pour le chauffage des caves, 271.
Polarisateurs, 32, 33, 37.
Pompe à main Pilter pour nettoyage des barattes, 293.
Poulie tendeuse, 47.
Presse hydraulique, 254.
— pour caillé, 142, 174 ; 180 ; — pour fromage, 142, 174, 180.

Psychomètre d'August, 194.
« Rapid » (centrifuge), 345.
Réchauffeur Gaulin, 54.
Réfrigérant capillaire, 289 ; — cylindrique pour lait pasteurisé, 72 ; — Lawrence, 82, 289 ; — Schmidt, 12.
Refroidisseur du lait en pot, 12.
Régulateurs d'alimentation pour écrémeuses, 55.
Rondot, 15.
Salière à fromages, 158.
Séchoir à chariots pour la caséine, 138, 139.
Siphon ordinaire, 88 ; — à sparklets, 89.

Sparklet, 89.
Table à dresser les fromages, 155.
Tamis et pilon pour fromage à la crème, 157.
Thermomètre de fromagerie, 270.
Thermosiphon, 324.
Topette pour le transport des fromages blancs, 156.
Tranche-caillé, 137.
Tyrothrix du lait, 8, 9.
Ustensiles pour le prélèvement de la crème 20, 291.
Veau avec musclière en oselière, 220.

TABLE ALPHABÉTIQUE

A

Abattoir coopératif, 246.
Acide lactique (préparation), 321 ; — (fabrication industrielle), 322 ; — (propriétés), 327 ; — (usages), 327 ; — contre le noir des fromages, 329 ; — dans la préparation de la levure pour distilleries, 328 ; — dans l'alimentation, 327 ; — en vinification, 327, 329 ; — en tannerie, 329 ; — en thérapeutique, 327.
Acidité des laits (dosage), 349.
Acido-butyrométrie, 340.
Adjuvants du lait écrémé dans l'alimentation des animaux, 212, 224.
— divers du lait écrémé pour veaux, 236.
— du lait écrémé pour porcs, 243.
— du petit lait pour porcs, 307.
Adresses de fabriques de lait stérilisé, 98 ; — de fabriques de lait condensé, 111 ; — de laiteries où l'on pratique l'élevage des porcs, 248.

Affinage des fromages à pâte molle, 196.
Agents de la maturation des fromages, 186.
Aisy, 290,
Alcool de petit lait, 300, 312.
Alimentation des animaux au lait maigre, 206-212.
— des gorets, 247 ; — des porcs, 241 ; — des porcelets au petit lait, 311 ; — des truies, 247.
Aliments (cuisson des) pour animaux, 225.
Allaitement artificiel des veaux, 216.
Arnold (procédé) pour reconnaître le lait cru, 363.
Assainissement des caves à fromages, 196.
Asuérados, 306.
Autoclaves, 92, 364.
Avantages de l'écrémage centrifuge, 21.
Avoine pour veaux, 238.

B

Babeurre, 269 ; — (composition), 278 ; — (matière grasse dans

TABLE ALPHABÉTIQUE

le), 277 ; — pour porcs, 279 ; — (usages), 278.
Barattage des brèches, 292 ; — de la crème, 270 ; — (difficultés dans le), 277 ; — du lait aigri, 2 ; — du lait doux, 2 ; — (durée du), 274.
Barattes (choix des), 273.
Battue, 269.
Beauce (fromage maigre de), 164.
BEERSTEEN (lait), 84.
Beurre blanc, 293 ; — de brèches, 293, 295 ; — de fonte, 293 ; — de petit lait, 288 ; – second, 293 ; — différents modes d'obtention du), 1 ; — (quantité de lait pour un kilo de), 10, 21.
Biffe, 293.
Biphosphate de chaux pour veaux, 237.
Blanc (fromage), 154.
Bock de lait, 88.
Bœufs (lait écrémé pour), 249.
Boisson alcoolique de petit lait, 300.
Boudanne, 173.
Boues des centrifuges, 22, 208.
Bouillon d'escargots pour veaux, 236.
Brèches, 290, 295.
Bretze, 293.
Brie (maturation du), 187.
Broccio de Corse, 298.
Brousse, 298.
Broute, 297.

C

Caillé (travail du), 183.
Camembert (fromage), 173 ; — (maturation du), 187-188.
CAMPBELL procédé pour lait en poudre, 121.
Cancoillotte, 159.
Caséine alimentaire, 147 ; — (dosage dans le lait), 200 ; — en œnologie, 261 ; — en photographie, 258 ; — en suspension dans lait centrifugé, 23 ; — industrielle, 253 ; — pour ciments hydrofuges, 259 ; — pour colles, 258 ; — pour étoffes et papiers, 257 ; — purifiée, 146 ; — sèche, 142 ; — soluble, 148.
Caséinerie, 132.
Caves de maturation, 189 ; — (degré hygrométrique de l'air dans les), 194 ; — (désinfection des), 196 ; — (chauffage des) — à crème), 271.
Celluloïd, 255.
Centrifuges, reproches adressés aux, 25.
Chambre à lait, 13.
Champagne de lait, 86.
Châtaignes pour porcs, 245.
Chaudières à vide pour lait concentré (fonctionnement des), 104.
Chauffage des autoclaves, 367 ; — des caves à crème, 271 ; — des caves à fromages, 190.
Cheddar (maturation du), 188.
Cheese paint, 260.
Ciments hydrofuges à la caséine, 259.
Collage du vin, par la caséine, 264 ; — par le lait écrémé, 262.
Colles à la caséine, 258.
Concentration de la crème, 9, 24, 60.
Condensé (lait sucré), 98.
Consommation en nature du lait centrifugé, 68.
Constipation des porcs, 249.
Contrôle des réactifs du Gerber, 347.
COOLEY (procédé) pour l'écrémage du lait, 18.
Crémage à basse température,

ROLET. — Industrie laitière. 22

10 ; — à froid en vases clos, 17 ; — naturel, 3.
Crème (barattage de la), 270 ; — (chauffage des caves à), 271 ; — difficile à baratter, 277.
Cuisson des aliments, pour animaux, 225.
Cure de képhir, 79.

D

Danois (fromage), 180.
Déchets des fromages, 332.
Décret du 26 juin 1903 sur les sucres, 374.
Degré de concentration de la crème 9, 24, 60 ; — d'écrémage 7, 10, 24, 37, 59 ; — hygrométrique de l'air dans les caves de maturation, 194.
Demi-sel (fromage), 157.
Dénaturation du lait écrémé, 267.
Densité des laits (détermination de la), 355.
Désinfection des caves de maturation, 196.
Diamidobenzol réactif du lait cru, 362.
Diarrhée des porcs, 248.
— des veaux, 240.
Différenciation du lait cru et du lait chauffé, 361.
Difficultés dans le barattage, 277.
Digestibilité du lait pasteurisé, 212.
Dosage de la caséine dans le lait, 200 ; — de l'acidité des laits, 349 ; — de la matière grasse du lait, 341.
Droits de douanes sur la caséine étrangère, 133.
Dupouy (procédé) pour reconnaître le lait cru, 363.
Durée du barattage, 274 ; — du chauffage dans la stérilisation du lait, 369.

Du Roi et Kohler (procédé) pour reconnaître le lait chauffé, 362.

E

Eau de riz pour veaux, 236.
— de soude pour acidimètre (préparation de l'), 352.
Eaux résiduaires des laiteries, 332 ; — d'égout (épandage des), 334 ; — épuration, 335.
Ebonite, 255.
Ebullition du lait, 364.
Ecrémage centrifuge, 21.
— (facteurs d'), 55.
— du petit lait, 286.
— et température, 8, 38 ;
— mécanique, 21.
Ecrémeuses centrifuges, 26, 27.
— centrifuges (choix des), 39 ; — (conduite des), 54.
Elevage des porcs, 241.
— des veaux, 214.
Emulsions de matière grasse, dans le lait maigre (préparation des), 203.
Engraissement des porcs, 241.
— des veaux, 214.
— des volailles au lait écrémé, 252.
Ensemencement des caves à fromages, 198.
Entretien des caves à fromages, 196.

F

Farine de lin pour veaux, 230.
— de maïs pour porcs, 243.
— lactée, 129 ; — lactées pour veaux, 239 ; — de maïs pour veaux, 229.
— de malt pour veaux, 231.
— de seigle pour veaux, 238.
— de viande pour veaux, 234, 238.

Farineux dans la ration des animaux, 224.
Fécule de pomme de terre pour veaux, 225.
Féculents dans les rations des animaux, 224.
Fermentation du lactose, 87,300.
— du sucre de lait, 87,300.
Ferments butyriques (les) dans la préparation de l'acide lactique, 323, 328.
— du képhir, 74.
— du leben, 84.
Fèves pour porcs, 245.
Filtration du petit lait, 304.
Foin (fromage maigre de), 162.
Force centrifuge, 27, 38.
Frais de fabrication du lait condensé, 107.
Fromage de babeurre, 280 ; — (classification des), 184 ; — (évaluation des rendements en), 200 ; — maigres, 150 ; — blanc, 154 ; — demi-sel, 157 ; — cancoillotte, 159 ; — Neufchâtel, 161 ; — de foin, 162 ; — de Beauce, 164 ; — Mont-d'Or, 169 ; — Livarot, 171 ; — de Gacé, 173 ; — Boudanne, 173 ; — Tome maigre, 173 ; — gruyère, 176 ; — Séchon, 176 ; — Schabzieger, 178 ; — Leyde, 179 ; — Danois, 180 ; Parmesan, 181 ; — maigres à matière grasse étrangère, 202 ; — maigres dans le Midi, 182 ; — (maturation des), 186-196 ; — peinture au), 260.
Fromagère, 159.

G

Gacé (fromage de), 173.
Gaïac réactif du lait cru, 363.
Gaïacol réactif du lait cru, 363.
Galactase dans lait centrifugé, 23.
Galalithe, 253.

Galazyme, 86.
Gerber (procédé, 340 ; — (résidus du), 338.
Glands pour porcs, 245.
Gluten de maïs pour porcs, 246.
Gorets (alimentation des), 247.
Goût de cuit dans le lait, 92.
Graines de lin pour veaux, 229.
Grains dans la ration des animaux, 224 ; — pour porcs, 243.
Grasseron, 293.
Greuhl, 297.
Gruyère maigre, 176 ; — (maturation du), 188.

H

Hatmaker (procédé Just), pour lait en poudre, 124.
Huile d'arachide pour veaux, 232.
— de foie de morue pour veaux, 233 ; — de lin pour veaux, 233 ; — de sésame pour veaux, 233.

I

Industrie de la caséine, 130.
Insecticides et lait écrémé, 265.
Iodure d'amidon réactif du lait chauffé, 362.

K

Képhir, 73 ; — pour veaux, 236.
Kreuzler (expériences de), 7.

L

Lactée (farine), 129.
Lactite, 253.
Lactodensimètre (emploi du), 355.
Lactose, 313 ; — (fermentation du), 87.300.

Lait condensé Broconnot, 112;
— sans sucre, 111; sucré, 98.
— doux (barattage du), 2;
— écrémé (composition), 7, 63, 67; — (modes d'utilisation du), 62.
— (adjuvants du). 212; — dans l'alimentation des animaux, 206, 212; — dans l'alimentation de l'homme, 63; — pour bœufs, 249; — dans les arts et manufactures, 253; — dénaturé, 267; — comme engrais, 266; — dans les insecticides, 265; — en œnologie, 264; — dans la panification, 112; — pour porcs, 242; — pour poulains, 249; — pour savons, 266; — en thérapeutique, 266; — pour vaches, 249; — pour volailles, 252; — (épuration du), 22.
— en morceaux, 115.
— pasteurisé (digestibilité du), 212.
— pétrifié, 253.
— en poudre, 115.
— (quantité de) pour un kilo de beurre, 16, 21.
— aigri (barattage du), 2.
— artificiel pour veaux, 229.
— Beersteen, 84.
— de beurre, 269.
— caillé et tourteau mélassé, 254.
— centrifugé comparé au lait écrémé au repos dans l'alimentation des animaux, 221;
— centrifugé (valeur nutritive du), 64; —
dans la fabrication des fromages maigres, 151.
Lait chauffé (pour reconnaître le), 361.
— concentré (composition du), 111.
— stérilisé, 90.
Laits difficiles à écrémer, 57.
— fermentés, 73.
— invendus, 331.
Leben, 83.
Lécithine (la) dans le lait écrémé, 66; — dans le lait stérilisé, 94.
Leffmann (procédé) pour reconnaître le lait cru, 362.
Leyde (fromage de), 179.
Lin (farine de) pour veaux, 230; — (graines de) pour veaux, 229; — (huile de), pour veaux, 233; — (tourteaux de) pour veaux, 231.
Livarot maigre, 171.
Loi du 28 janvier 1903 sur les mélasses destinées aux usages agricoles, 379.
— du 28 janvier 1903 sur les sucres, 374.
— du 8 juin 1904 sur les sucres destinés au bétail, 379.

M

Maïs (farine de) pour porcs, 243; — pour veaux, 229; — (gluten de) pour porcs, 246.
Malt (farine de) pour veaux, 231.
Martin-Eckenberg (poudre de lait), 123.
Matière grasse dans le lait stérilisé, 90; — comme adjuvants du lait écrémé, 232; — dans le babeurre, 277; — (dosage de la), 59, 340; — étrangère dans les fromages maigres, 202.

TABLE ALPHABÉTIQUE

Matières azotées adjuvants du lait écrémé pour l'alimentation des veaux, 234.
Maturation du Brie, 187 ; — du Camembert, 187-188 ; — du Cheddar, 188 ; — des fromages, 186-196 ; — du Gruyère, 188 ; — du Port-Salut, 188.
Mécanisme des centrifuges, 40.
Mercurius, 246.
Metton, 160.
Meuse (fromage de la), 161.
Microbes dans le lait centrifugé, 22.
Mise en marche des écrémeuses, 54.
Mont-d'Or maigre, 169.
Morvan (fromage du), 161.
Moteurs pour centrifuges, 42.
Mullié (procédé) pour reconnaître le lait cru, 363.
Mysost de Suède, 298.

N

Nettoyage des centrifuges, 61.
Neufchâtel (fromage maigre de), 161.
Nutrium (poudre de lait), 121.

O

Œnologie (caséine et lait écrémé en), 264.
Œufs pour veaux, 235.
Oléo-margarine pour veaux, 232.
Organes d'un autoclave, 366.
Orge pour porcs, 244-246.
Orthométhylaminophénol, réactif du lait cru, 362.

P

Pain au lait écrémé, 112 ; — pour porcs, 245.

Panification et lait écrémé, 112.
Paraphényldiamine réactif du lait frais, 361.
Parmesan, 181.
Pasteurisation du lait écrémé, 69 ; — (prix de revient de la) 70.
Peinture à la caséine, 260 ; — au fromage, 260.
Pellicule à la surface du lait chauffé, 94.
Penicillium candidum, 196 ; — glaucum, 163.
Petit lait, 282 ; — agent thérapeutique, 303 ; — comme engrais, 330 ; — (composition), 283 ; — dans l'alimentation des animaux, 305 ; — dans les usages domestiques, 300 ; — (écrémage du), 286, 289 ; — (éléments en suspension et éléments en solution), 285 ; — maigre, 296 ; — pour porcs, 307 ; — pour veaux, 311 ; — (valeur alimentaire du), 300 ; — (le) dans l'industrie, 312.
Phénolphtaléine, 355.
Phosphates dans le lait centrifugé, 23.
Pierre de lait, 253.
Pois moulus pour veaux, 231 ; — pour porcs, 245.
Polarisateurs (les) dans les centrifuges, 32.
Pommes de terre pour porcs, 244.
Porcs (alimentation des), 241 ; — avec lait écrémé seul, 242 ; — grains, 243,307 ; — farine de maïs, 243-308 ;— orge, 244, 308 ; — pommes de terre, 244, 310 ; — seigle, 245 ; — fèves et pois, 245 ; —petit-lait, 307 ; — (considérations générales sur l'élevage et l'engraissement des), 241 ; — (constipation),

Rolet. — Industrie laitière. 22.

249 ; — (diarrhée), 248 ; — (élevage des), 241 ; — (engraissement des), 241 ; — (lait écrémé pour), 242.
Port-salut (maturation du), 188.
Poudre Backauss, 119.
— de lait, 115, 117.
— d'os pour veaux, 237.
— lactique, 128.
Poulains (lait écrémé pour), 249.
Prélèvement de la crème, 19.
Préparation des émulsions de matière grasse dans le lait maigre, 203 ; — diverses de caséine, 148 ; — du lait condensé à l'air libre, 107.
Prix de revient de la pasteurisation, 70 ; — du lait stérilisé, 96.
— du petit lait, 306.
Proton (poudre de lait), 120.
Punch de petit lait, 300.

R

Raffinage du sucre de lait, 317.
Rations pour veaux, 238.
Rayon (fromage de), 177.
Réactifs du Gerber, 347 ; — du lait chauffé, 361.
Récipients pour crémage spontané, 13.
Recuite, 298.
Refroidissement du lait, 11, 70.
Régime des sucres, 374.
Rendement du lait condensé, 107 ; — en fromage, 200.
Résidus du Gerber, 338 ; — des laiteries, 332.
Ricotte de Naples, 299.

S

Sang desséché pour veaux, 235.
SAUL (procédé) pour reconnaître le lait cru, 362.

Schabzieger, 178.
Séchon, 176.
Seigle (farine de) pour veaux, 238 ; — pour porcs, 245.
Sel marin pour veaux, 238.
Séparation de la crème, 7, 26.
Serai, 297 ; — vert de Glaris, 178.
Sésame (huile de) pour veaux, 233.
Sevrage des veaux, 218.
Siphon de lait, 88.
Soins à donner aux fromages en cave, 185.
Sol des locaux des laiteries, 332.
Stérilisation discontinue du lait, 95 ; — du lait destiné aux animaux, 209.
Stérilisé (lait), 90.
STORCH (procédé) pour reconnaître le lait chauffé, 361.
Sucre dans l'alimentation du bétail, 379 ; — en laiterie, 101, 374.
Sucre de lait en grappes, 317 ; — en plaques, 317 ; — en sable, 315 ; — en tranches, 317 ; — (extraction), 313 ; — (usage du), 320 ; — (propriétés chimiques du), 320.
Suif pour veaux, 232.
SWARTZ (crémage), 10.

T

Tables de correction de la densité du lait, 359, 360.
Tablettes de lait, 115, 118.
Taux d'humité dans les caves à fromages, 192 ; — de séparation de la crème, 59.
Teinture de gaïac_réactif du lait frais, 363.
Température (influence d'une basse) sur le crémage du lait, 10.

Température de barattage de la crème, 270 ; — de la stérilisation du lait, 95, 369 ; — et écrémage, 8, 38.
Thé de foin pour veaux, 236.
Tome maigre, 173.
Touraillons pour veaux. 231.
Tourteaux dans la ration des animaux, 224 ; — de lin pour veaux, 231 ; — mélassé et lait caillé, 251.
Travail du caillé, 183.
Truies (alimentation des), 247.
Tyndall (procédé) de stérilisation du lait, 95.

V

Vaches (lait écrémé pour), 249.
Veaux (engraissement des), 214.
— (Alimentation au lait centrifugé ou au lait écrémé au repos, 221 ; — alimentation au lait écrémé seul, 220 ; — à la fécule, 225 ; — farine de maïs, 229 ; — graine de lin, 229 ; — farine de lin, 230 ; — tourteau de lin, 231 ; — pois moulus, 231 ; — farine de malt, 231 ; — touraillons, 231 ; — au suif, 232 ; — oléo-margarine, 232 ; — huile d'arachide, 232 ; — huile de foie de morue, 233 ; — huile de lin, 233 ; — huile de sésame, 233 ; — à la farine de viande, 234 ; — sang desséché, 235 ; — œufs, 235 ; — thé de foin, 236 ; — eau de riz, 236 ; — poudre d'os, 237 ; — farines, 238-239.
— (Diarrhée), 240.
— (Durée de l'engraissement), 218.
— (Elevage au biberon des), 215.
— (Elevage au lait pur), 216.
— (Inconvénients d'une alimentation surazotée), 219.
— (Insuffisance du lait écrémé pour les), 213.
— (Lait artificiel pour), 229.
— (Lait bouilli salé pour), 212.
— (Matières azotées pour), 234 ; — (matières grasses pour), 232.
— (Sevrage), 218.
Vin (collage du) par le lait écrémé ou la caséine, 262-264.
Vinaigre de petit lait, 301-327.
Volailles (lait écrémé pour), 252.

Z

Ziger, 296.

FIN DE LA TABLE ALPHABÉTIQUE

TABLE DES MATIÈRES.

TABLE DES MATIÈRES

                                            Pages

AVERTISSEMENT v

PREMIÈRE PARTIE
LES SOUS-PRODUITS DE LA BEURRERIE

LIVRE I
LE LAIT ÉCRÉMÉ

Chapitre I. — L'ÉCRÉMAGE DU LAIT 1

§ I. — DES DIVERS MODES D'OBTENTION DU BEURRE 1
§ II. — LES MEILLEURES CONDITIONS DU CRÉMAGE NATUREL . . 3
§ III. — DE L'ÉCRÉMAGE MÉCANIQUE . . . . , . . . 21

    Avantages de l'écrémage centrifuge, 21. — Mode d'action des écrémeuses centrifuges, 26. — Choix des écrémeuses, 39. — Conduite des écrémeuses. . . 54

Chapitre II. — UTILISATION DU LAIT ÉCRÉMÉ . . 62

§ I. — EMPLOI DU LAIT ÉCRÉMÉ DANS L'ALIMENTATION DE L'HOMME 63

    1. *Composition du lait centrifugé* 63
    2. *Valeur nutritive et consommation en nature du lait centrifugé.* 64

    Pasteurisation du lait écrémé 69

    3. *Les laits fermentés* 73

    Képhir, 73. — Leben, 83. — Lait Beersteen, 84. — Champagne de lait. Galazyme 86

    4. *Lait stérilisé* 90
    5. *Le lait condensé* 98
    6. *Emploi du lait écrémé dans la panification.* . . . 112
    7. *Lait en morceaux et en poudre.* 115

TABLE DES MATIÈRES 393

Procédé J.-H. Campbell, 121 ; — Just-Hatmaker, 124 ;
— Farine lactée 129

8. *L'industrie de la caséine.* 130
9. *De la fabrication des fromages maigres* 150

Fromages blancs maigres, 154. — La cancoillotte, 159.
— Fromage maigre de Neufchâtel, 161. — Fromage
de foin, 162. — Fromages maigres de Beauce, 164.
— Le Mont d'Or Lyonnais, 169. — Le Livarot, 171.
— La Boudanne ou Tome maigre, 173. — Gruyère
maigre, 176. — Le Schabzieger, 178. — Fromage de
Leyde, 179. — Fromage maigre danois, 180. —
Parmesan, 181. — De la maturation des fromages,
183. — Dosage de la caséine. Evaluation des rendements, 200. — Fromages maigres fabriqués avec
du lait écrémé additionné d'une matière grasse
étrangère 202

§ II. — Emploi du lait écrémé dans l'alimentation des
animaux 206

Considérations générales 206

1. *Elevage et engraissement des veaux.* 214

Alimentation au lait écrémé seul 220
Les adjuvants du lait écrémé, 224. — Féculents, 224.
— Matières grasses, 232. — Matières azotées . . 234
Contre la diarrhée des veaux. 240

2. *Elevage et engraissement des porcs* 241

Truies et gorets. 247

3. *Le lait écrémé dans l'alimentation des vaches, bœufs,
poulains, etc.* 249

§ III. — Le lait écrémé dans les arts et manufactures . . 253

1. *La caséine industrielle* 253

Lactite, 253. — Ebonite, 255. — Celluloïd, 255. —
Etoffes et papiers, 257. — Colles à la caséine, 258.
— Ciments hydrofuges, 259. — Peinture au fro-
mage 260

2. *Emploi du lait écrémé et de la caséine industrielle en
œnologie.* 261
3. *Le lait écrémé dans les insecticides* 265
4. *Autres usages du lait écrémé* 266
5. *Dénaturation du lait écrémé rendu aux fournisseurs.* 267

LIVRE II

LE BABEURRE

Les meilleures conditions du barattage de la crème . . 270
    Composition du babeurre. 278
    Usages du babeurre 278

DEUXIÈME PARTIE

LES SOUS-PRODUITS DE LA FROMAGERIE

Le petit-lait 282
    Composition du petit-lait. 283

Chapitre I. — ECRÉMAGE DU PETIT-LAIT 286

§ I. — Ecrémage par centrifugation 286
§ II. — Ecrémage par le repos 289
§ III. — Obtention des brèches 290

Chapitre II. — LE PETIT-LAIT MAIGRE 296

    Préparation du sérai et de ses dérivés 297

Chapitre III. — LE PETIT-LAIT DANS LES USAGES DOMESTIQUES 300

    Valeur alimentaire du petit-lait, 300. — Boisson alcoolique de petit-lait, 300. — Le petit-lait, agent thérapeutique. 303

Chapitre IV. — EMPLOI DU PETIT LAIT DANS L'ALIMENTATION DES ANIMAUX 305

§ I. — L'alimentation des porcs 306
§ II. — L'alimentation des veaux, boeufs, vaches, etc. . . 311

Chapitre V. — UTILISATION INDUSTRIELLE DU PETIT-LAIT 312

§ I. — Alcool de petit-lait. 312
§ II. — Extraction du sucre de lait 313

TABLE DES MATIÈRES 395

Raffinage, 316. — Usages 320

§ III. — L'ACIDE LACTIQUE 321

Fabrication industrielle, 322. — Usages, 327. — L'acide lactique contre le noir des fromages, 329. — Le petit-lait employé comme engrais 330

TROISIÈME PARTIE

LAITS INVENDUS, DÉCHETS ET RÉSIDUS DIVERS

Laits invendus, 331. — Eaux résiduaires, 332. — Résidus du Gerber 338

ANNEXE

DOSAGE DE LA MATIÈRE GRASSE DU LAIT 340
DOSAGE DE L'ACIDITÉ 349
DÉTERMINATION DE LA DENSITÉ 355
POUR RECONNAITRE LE LAIT CHAUFFÉ. 364
DE LA CONDUITE DES AUTOCLAVES 374
LE SUCRE EN LAITERIE. 374
   Extrait de la loi du 28 janvier 1903 relative au régime des sucres. 374
   Décret du 26 juin 1903 déterminant les conditions d'application des dispositions de l'art. 4 de la loi du 28 janvier 1903 relative au régime des sucres . . 374
LE SUCRE DANS L'ALIMENTATION DU BÉTAIL 379
   Extrait de la loi du 28 janvier 1903, relative au régime des sucres. 379
   Extrait de la loi du 8 juin 1904, exonérant les sucres destinés à l'alimentation du bétail 379

Errata. 380

Table des figures 381

Table alphabétique. 384

DIJON. — IMPRIMERIE DARANTIERE

ENCYCLOPÉDIE AGRICOLE

PUBLIÉE SOUS LA DIRECTION DE

G. WERY, Sous-directeur de l'Institut national agronomique

Introduction par le Dr P. REGNARD
Directeur de l'Institut national agronomique

4) volumes in-18 de chacun 400 à 500 pages, illustrés de nombreuses figures.
Chaque volume : broché, **5 fr.** ; cartonné, **6 fr.**

Agriculture générale............	M. P. Diffloth, professeur spécial d'agriculture.
Drainage et Irrigations........	{ M. Risler, directeur hon. de l'Institut agronomique. { M. Wery, s.-directeur de l'Institut agronomique.
Engrais	{ M. Garola, professeur départemental d'agriculture
Plantes fourragères............	} à Chartres.
Plantes industrielles...........	M. Hitier, maître de conférences à l'Institut agronomique.
Céréales.......................	M. Garola.
Culture potagère...............	{ M. Léon Bussard, chef des travaux à l'Institut
Arboriculture..................	{ agronomique, professeur à l'École d'horticulture de Versailles.
Sylviculture...................	M. Fron, professeur à l'École forestière des Barres.
Viticulture....................	{ M. Pacottet, chef de laboratoire à l'Institut agro-
Vinification...................	{ nomique.
Entomologie et Parasitologie agricoles....................	} M. G. Guénaux, répétiteur à l'Institut agronomique.
Zoologie agricole..............	
Zootechnie générale et Zootechnie du Cheval.............	
Zootechnie des Bovidés........	} M. P. Diffloth, professeur spécial d'agriculture.
Zootechnie des Moutons, Chèvres, Porcs...................	
Machines agricoles............	} M. G. Coupan, répétiteur à l'Institut agronomique.
Moteurs agricoles.............	
Constructions rurales.........	M. Danguy, directeur des études à l'École d'agriculture de Grignon.
Économie rurale...............	{ M. Jouzier, professeur à l'École d'agriculture de
Législation rurale.............	{ Rennes.
Comptabilité agricole.........	M. Convert, professeur à l'Institut agronomique.
Technologie agricole..........	{ M. Saillard, professeur à l'École des industries agricoles de Douai.
Industries agricoles de fermentation.................	{ M. Boullanger, chef de Laboratoire à l'Institut Pasteur de Lille.
Laiterie.......................	M. Martin, ancien directeur de l'École d'industrie laitière de Mamirolle.
Aquiculture	M. Deloncle, inspecteur général de la pisciculture.
Apiculture.....................	M. Hommell, professeur régional d'apiculture.
Aviculture.....................	M. Voitellier, profes. départemental d'agriculture.
Sériciculture...................	M. Veil, directeur de la station séricicole du Rousset.
Hygiène de la ferme...........	{ M. P. Regnard, directeur de l'Institut agronomique. { M. Portier, répétiteur à l'Institut agronomique.
Cultures méridionales.........	{ M. Lecq, inspecteur général d'agriculture à Alger. { M. Rivière, directeur du Jardin d'essais à Alger.
Associations agricoles........	M. Tardy, ingénieur agronome. [agronomique.
Maladies des plantes cultivées.	M. Delacroix, maître de conférences à l'Institut
Chasse, Élevage du gibier....	M. De Lesse, ingénieur agronome.
Alimentation des Animaux.....	M. Gouin, ingénieur agronome.
Le Livre de la Fermière.......	Mme Bussard.

LIBRAIRIE J.-B. BAILLIÈRE ET FILS
Rue Hautefeuille, 19, près du Boulevard Saint-Germain, PARIS

Bibliothèque des Connaissances Utiles
à 4 francs le volume cartonné
Collection de volumes in-16 illustrés d'environ 400 pages

Auscher. *L'art de découvrir les sources.*
Aygalliers (P. d'). *L'olivier et l'huile d'olive.*
Barré. *Manuel de génie sanitaire,* 2 vol.
Baudoin (A.). *Les eaux-de-vie et le cognac.*
Bachelet. *Conseils aux mères.*
Beauvisage. *Les matières grasses.*
Bel (J.). *Les maladies de la vigne.*
Bellair (G.). *Les arbres fruitiers.*
Berger (E.). *Les plantes potagères.*
Blanchon. *Canards, oies, cygnes.*
— *L'art de détruire les animaux nuisibles.*
— *L'industrie des fleurs artificielles.*
Bois (D.). *Les orchidées.*
— *Les plantes d'appartements et de fenêtres.*
— *Le petit jardin.*
Bourrier. *Les industries des abattoirs.*
Brevans (de). *La fabrication des liqueurs.*
— *Les conserves alimentaires.*
— *Les légumes et les fruits.*
— *Le pain et la viande.*
Brunel. *Les nouveautés photographiques.*
— *Carnet-Agenda du Photographe.*
Buchard (J.). *Le matériel agricole.*
— *Les constructions agricoles.*
Cambon (V.). *Le vin et l'art de la vinification.*
Capus-Bohn. *Guide du naturaliste.*
Champetier. *Les maladies du jeune cheval.*
Coupin (H.). *L'aquarium d'eau douce.*
— *L'amateur de coléoptères.*
— *L'amateur de papillons.*
Couvreur. *Exercices du corps.*
Cuyer. *Le dessin et la peinture.*
Dallet. *Prévision du temps.*
— *Merveilles du ciel.*
Dalton. *Physiologie et hygiène des écoles.*
Denaiffe. *La culture fourragère.*
Donné. *Conseils aux mères.*
Dujardin. *L'essai commercial des vins.*
Dumont. *Alimentation du bétail.*
Dupont. *L'âge du cheval.*
Durand (E.). *Manuel de viticulture.*
Dussuc (E.). *Les ennemis de la vigne.*
Espanet (A.). *La pratique de l'homœopathie.*
Ferrand (E.). *Premiers secours*
Ferville (E.). *L'industrie laitière.*
Fontan. *La santé des animaux.*
Fitz-James. *La pratique de la viticulture.*
Gallier. *Le cheval anglo-normand.*
Girard. *Manuel d'apiculture.*
Gobin (A.). *La pisciculture en eaux douces.*
— *La pisciculture en eaux salées.*

Gourret. *Les pêcheries de la Méditerranée.*
Graffigny. *Ballons dirigeables.*
— *Les industries d'amateurs.*
Granger. *Fleurs du Midi.*
Guénaux. *Élevage du Cheval.*
Gunther. *Médecine vétérinaire homœopathique.*
Guyot (E.). *Les animaux de la ferme.*
Halphen (G.). *Essais commerciaux,* 2 vol.
Héraud. *Les secrets de la science et de l'industrie.*
— *Les secrets de l'alimentation.*
— *Les secrets de l'économie domestique.*
— *Jeux et récréations scientifiques,* 2 v.
Lacroix-Danliard. *La plume des oiseaux.*
— *Le poil des animaux et fourrures.*
Larbalétrier (A.). *Les engrais.*
— *L'Alcool.*
Leblond et Bouvier. *La gymnastique.*
Lefèvre (J.). *Les nouveautés électriques*
— *Le chauffage.*
— *Les moteurs.*
Locard. *Manuel d'ostréiculture.*
— *La pêche et les poissons d'eau douce.*
Londe *Aide-mémoire de Photographie.*
Mégnin. *Nos chiens.*
Montpellier. *Électricité d la Maison.*
Montillot (L.). *L'éclairage électrique.*
— *L'amateur d'insectes.*
— *Les insectes nuisibles.*
Montserrat et Brissac. *Le gaz.*
Moquin-Tandon. *Botanique médicale.*
Moreau (H.). *Les oiseaux de volière.*
Piesse (L.). *Histoire des parfums.*
— *Chimie des parfums et essences.*
Pertus (J.). *Le Chien.*
Poutiers. *La menuiserie.*
Relier (L.). *Guide de l'élevage du cheval.*
Riche (A.). *L'art de l'essayeur.*
— *Monnaies, médailles et bijoux.*
Rémy Saint-Loup *Les oiseaux de parcs.*
— *Les oiseaux de basse-cour.*
Rouvier. *Hygiène de la première enfance.*
Sauvaigo (E.). *Les cultures méditerranéennes.*
Saint-Vincent (Dr de). *Médecine des familles.*
Tassart. *L'industrie de la teinture.*
— *Les matières colorantes.*
Thierry. *Les vaches laitières.*
Vignon (L.). *La soie.*
Vilmorin (Ph. de). *Manuel de floriculture.*

ENVOI FRANCO CONTRE UN MANDAT POSTAL.

Rolet. — Industrie laitière. 23

CHIMIE AGRICOLE

L'Industrie agricole, par F. CONVERT, professeur à
l'Institut agronomique. 1901. 1 vol. in-16 de 443 pages, cart.. 5 fr.

Climat, sol, population de la France.
Les céréales et la pomme de terre. — Le blé. — Pays exportateurs. — Législation. — La farine, le pain, le son. — Le seigle, l'avoine, l'orge, le maïs. — La pomme de terre, les légumineuses alimentaires.
Les plantes industrielles. — Les betteraves à sucre et l'industrie de la sucrerie. — La betterave de distillation et l'alcool. — Les plantes oléagineuses et textiles. — Le houblon, la chicorée à café, le tabac. — La viticulture. — Les vins étrangers, les vins de raisins secs. — L'olivier.
Le bétail et ses produits. — Les espèces chevaline, bovine, ovine, porcine. — Le lait, le beurre et le fromage. — La viande de boucherie. — Le commerce extérieur du bétail. — La laine et la soie. — La production agricole de la France.

Précis de Chimie agricole, par Edouard GAIN, maître
de conférences à la Faculté des Sciences de Nancy, 1895, 1 vol. in-16 de 436 pages, avec 93 figures, cartonné .... 5 fr.

Après avoir étudié le principe général de la nutrition des végétaux, l'auteur trace rapidement l'historique des différentes doctrines relatives à l'alimentation des plantes. Abordant ensuite la physiologie générale de la nutrition, il passe en revue les rapports de la plante avec le sol et l'atmosphère, les fonctions de nutrition, le chimisme dynamique et le développement des végétaux. La deuxième partie traite de la composition chimique des plantes. La troisième est consacrée à la fertilisation du sol par les engrais et les amendements. La quatrième comprend la chimie des produits agricoles.

Analyse et Essais des Matières agricoles,
par A. VIVIER, directeur de la Station agronomique et du Laboratoire départemental de Melun. 1897, 1 vol. in-16 de 470 pages, avec 88 figures, cartonné .... 5 fr.

L'auteur indique les *méthodes générales de séparation et de dosage des éléments les plus importants dans les engrais, dans les sols et dans les plantes.*
Il étudie l'*analyse des engrais* et des *amendements*, et à propos des *engrais commerciaux*, des exigences des plantes, ainsi que des conditions d'emploi des engrais dans les différents sols et pour les différentes cultures. Vient ensuite l'*analyse du sol* et celle des roches. L'*analyse des eaux*, les méthodes générales applicables à l'analyse des matières végétales et animales. Enfin, M. Vivier indique l'*application de ces méthodes aux cas particuliers, fourrages, matières premières végétales des industries agricoles, produits et sous-produits de ces industries*, etc.

Le Pain et la Panification, *chimie et technologie de
la boulangerie et de la meunerie*, par L. BOUTROUX, professeur de chimie à la Faculté des Sciences de Besançon, 1897, 1 vol. in-16 de 358 pages, avec 57 figures, cartonné .... 5 fr.

Dans une première partie, M. Boutroux étudie la farine. La seconde partie est consacrée à la transformation de la farine en pain. Etude théorique de la fermentation panaire, opérations pratiques de la panification usuelle, procédés de panification employés en France ou à l'étranger. Composition chimique du pain et opérations par lesquelles le chimiste peut en apprécier la qualité ou y déceler les fraudes. Au point de vue de l'hygiène, valeur nutritive du pain en général et des diverses sortes de pain.

Le Tabac, culture et industrie, par Émile BOUANT, agrégé des
Sciences physiques. 1901, 1 vol. in-16, 347 pages, avec 104 figures, cartonné.. 5 fr.

Historique. — Culture. — Technologie. — Matières premières. — Fabrication des scaferlatis. — Cigarettes. — Cigares. — De la poudre. — Des tabacs à mâcher. — Economie politique et hygiène.

J.-B. BAILLIÈRE ET FILS, 19 RUE HAUTEFEUILLE A PARIS

ALIMENTATION

Le Pain et la Viande, par J. DE BRÉVANS, chimiste principal au Laboratoire municipal de Paris. Préface par M. E. RISLER, directeur de l'Institut national agronomique, 1892, 1 vol. in-16 de 360 pages, avec 97 figures cartonné.................,............... 4 fr.

Le Pain. — Les Céréales. — La Meunerie. — La Boulangerie. — La Pâtisserie et la Biscuiterie. — Altérations et Falsifications. — *La Viande.* — Les Animaux de boucherie. — La Boucherie. — La Charcuterie. — Les Animaux de Basse-Conr. — Les Œufs. — Le Gibier. — Les Conserves alimentaires. — Altérations et Falsifications.

Les Légumes et les Fruits, par J. DE BRÉVANS. Préface par M. A. MUNTZ, professeur à l'Institut national agronomique, 1893, 1 vol. in-16 de 324 pages, avec 132 figures, cart. 4 fr.

Les légumes. — La Pomme de terre. — La Carotte. — La Betterave. — Les Radis. — L'Oignon. — Le Haricot. — Le Pois. — Le Chou. — L'Asperge. — Les Salades. — Les Champignons, etc. — *Les Fruits.* — La Cerise. — La Fraise. — La Groseille. — La Framboise. - La Noix. — L'Orange. — La Prune. — La Poire. — La Pomme. — Le Raisin, etc. Origine, culture, variétés, composition, usages. Conservation. Analyse. Altérations et Falsifications. Statistique de la Production.

Les Conserves alimentaires, par J. DE BRÉVANS, 1896, 1 vol. in-16 de 396 pages, avec 72 figures, cart....... 4 fr.

M. de Brevans étudie tout d'abord les procédés généraux de conservation des matières alimentaires : par la concentration, par la dessication, par le froid, par la stérilisation et par les antiseptiques. Il examine ensuite les procédés spéciaux à chaque aliment.
A propos de la viande il traite de la conservation par dessication, des extraits de viande, des peptones, des conserves de soupes, de la conservation par le froid, des enrobages, de la conservation par la chaleur et l'élimination de l'air, par le salage et les antiseptiques. Vient ensuite l'étude des conserves de poissons, de crustacés et de mollusques. La conservation et la pasteurisation du lait, les laits concentrés, la conservation du beurre et des œufs terminent les aliments d'origine animale.
Il passe ensuite à l'étude de la conservation des aliments d'origine végétale: légumes, fruits, confitures, etc. L'ouvrage se termine par l'étude des altérations et des falsifications et par l'analyse des conserves alimentaires.

Les Industries des abattoirs, connaissance, achat et abatage du bétail, préparation, commerce et inspection des viandes, produits et sous-produits de la boucherie et de la charcuterie, par L. BOURRIER, vétérinaire sanitaire du département de la Seine. 1897, 1 vol. in-16 de 356 pages, avec 77 fig., cart.. 4 fr.

Après une étude générale sur les abattoirs et le commerce de la *boucherie*, de la *charcuterie* et de la *triperie*, l'auteur passe successivement en revue le bœuf, le veau, le mouton, la chèvre et le cheval de boucherie, le porc : pour chacun il étudie l'achat et la connaissance des diverses races, l'abatage, la préparation des bêtes abattues, les abats, les issues, les suifs, les cuirs et les produits accessoires.
En dehors des parties comestibles, la bête abattue fournit des produits dont la valeur et l'emploi offrent une grande importance. Que deviennent les peaux, le sang, les suifs, les cornes, les os et les autres déchets de l'animal? M. Bourrier examine ensuite la viande abattue, les différentes catégories de viande, leurs qualités, leur conservation. Il termine par l'inspection sanitaire des viandes.

CHIMIE

Dictionnaire
de Chimie

COMPRENANT :
*les applications aux Sciences, aux Arts, à l'Agriculture et à l'Industrie,
à l'usage des Chimistes, des Industriels,
des Fabricants de produits chimiques, des Laboratoires municipaux,
de l'École centrale, de l'École des Mines, des Écoles de Chimie, etc.*

Par E. BOUANT
AGRÉGÉ DES SCIENCES PHYSIQUES

Introduction par M. TROOST, Membre de l'Institut

1 vol. gr. in-8 de 1120 pages, avec 600 figures.......... **25 fr.**

Sous des dimensions relativement restreintes, le *Dictionnaire de Chimie* de M. BOUANT contient tous les faits de nature à intéresser les chimistes, les industriels, les fabricants de produits chimiques, les pharmacies, les étudiants.

Parmi les corps si nombreux que l'on sait aujourd'hui obtenir et que l'on étudie dans les laboratoires, on a insisté tout particulièrement sur ceux qui présentent des applications. Sans négliger l'exposition des théories générales, dont on ne saurait se passer pour comprendre et coordonner les faits, on s'est restreint cependant à rester le plus possible sur le terrain de la chimie pratique. Les préparations, les propriétés, l'analyse des corps usuels sont indiquées avec tous les développements nécessaires. Les fabrications industrielles sont décrites de façon à donner une idée précise des méthodes et des appareils.

A la fin de l'étude de chaque corps, une large place est accordée à l'examen de ses applications. On ne s'est pas contenté, sur ce point, d'une rapide énumération. On a donné des indications précises, et fréquemment même des recettes pratiques qu'on ne rencontre ordinairement que dans les ouvrages spéciaux.

Ainsi conçu, ce Dictionnaire a sa place marquée dans les laboratoires de chimie appliquée, les laboratoires municipaux, les laboratoires agricoles. Il rendra également de grands services à tous ceux qui, sans être chimistes, ne peuvent cependant rester complètement étrangers à la chimie.

J.-B. BAILLIÈRE ET FILS   19 RUE HAUTEFEUILLE A PARIS

www.ingramcontent.com/pod-product-compliance
Lightning Source LLC
Chambersburg PA
CBHW071222240426
43671CB00030B/1592